Beltz Taschenbuch 133

W0074722

Über dieses Buch:

Was sind die Ursachen der Bulimie? Welche medizinischen Komplikationen treten bei dieser Krankheit auf? Wo kann jemand, der an Bulimie leidet, Hilfe bekommen? Diese Fragen werden aus psychologischer, medizinischer und diätetischer Sicht unter Berücksichtigung vieler Falldarstellungen umfassend behandelt.

Ziel der Autoren ist es, zum einen dem Therapeuten, der mit Bulimie-Patientinnen zu tun hat, relevante Informationen zu geben, zum anderen den Patientinnen eine Lektüre anzubieten, die den Behandlungsprozess entmystifiziert und ihnen ein möglichst vollständiges Wissen über die Ess-Störung vermittelt. Auf diese Weise soll durch die Informationen sowohl von therapeutischer wie auch von seiten der Patientinnen die Behandlung effektiver und der Prozess der Genesung vorbereitet werden.

Zusätzlich zu dieser zweiseitigen Annäherung unterscheidet sich dieses Buch noch auf eine andere Art und Weise von anderen Bulimie-Büchern. Denn die Autoren stellen die Bulimie bewusst als *multidimensionales* Problem dar, dessen Behandlung ein Team von Fachleuten verschiedener Disziplinen erfordert. Darüber hinaus betonen die Autoren ebenfalls die Konflikte zwischen gesellschaftlichen Einflüssen und den – unterschiedlichen – physiologischen Bedürfnissen des menschlichen Körpers.

Die Autoren:

Barbara G. Bauer, Psychologin mit privater Praxis, arbeitet an einem familientherapeutischen Zentrum in Columbia, USA.

Wayne P. Anderson, Beratungspsychologe, arbeitet an der Universität von Missouri in Columbia, USA.

Robert W. Hyatt, Internist, hat sich auf psychosomatische Krankheiten im Jugendalter spezialisiert.

B. G. Bauer • W. P. Anderson
R. W. Hyatt

Bulimie

Eine Behandlungsanleitung für Therapeuten und Betroffene

Aus dem Amerikanischen von Astrid Jungblut

Titel der amerikanischen Originalausgabe:
Bulimie. Book for Therapist and Client.
© 1986 by Accelerated Development Inc. Publishers,
Muncie, Indiana

Besuchen Sie uns im Internet:
www.beltz.de

Beltz Taschenbuch 133
2002 Beltz Verlag, Weinheim und Basel
Unveränderter Nachdruck

1 2 3 4 5   06 05 04 03 02

Alle Rechte der deutschsprachigen Ausgabe:
©1992 Psychologie Verlags Union, Weinheim und Basel
Umschlaggestaltung: Federico Luci, Köln
Umschlagabbildung: Mauritius, Mittenwald
Gesamtherstellung: Druckhaus Beltz, Hemsbach
Printed in Germany

ISBN 3 407 22133 9

Inhaltsverzeichnis

Kapitel 3: Individuelle Differenzen

**Kapitel 4: Die fanatische Verfolgung des Ziels,
                    dünn zu sein**

Kapitel 7: Das Anfangsstadium der Behandlung

Kapitel 8: Spätere Themen in der Therapie

Kapitel 9: Körperliche Betätigung: Eine Komponente der Behandlung

Kapitel 10: Die Gruppentherapie

Kapitel 11: Familiäre Themen in der Therapie

Kapitel 12: Die Genesung

**Kapitel 13: Die Ernährung,
            die Gesundheit und der Diätassistent**

Vorwort

Als wir das erste Mal darauf angesprochen wurden, dieses Buch zu schreiben, fragte man uns, ob es möglich sei, ein Buch zu machen, von dem zum einen die Therapeuten etwas lernen, das sie aber auch an ihre Bulimie-Patientinnen weitergeben können. Zunächst erschien uns das als gewaltige Aufgabe, wenn wir auch zustimmten, daß ein solches Buch sehr nützlich wäre. Oft hatten wir uns ein Buch gewünscht, das wir auch unseren Patientinnen, ihren Eltern, den Ehemännern oder den Geschwistern geben konnten — ein Buch, das die Bulimie erklärt: Wie sie beginnt, warum sie andauert und was die Erkrankte zu erwarten hat, um wieder gesund zu werden. Viele Bücher, die für Therapeuten geschrieben wurden, waren sehr wissenschaftlich orientiert, voll mit Forschungsergebnissen und Statistiken. Diejenigen, die sich an die Patientin wandten, waren sehr anschaulich geschrieben, sie stellten bildhaft dar, was es heißt, an Bulimie erkrankt zu sein; sie boten jedoch — außer daß sie Gefühle der Gemeinsamkeit mit anderen Patienten weckten — wenig an Information.

Das Ziel dieses Buchs ist es, zum einen dem Therapeuten, der mit Bulimie-Patientinnen zu tun hat, relevante Informationen zu geben, zum anderen kann es auch von den Patientinnen selbst gelesen werden, um den Behandlungsprozeß zu entmystifizieren, und um ihnen ein vollständigeres Wissen über ihre Eßstörung zu vermitteln. Unsere Hoffnung dabei ist, daß durch die Informationen, die in diesem Buch von Therapeuten und Patientinnen geteilt werden, die Behandlung effektiver wird, und der Prozeß der Genesung schneller voranschreitet.

Zusätzlich zu dieser zweiseitigen Annäherung sowohl an den Therapeuten als auch an die Patientinnen unterscheidet sich dieses Buch noch auf eine andere Art und Weise von anderen Bulimie-Büchern. Die Autoren stellen die Bulimie als multidimensionales Problem dar, das für die Behandlung ein Team von Fachleuten verschiedener Disziplinen erfordert. Dieses Team besteht aus einem Psychologen, einem Arzt und einem Diätassistenten.

Für den Psychologen werden zahlreiche spezifische Vorschläge zur Behandlung dargestellt, die sich bei unseren Patientinnen als hilfreich erwiesen haben. Stadien der Behandlung werden besprochen und verschiedene Vorschläge gemacht, zum Beispiel, welche Aspekte in den einzelnen Stadien insbesondere behandelt werden sollten. Den Klienten wird dabei geholfen, einige der widersprüchlichen Gefühle zu verstehen, die in den verschiedenen Stadien auftauchen. Die Familien- und die Gruppentherapie sehen wir als so wichtig an, daß wir diesen Themen eigene Kapitel gewidmet haben.

Das Buch enthält ein Kapitel für die Ärzte von Bulimie-Patientinnen über die medizinischen Komplikationen und über Forschungen zur medikamentösen Behandlung der Bulimie. Alle Mitglieder des Behandlungsteams einschließlich der Patientin müssen sich dieser Aspekte der Bulimie bewußt sein.

Weil die Bulimie sich auf Nahrungsmittel und Eßverhalten bezieht, dachten wir als Autoren, daß ein Kapitel eines Diätassistenten besonders wichtig wäre. Informationen über die Ernährung kann für die Patientin, die mit der Angst vor einer Gewichtszunahme kämpft und kaum über Wissen bezüglich angemessenen Eßverhaltens verfügt, sehr sinnvoll sein.

Der Leser wird mehrere Kapitel finden, die Informationen bezüglich Diät- und Eßverhaltens beinhalten, die notwendig sind, um den Verlauf der Bulimie zu verstehen. Diese Kapitel erklären, wie die Bulimie beginnt, warum sie andauert, und warum es so schwer ist, davon loszukommen. Die Konflikte zwischen gesellschaftlichen Einflüssen und physiologischen Bedürfnissen des menschlichen Körpers werden dargestellt.

Sowohl die Theorie als auch die praktischen Teile dieses Buches werden unterstützt durch Fallbeispiele, die wir in langen Jahren der Erfahrung gesammelt haben. Diese Fallbeispiele spiegeln die Geschichten lebender Personen wieder, und wurden nur soweit geändert, als daß sie die Identität der Personen verbergen. Wenn sie diese Fallbeispiele lesen, werden die Patientinnen sich hoffentlich mit ihren Problemen weniger alleine fühlen und ermutigt sein von den Beispielen anderer, denen es so ging wie ihnen und die durch die Therapie wieder gesund wurden.

Dies soll keine Anleitung zur Selbsthilfe sein, jedoch hoffen wir, daß Personen, die an Bulimie erkrankt sind, durch dieses Buch dazu ermutigt werden, die Hilfe von Fachleuten aufzusuchen, um mit ihren Problemen fertig zu werden.

Danksagung

Wir wollen den vielen Patientinnen unseren Dank aussprechen, die zu diesem Buch beigetragen haben. Einige Patientinnen haben das Manuskript in den verschiedenen Stadien der Anfertigung gelesen und haben verschiedene zusätzliche Anregungen gegeben und Korrekturvorschläge gemacht, die sehr aufschlußreich waren. Andere haben über die Jahre hinweg ihren Teil dazu beigetragen, indem sie uns über ihre einzigartigen Probleme berichtet und uns durch ihren Mut und ihre Ausdauer, die Bulimie zu bewältigen, inspiriert haben.

Einführung

Der Fall Hannahs bietet uns Beispiele für viele der Symptome der Bulimie, die in diesem Buch beschrieben werden. Wir denken, daß er einen Überblick über die verschiedenen Erfahrungen und die Einstellungen einer beinahe typischen Patientin gibt, die in die Beratung kommt, um sich wegen ihrer bulimischen Symptome behandeln zu lassen.

Der Fall Hannah

Als Studentin erhielt Hannah in der Hochschule und auch außerhalb des Lehrplans viele Auszeichnungen und beendete ihr Studium mit einem Prädikatsexamen. Sie war als Schauspielerin aktiv und nahm an vielen Aktivitäten teil. Bevor sie auf die Highschool ging, war sie übergewichtig. Zu jener Zeit wog sie 77 kg bei einer Größe von 1,67 m. Sie begann mit einer sehr strengen Diät und verlor in einem Jahr 28 kg, so daß sie letztendlich auf ihr jetziges Gewicht von 49 kg kam. Zwei Jahre nach dem Gewichtsverlust, im Alter von 16 Jahren, begannen ihre regelmäßigen Freßattacken und das anschließende Erbrechen. Sie schlang Süßigkeiten, Eiscreme, Kekse, Erdnußbutter und Bonbons oft viermal am Tag in sich hinein. Sie sagt, daß sie dabei nichts fühle, und daß sie es ebenso tut, wie sich ein anderer vielleicht die Hände wäscht. Sie hat nun schon seit vier Jahren diese Freßattacken, nimmt Abführmittel und erbricht sich nach jeder Mahlzeit. In dem ersten Gespräch macht Hannah ihre Sorgen über die Bulimie deutlich, und auch über ihre Probleme, die sie damit hat, intime Beziehungen aufrechtzuerhalten und darüber, daß sie in der Schule keine Fortschritte mehr macht. Sie sagt, daß sie nicht mehr weiß, wer sie ist, sie arbeite so hart, daß sie die Bedürfnisse anderer nicht mehr wahrnehme und sie verliere in diesem ganzen Prozeß sich selbst.

*Sie gibt an, daß sie, als sie noch zu Hause lebte, viel Verant-
wortung aufgebürdet bekam: Sie mußte die Mahlzeiten zube-
reiten, das Haus putzen und andere Dinge erledigen, aber sie
hatte nie das Gefühl, daß ihre Familie unrealistische Erwartungen an sie stellte. Aus der Sicht des Therapeuten wäre eine
normalere Reaktion darauf gewesen, sich über die viele Arbeit
neben der Schule zu beklagen.*

*Auszüge aus den nächsten fünf Sitzungen mit Hannah zeigen
einige der ungewöhnlichen Besonderheiten, mit denen der Therapeut rechnen muß, wenn er mit Bulimie-Patientinnen arbeitet.*

Zweite Sitzung

*Hannah war heute sehr ernst. Sie sprach darüber, wie wichtig
ihr Aussehen in ihren Beziehungen zu anderen Menschen ist.
Die Menschen seien nicht vertrauenswürdig und würden einen
nur benutzen, damit man etwas für sie tun kann. Gefühle seien
beschämend, und Gefahren bestünden darin, sie anderen Menschen zu zeigen. Während der Sitzung benutzte sie eine Metapher,
sie habe einen „Klumpen im Magen", der „hungrig" sei.*

Dritte Sitzung

*Das heutige Thema war die eigene Wut auf ihre Bulimie:
„Warum tue ich das? Warum ist das passiert? Ich verletze
die Leute nur, um die ich mich eigentlich sorge." Fast während
der ganzen Sitzung weinte sie. Sie sprach über ihre Kindheit
und sagte, sie habe bis zur fünften Klasse eine glückliche Kindheit
gehabt, dann wurde ihre Mutter schwer krank, und Hannah
mußte sehr viel Verantwortung auf sich nehmen. Sie beschrieb sich
selbst als ein perfektes Kind, das entweder alles bekam, was es
wollte oder wußte, wie sie es bekommen konnte — indem sie ein
„gutes Kind" war. Hannah kann sich nicht daran erinnern, als Kind
jemals wütend gewesen zu sein. Sie sagt, sie sei zwar immer für
andere da, aber es sei für sie unmöglich, von anderen etwas zu
bekommen, oder sie für sich etwas tun zu lassen.*

Vierte Sitzung

*Hannah begann darüber zu berichten, sie habe die letzten zwei
Wochen Angstanfälle gehabt. Ihre Beschreibung dieser Attak-
ken umfaßte auch Atem- und Schluckbeschwerden sowie starke Ge-*

fühle der Depression und Hoffnungslosigkeit. Als sie darüber sprach, wie sie andere vor diesen Gefühlen schützt, indem sie sich immer fröhlich gebe, führte dies zu einem Gefühlsausbruch: Ärger über die Erwartung anderer, sie müsse immer fröhlich sein, Schuldgefühle darüber, daß sie die Ablehnung ihrer Person durch andere selbst herbeiführt, Verwirrung, weil sie nicht mehr in die Schule gehen will, Angst, weil sie sich nicht darüber im Klaren ist, was sie tun will und Schuldgefühle, weil andere die Schule viel leichter bewältigen, als sie es kann.

Fünfte Sitzung

Hannah fühlt sich gedrängt, etwas anderes zu tun, außer in die Schule zu gehen. Sie weiß nicht, ob sie nach Hause gehen, einen Job annehmen oder etwas anderes tun soll. Sie sei buchstäblich zu „krank und müde", um für irgendetwas verantwortlich zu sein. Nach Hause zu gehen, schien für sie eine Alternative zu sein, weil sie beschützt werden würde, und ihr einige Sorgen genommen würden, aber sie befürchtet, daß ihr ihre Familie in Wirklichkeit all die früheren Verantwortungen doch wieder übertragen würde. Ihre Eltern ermutigen sie dazu, drei Wochen stationär in einer Spezialklinik für Bulimie zu verbringen.

Sechste Sitzung

Hannah ist entschlossen, mit der Schule aufzuhören und sich in eine vierwöchige Behandlung in eine Spezialklinik für Bulimie zu begeben. Sie will ihren Eltern gefallen, indem sie Behandlungserfolge zeigt und fühlt sich für das Glück ihrer Eltern verantwortlich. Ein Großteil der Sitzung wird darauf verwendet, solche Verantwortlichkeiten, Verpflichtungen und daraus resultierende Schuldgefühle zu besprechen.

Für Therapeuten sind Patientinnen wie Hannah alltäglich geworden. Vor zehn Jahren noch fast unbekannt, ist die Bulimie heute recht häufig, so daß explosionsartig Artikel und Bücher zu diesem Thema erschienen sind (siehe Literaturverzeichnis). So viele Frauen suchen wegen dieser Störung eine Behandlung auf, daß die Erstautorin, die freiberuflich als Therapeutin tätig ist, fast ausschließlich Frauen mit Bulimie als Patienten hat. Die Literatur in diesem Bereich ist oft widersprüchlich darüber, was dieses Verhalten verursacht und wie die Störung behandelt werden kann. Es heißt oft, die Störung sei meist biologisch bedingt und Folge einer Depression, und daß sie am besten medikamentös behandelt werde. Oder man hört, es handele sich dabei um ein Verhaltensproblem, und daß verhaltenstherapeutische Methoden am besten helfen würden. Oft wurde auch gesagt, es sei eine Sucht und sollte als solche behandelt werden. Aufgrund unserer eigenen Untersuchung der Fälle und des Literaturstudiums stellten wir fest, daß diese Lösungen nicht funktionieren. Daher muß eine andere Betrachtungsweise bezüglich der Ursachen und der Behandlungsmethoden herangezogen werden. Unserer Erfahrung nach braucht die Behandlung viel Zeit und umfaßt die Auseinandersetzung mit einer breiten Vielfalt von familiären Einstellungen und persönlichen Problemen, außerdem beinhaltet sie die Arbeit mit einer Vielzahl von Möglichkeiten, den Patientinnen beizubringen, wie sie mit Emotionen und Streß umgehen können.

Kapitel 1

Epidemie der achtziger Jahre

Die in drei unterschiedlichen Einrichtungen tätigen Autoren sind beeindruckt von dem deutlichen Zuwachs an Patientinnen mit Eßstörungen in den letzten Jahren. Wir haben an Selbsthilfetreffen von Patientinnen mit Eßstörungen teilgenommen, bei denen bis zu 150 Personen anwesend waren, einige verzweifelt vor Angst, weil ihr Verhalten außer Kontrolle geraten war, andere waren verstört, weil man von ihnen verlangte, ihr Verhalten zu ändern, wofür sie keine Veranlassung sahen. Die landesweite Ausbreitung des Problems läßt sich schwer erfassen, zum Teil weil verschiedene Meinungen bezüglich der Definition von „Eßstörung" vorherrschen. Zieht man als Kriterium lediglich periodische Freßattacken heran, dann haben schätzungsweise zwei Drittel der weiblichen Bevölkerung eine Eßstörung (Polivy und Herman, 1985). Bei Verwendung einer engeren Definition fanden Halmi, Falk und Schwartz (1981) bei 13% ihrer Stichprobe von Collegestudenten alle Hauptkriterien einer Bulimie. Von diesen 13%, die Symptome einer Bulimie aufwiesen, waren 87% Frauen. Selbst wenn wir vorsichtige Schätzungen aus der Literatur zum Ausmaß des Problems heranziehen, sind 4% aller Frauen im Collegealter davon betroffen. Dies bedeutet, daß die Zahl der an dieser Störung leidenden Personen immer noch sehr hoch ist.

Was ist Bulimie?

Im vorliegenden Buch werden wir die Definition für „Bulimie" verwenden, die von der American Psychiatric Association entwickelt und im Diagnostischen und Statistischen Manual psychischer Störungen DSM-III-R (deutsche Ausgabe) 1989 veröffentlicht wurde. Danach lauten die Kriterien für die Bulimie folgendermaßen:

A) Wiederholte Episoden von Freßanfällen (schnelle Aufnahme einer großen Nahrungsmenge innerhalb einer bestimmten Zeitspanne).

B) Das Gefühl, das Eßverhalten während der Freßanfälle nicht unter Kontrolle halten zu können.

C) Um einer Gewichtszunahme entgegenzusteuern, greift der Betroffene regelmäßig zu Maßnahmen zur Verhinderung einer Gewichtszunahme, wie selbstinduziertem Erbrechen, dem Gebrauch von Laxantien oder Diuretika, strengen Diäten oder Fastenkuren oder übermäßiger körperlicher Betätigung.

D) Durchschnittlich mindestens zwei Freßanfälle pro Woche über einen Mindestzeitraum von drei Monaten.

E) Andauernde, übertriebene Beschäftigung mit Figur und Gewicht.

Vor zehn Jahren noch nahezu unbekannt, ist die Bulimie heutzutage zu einem beträchtlichen sozialen Problem geworden, so daß geradezu explosionsartig Artikel und Bücher zu diesem Thema erschienen sind. So viele Frauen sind davon betroffen, daß die Erstautorin, die eine therapeutische Praxis leitet, fast ausschließlich bulimische Frauen als Patienten hat. Die Literatur zu diesem Thema ist oft widersprüchlich, wenn es um Ursache und Behandlung der Störung geht. Ein Teil der Autoren geht davon aus, daß die Bulimie genetisch bedingt und Folge einer Depression sei, und daß deshalb die Verabreichung von Psychopharmaka die beste Therapie darstelle. Andere sehen in der Bulimie ein Verhaltensproblem und behaupten, daß verhaltenstherapeutische Maßnahmen am ehesten eine Heilung versprechen. Wieder andere sind der Meinung, daß die Bulimie eine Sucht ist und auch als solche behandelt werden sollte. Unsere eigenen Erfahrungen, basierend auf der Arbeit mit unseren Patientinnen, der Analyse von Fallgeschichten sowie das Literaturstudium haben uns gelehrt, daß keine dieser Erklärungen für sich allein ausreicht. Wir meinen, daß eher ein Ansatz vonnöten ist, der sowohl die verschiedenen möglichen Ursachenfaktoren als auch die Behandlungsmethoden integriert. Im vorliegenden Buch werden diese Themen so besprochen, daß zum einen den Therapeuten eine Orientierungshilfe gegeben wird, daß aber auf der anderen Seite auch die Patientinnen es lesen können, um mehr über ihre Störung und den Behandlungsverlauf zu erfahren.

Was verursacht die Bulimie?

Unsere Theorie, warum Menschen eine Bulimie entwickeln, basiert auf drei Hauptfaktoren:

1. Das Schlankheitsideal in unserer Kultur

Als wir dieses Buch verfaßten, drängte sich uns immer mehr der Gedanke auf, daß die Bulimie vielleicht eine Folge der Vorliebe der amerikanischen Bevölkerung für Schlankheitskuren ist. Unsere Nation ist geradezu schizophren im Umgang mit der Ernährung geworden. Unsere Lebensmittelzusätze steigern den Appetit, wir haben eine reichhaltige Auswahl; im Vergleich zu anderen Ländern sind die Preise recht niedrig; kurzum, wir sind eine Nation, in der man leicht zunimmt. Während man uns zum Essen verlockt, werden wir gleichzeitig mit den Gefahren des Übergewichts und der Aufforderung, schlank zu bleiben, konfrontiert. Diese Aufforderung ist gepaart mit einer neuen Diät oder einer neuen Pille, die Hungergefühle abschwächt. Dieser Kult um das Schlanksein ist einer der Hauptfaktor für die Entstehung von Bulimie.

2. Die eingeschränkte kognitive Kontrolle über das natürliche Bedürfnis nach Nahrung

Personen mit Anorexie stellen hier eine Ausnahme dar, Bulimie-Patientinnen jedoch nicht. Die knapp am Hungertod vorbeiführenden Abmagerungskuren, auf die sich Frauen mit Bulimie einlassen, bringen die angeborenen Kontrollmechanismen durcheinander, die dafür sorgen, daß das Körpergewicht innerhalb gewisser Grenzen bleibt. Wenn die kognitive Kontrolle zusammenbricht, entsteht „bulimisches Verhalten".

3. Bestimmte Persönlichkeitseigenschaften

Ein bestimmter Persönlichkeitstyp und eine bestimmte Gemütsart, die vielleicht auch vererbt sind, muß zum Entstehen einer Bulimie vorhanden sein. Die Persönlichkeitsstrukturen dieser

Individuen entwickeln sich im Rahmen einer bestimmten Familie und in einem bestimmten sozialen Umfeld. Diejenigen Menschen, die über die passenden (oder unpassenden?) Persönlichkeitseigenschaften verfügen und den Wunsch haben, schlank zu bleiben, laufen Gefahr, bulimisches Verhalten zu entwickeln.

Alle drei Faktoren müssen in gewissem Ausmaß vorhanden sein, damit sich eine Bulimie entwickelt. In den folgenden Kapiteln werden wir diese drei Faktoren ausführlicher besprechen. Von größerer Wichtigkeit ist, daß wir ein Behandlungsschema mit konkreten Vorschlägen dazu vorstellen, wie man einerseits die allgemeinen Probleme, die die Patientinnen an die Therapeuten herantragen, andererseits die spezifischen Schwierigkeiten, die nur im Einzelfall auftreten, angeht. Unsere Lösungen sind nicht so einfach anzuwenden, und wir haben auch noch keinen idealen Weg gefunden, um diesen Patientinnen zu helfen. Unserer Erfahrung nach braucht die Behandlung Zeit und umfaßt die Auseinandersetzung mit einer breiten Vielfalt familiärer Einstellungen und persönlichen Problemen, außerdem beinhaltet sie eine Vielzahl von Möglichkeiten, den Patientinnen beizubringen, wie sie mit Emotionen und Belastungen in ihrem Leben umgehen können.

Der Fall Janes liefert uns Beispiele für viele Merkmale der Bulimie, die wir in diesem Buch besprechen wollen. Unseres Erachtens gibt dieser Fall einen Überblick über die Erfahrungen und Einstellungen einer beinahe typischen Patientin, die wegen bulimischer Symptome eine Behandlung aufsucht.

Der Fall Jane

Jane stammt aus einer Akademikerfamilie. Ihr Vater ist Doktor der Biochemie, und ihre Mutter schreibt gerade an ihrer Doktorarbeit im gleichen Fachbereich. Jane hat ihren ersten akademischen Grad im Fach Geologie abgeschlossen und strebt gerade ihr Abschlußexamen an.

Jane ist das mittlere von drei Kindern. Sie kam nur zehn Monate nach ihrer älteren Schwester zur Welt. Von klein auf kann sich Jane daran erinnern, daß sie ständig zu hören bekam, sie sei zu schnell nach ihrer Schwester geboren worden, und wie schwer dies für ihre Mutter gewesen sei. Sie entsinnt sich, daß sie sich deshalb als kleines Kind schuldig gefühlt und sich gefragt habe, ob sie in ihrer Familie überhaupt erwünscht sei. Sie stellt fest, daß ihre Mutter sich immer sehr um ihre sehr ängstliche und leicht kränkliche Schwester gekümmert habe, und daß der Bruder „Papas Junge" gewesen sei; sie selbst hatte nie das Gefühl, gut in die Familie zu passen.

Jane beschreibt ihre Mutter als sehr rational denkend und intellektuell. „Ich kann mich nicht daran erinnern, jemals von meiner Mutter umarmt worden zu sein. Sie zeigte uns ihre Liebe, indem sie etwas für uns tat, zum Beispiel indem sie für uns kochte oder sich an Fahrgemeinschaften beteiligte." Ihr Vater war sehr unnahbar. „Er kümmerte sich nicht um mich, bis ich in der Highschool anorektisch wurde."

Jane erinnert sich, daß ihre Eßstörung im zweiten Jahr ihrer Highschool-Zeit begann. Nach den Sommerferien kam sie zur Schule zurück und traf ihren Sportlehrer aus dem vergangenen Schuljahr. Er machte eine Bemerkung, daß sie wohl dieses Jahr nicht so schnell laufen würde, weil sie über die Sommerferien ein paar Pfunde zugelegt habe. Jane war wegen dieser Bemerkung am Boden zerstört und nahm sich vor, abzunehmen. Sie nahm ab, bis sie nur noch 40 Kilo wog. Der Kinderarzt der Familie wies sie in eine Kinderklinik ein. Sie erhielt keine bestimmte Therapie. Als sie wieder 45 Kilo wog, wurde sie entlassen. In den nächsten beiden Jahren nahm Jane abwechselnd ab und zu, ihr Gewicht schwankte dabei um 5 Kilo und mehr.

Jane entwickelte eine Bulimie, als sie auf's College ging. Sie erzählt, daß sie sich durch die Arbeit im College sehr unter Druck gesetzt gefühlt habe, und auch dadurch, daß in ihrem studentischen Freundeskreis so viel Wert auf das „richtige" Gewicht und auf Attraktivität gelegt wurde. Sie begann mit selbstinduziertem Erbrechen, um zunächst 5 Pfund abzunehmen. Jane glaubte, jederzeit damit aufhören zu können und war schokkiert, als sie merkte, daß sie aus dem Teufelskreis alleine nicht mehr herauskam.

Als sie das erste Mal zu dem Therapeuten kam, erbrach sie zwei bis dreimal am Tag. Sie verschlang ab und zu riesige Mengen an Nahrung, konnte aber nicht einmal eine normale Mahlzeit bei sich behalten. Sie nahm keine Abführmittel, Diuretika, Appetitzügler oder andere Medikamente. Sie trieb Sport, lief dreimal pro Woche drei Kilometer. Ihr Gewicht hatte sich bei 50 kg bei einer Größe von 1,57 m eingependelt. Jane berichtete über Einschlafschwierigkeiten und hatte es sich angewöhnt, ein bis zwei Whiskey zu trinken, um einschlafen zu können.

Zweite Sitzung

Jane sprach über ihre Gefühle gegenüber ihrer Familie. Letzte Weihnachten sprach ihre Schwester mit der Familie am Telefon und verkündete, daß sie keinen Kontakt mehr mit ihnen zu pflegen wünschte. Seit dieser Zeit hatte die Schwester auch keinen Kontakt mehr mit ihnen aufgenommen. Wir sprachen darüber, welch ein Ärger dahinterstecken muß, damit sich jemand buchstäblich von seiner Familie scheiden läßt. Jane weinte und erzählte, wie sehr sie das verletzt habe, und daß sie fühlte, sie müsse etwas tun, um den Schaden wieder gutzumachen, den ihre Schwester der Familie zugefügt hatte. Sie wollte so nett wie möglich zu ihren Eltern sein, um sie nicht auch noch zu verletzen.

Dritte Sitzung

Heute sprach Jane über ihre Beziehungen mit Männern. Sie sagte, daß sie sich in einer Beziehung stets zu verlieren scheine. Auf die Frage, was sie damit meine, erklärte Jane, daß sie so darauf bedacht sei, genau so zu sein, wie sie dachte, daß ihr Freund sie haben wolle, und daß ihre eigenen Bedürfnisse und Wünsche dabei völlig untergehen. Anscheinend treffe sie immer nur Männer, die sehr kritisch und fordernd sind. Ihr derzeitiger Freund wisse von ihrer Krankheit und versuche, ihr zu „helfen", indem er ihr drohe, sie nach dem Essen einsperre und ihr immer wieder sage, wie sehr ihn ihr Verhalten entsetzt.

Vierte Sitzung

Jane war heute sehr niedergeschlagen, als sie zum Gespräch kam. Von Beginn der Sitzung an hatte sie Tränen in den Augen und war völlig bestürzt. Sie war sich über den Grund ihrer Traurigkeit nicht im Klaren, aber sie sagte, daß sie sich schon seit mehreren Tagen so fertig gefühlt habe. Der Therapeut bat Jane, ihre körperlichen Empfindungen zu beschreiben, die mit dieser Niedergeschlagenheit einhergingen. „Es ist eine Leere in mir wie in Katakomben — mit vielen Windungen, dunkel und nirgendwo hinführend." Der Therapeut sagte ihr, sie solle ihre Augen schließen, in die Katakomben hineingehen und versuchen, den Teil, der ihr weh tue, zu finden. Sie sagte, es sei wie zu der Zeit, als sie heranwuchs und ihre Mutter nicht für sie da war. Der Therapeut wies sie an, eine Kerze anzuzünden und das Kind zu finden. Dann ermutigte er sie dazu, das Kind zu trösten, ihm zu sagen, daß sie es liebte und es allmählich an einen sicheren Ort zu führen, wo es Sonne und Wärme gab. Der Therapeut sagte Jane, daß sie nun der fürsorgliche Erwachsene sei, den sie als kleines Mädchen immer gebraucht hatte. Als Jane dann ihre Augen öffnete, berichtete sie, sehr müde zu sein, aber auch ruhig und nicht mehr traurig.

Fünfte Sitzung

Jane wollte heute über ihre Zukunft sprechen. Sie bemerkte, daß sie bezüglich ihrer beruflichen Laufbahn nie eigenständig eine Entscheidung getroffen hatte. „Ich spezialisierte mich auf das Fach Journalismus, weil mein Freund in der Highschool das auch tat; ich wechselte auf Geologie über, weil mein nächster Freund dieses Fach studierte. Vor kurzem wandte ich mich der Chemie zu, aber ich glaube, jetzt folge ich einfach dem Beispiel meiner Eltern." Der Therapeut fragte Jane nach vergangenen Erfahrungen, die sie als angenehm und lohnenswert empfand. Jane beschrieb zwei Ereignisse mit offensichtlichem Enthusiasmus: Als sie ein Semester in einer Vorschule arbeitete und als sie als freiwillige Helferin in einer Pflegeanstalt tätig war. Es wurde deutlich, daß beide Tätigkeiten intensive Zusammenarbeit mit Menschen beinhalteten. Jane merkte an, daß die Anerkennung und das Geschätztwerden durch die Kinder und ebenso durch die Insassen des Pflegeheims ihr gut taten. Es wurden Termine für Berufseignungstests vereinbart.

Sechste Sitzung

Jane berichtete, sie habe eine schwierige Woche mit ihrer Zimmergenossin gehabt. Deren Freund sei ohne Janes Erlaubnis eingezogen. Jane merkte an, daß sie ihn nicht da haben wollte, daß sie sich aber deswegen schuldig fühle. Der Therapeut sprach mit Jane über ihr Bedürfnis, jedem jederzeit zu gefallen. Dies wiederum führte zu der Diskussion darüber, wie unglücklich sie zum einen über ihre eigene Wut als auch über das Gefühl sei, jemand könne mit ihr böse sein. Jane und ihr Therapeut besprachen verschiedene Möglichkeiten, mit ihrer Unzufriedenheit auf ihre Zimmergenossin zuzugehen.

An wen richtet sich dieses Buch?

Für Therapeuten sind Fälle wie der Janes alltäglich geworden. Indem wir eine breite Übersicht über die Ursachen und die Behandlung aus der Sicht der Psychologie, der Medizin und der Ernährungswissenschaft geben, hoffen wir, den Fachleuten, die auf diesem Gebiet arbeiten, bei der Erweiterung ihrer Fähigkeiten helfen zu können, Menschen mit dieser Störung zu behandeln. Wir haben beim Abfassen dieses Buchs auch den Laien als Leser vor Augen gehabt, so daß auch Patienten, deren Eltern und Partner es mit Gewinn lesen können. Dieses Buch ist jedoch nicht als Anleitung zur Selbsthilfe gedacht; wir möchten Menschen mit Eßstörungen dazu ermutigen, professionelle Hilfe in Anspruch zu nehmen.

Haben Männer Bulimie?

Wenn wir in unseren Ausführungen über Bulimie sprechen, beziehen wir uns auf die Patientin. Der Leser wird merken, daß nach den in diesem Buch zitierten Studien hauptsächlich Frauen Symptome einer Bulimie entwickeln. Im Schnitt schätzt man, daß der Frauenanteil bei den Betroffenen mit dieser Störung mindestens 90 bis 95% beträgt. Betrachtet man den Druck, schlank zu bleiben, der in unserer Gesellschaft auf den Frauen lastet, und nimmt man die Psychodynamik der Familien, aus der diese Frauen stammen, unter die Lupe, fällt es leichter, zu verstehen, warum vor allem Frauen betroffen sind. Männer aus ähnlichen Verhältnissen reagieren meist anders, etwa mit Drogenabhängigkeit, Arbeitswut oder übertriebener sportlicher Betätigung.

Zusammenfassend läßt sich sagen, daß die Zahl der Bulimiefälle, die hauptsächlich junge Frauen betrifft, weiter zunimmt. Neben gesellschaftlichen und familiären Aspekten, die vor allem Frauen beeinflussen, werden wir auch auf verschiedene allgemeine Faktoren zum Beispiel biologischer oder emotionaler Art eingehen, die bei der Entstehung der Störung eine Rolle spielen. Therapieansätze und -stadien werden beschrieben sowie besondere Techniken, die für den Therapeuten von Nutzen sind. Außerdem gehen wir auf die Reaktionen der Patientinnen und ihre Rolle im therapeutischen Prozeß ein.

Kapitel 2

Die medizinischen Aspekte der Bulimie

Das Ziel dieses Kapitels ist es, den Leser mit dem klinischen Syndrom, den medizinischen Komplikationen und der Behandlung der Bulimie bekannt zu machen. Die Beurteilung eines Patienten mit einer Eßstörung sollte im Rahmen eines multidisziplinären Ansatzes erfolgen. Ein Psychologe oder Psychiater sollte den psychischen Status des Patienten und der Familie einschätzen und je nach Indikation eine Einzel-, Gruppen-, oder Familientherapie vorschlagen. Dem Team sollte auch ein Diätassistent angehören, der die Ernährungsweise und den Nahrungsbedarf beurteilt und dem Patienten und seiner Familie dabei hilft, eine optimale Ernährung zu sichern. Die Mitwirkung eines Arztes oder eines Teams von Ärzten und Krankenschwestern bei der Behandlung ist nötig, um den körperlichen Zustand zu beurteilen, mögliche Komplikationen einzuschätzen und eine angemessene medizinische Therapie einzuleiten.

Zum ersten Kontakt eines Patienten, der eine Eßstörung hat, mit einem Arzt oder einem Angehörigen des medizinischen Dienstes kommt es wahrscheinlich aufgrund einer oder mehreren medizinischen Komplikationen. Die meisten Komplikationen der Bulimie sind die Folge von Verhaltensweisen, die das Ziel haben, Gewicht zu verlieren oder eine Gewichtszunahme zu vermeiden. Dazu gehören absichtliche Unterernährung mit Freßanfällen, selbst-induziertes Erbrechen, Mißbrauch von Abführmitteln (Brechmittel oder Laxantien), Mißbrauch von Diuretika und übermäßige körperliche Betätigungen. Da der Patient gewöhnlich nicht freiwillig eingesteht, daß er eine Eßstörung hat oder daß die medizinischen Probleme Folge einer Bulimie sind, muß der Arzt sich der für die Bulimie charakteristischen Umstände bewußt sein, wenn er die Krankengeschichte erhebt. Die Verhaltensweisen, die zu den medizinischen Komplikationen der Bulimie führen, sind auf eine Gewichtskontrolle ausgerichtet.

Nur durch gezielte Fragen zu den Methoden der Gewichtskontrolle kann der Arzt die Ätiologie und die klinische Bedeutsamkeit der medizinischen Hauptbeschwerden erfassen.

Die folgenden beiden Fallgeschichten sind Beispiele dafür, zu welchen Schwierigkeiten es kommen kann, wenn ein Arzt nicht über das Vorliegen einer Bulimie bei einer Patientin informiert ist.

Der Fall Sherri

Sherri ist eine 38 Jahre alte Frau, die seit 25 Jahren bulimisch ist. Im Alter von 18 Jahren war sie nach eigenen Angaben sehr dünn gewesen und hatte Symptome einer Anorexia nervosa gezeigt. Zu dieser Zeit war sie auch amphetaminabhängig und habe weit mehr als die verschriebene Dosis eingenommen. Sie hatte an Schönheitswettbewerben teilgenommen und auch einige gewonnen. Weil sie an Herzklopfen und Synkopen (anfallsartige Bewußtlosigkeit) litt, wurde sie zu einem Kardiologen überwiesen. Dieser diagnostizierte einen Mitralklappenvorfall und verordnete ihr zwei antiarrhythmische Medikamente. Weil ihr Psychologe darauf bestand, erzählte Sherri dem Kardiologen von ihrer Bulimie, insbesondere darüber, daß sie sich oft erbrach und gelegentlich Abführmittel benutzte. Der Kardiologe fand jedoch nicht, daß dies klinisch bedeutsam sei und verfolgte die Angelegenheit nicht weiter. Sherri wurde ermutigt, weiteren medizinischen Rat einzuholen und schließlich diagnostizierte man bei ihr eine Hypokaliämie (Kaliummangel), die auf ihre Bulimie zurückzuführen war. Die Korrektur dieses Mangels durch flüssigen Kaliumersatz führte zu einer Verbesserung ihrer Symptome. Es ist noch wichtig anzumerken, daß Sherri, bevor sie wegen Depressionen psychologische Hilfe suchte, ihr Eßverhalten nie als problematisch angesehen hatte. Sie hatte sich selbst nie als Bulimikerin betrachtet und weigerte sich noch eine ganze Zeit lang, diese Diagnose zu akzeptieren, obwohl sie sehr wohl darüber informiert war, daß sie alle Symptome hatte.

Der Fall Karen

Karen ist eine 20 Jahre alte College-Studentin und Tochter eines Arztes. Sie begab sich zum Arzt und klagte über allgemeine Schwäche und Müdigkeit. Die körperliche Untersuchung führte zu keinen Ergebnissen. Eine Routineuntersuchung des Blutes zeigte eine Hypokaliämie (Kaliummangel). Aufgrund dieses Laborbefundes wurde Karen ausgiebig auf eine adrenale Dysfunktion und einen möglicherweise hohen Alkoholkonsum untersucht (beides Gründe für einen niedrigen Kaliumspiegel). Erst als Karen im Sommer nach Hause fuhr, wurde ihr Vater mißtrauisch und konfrontierte sie damit, daß er wisse, daß sie sich erbreche und an einer Bulimie leide. Karen schämte sich ihrer Bulimie, aber sie gab die Störung zu, als ihr Vater sie darauf ansprach.

Eine sorgfältige medizinische Untersuchung hätte neben der Hypokaliämie noch einige Ohnmachtsanfälle, Amenorrhoe (Ausbleiben der Menstruation) und Gewichtsverlust aufgedeckt. Diese Befunde hätten darauf hingedeutet, daß wahrscheinlich eine Bulimie die Ursache des niedrigen Kaliumspiegels war, wodurch weitere diagnostische Untersuchungen hätten vermieden werden können.

Welche demographischen Merkmale gibt es?

Aus demographischer Sicht kann der typische Patient mit einer Bulimie wie folgt beschrieben werden: weiblich, durchschnittlich 23,5 Jahre (von 18 bis 35 Jahren), unverheiratet (71,4%), einer gehobenen sozialen Schicht angehörig (77,1%) und in Ausbildung stehend (57,1%) (Fairborn & Cooper, 1984). Wenn die Patientin nicht speziell darüber befragt wird, wird sie möglicherweise nichts über ihre Freßanfälle oder das selbstinduzierte Erbrechen aussagen. Weil die meisten bulimischen Frauen normalgewichtig sind, wird die Tatsache unberücksichtigt bleiben, daß sie mit hoher Wahscheinlichkeit eine krankhafte Angst davor haben, dick zu werden (85,7%), daß sie eine extreme Aufmerksamkeit und Sensibilität gegenüber einer Gewichtszunahme zeigen (55,2%), daß sie ihren Körper negativ wahrnehmen (28,6%) oder daß sie pathologisch das Ziel verfolgen, Gewicht zu verlieren (22,9%). Obwohl auch viele Personen mit einer Anorexia Nervosa viele dieser Methoden zur Gewichtsreduktion praktizieren, unterscheiden sie sich von Personen mit der Diagnose Bulimie durch den schweren Gewichtsverlust (mehr als 25% des Normalgewichts).

Freßanfälle sind das primäre Identifikationsmerkmal der Bulimie (Russel, 1979). Die Freßanfälle treten gewöhnlich auf, wenn die Patientin alleine ist. Üblicherweise nimmt sie dann

große Mengen an Nahrungsmitteln mit hohem Kohlehydratge-
halt zu sich, die leicht hinunterzuschlucken und entsprechend
ausgewählt sind. Es wird berichtet, daß eine Bulimikerin bis zu
50000 Kalorien in mehreren Freß/Abführ-Zyklen an einem
einzigen Tag konsumieren kann (Mitchell, Pyle & Eckert, 1981).
Durchschnittlich werden während eines typischen Freßanfalls
3500 Kalorien konsumiert. Dies kann sich aber mehrmals am
Tag wiederholen. In den meisten Fällen wird der Freßanfall
durch selbstinduziertes Erbrechen beendet.

Hinweise auf Freßanfälle können gut versteckt sein. Die
Betroffenen sind sehr vorsichtig und vermeiden das Auftreten
von Freßanfällen in der Gegenwart anderer. Eine Frau kann
zum Beispiel von einem Schnellimbiß zum anderen gehen und
sich jedesmal nur eine mittelgroße Nahrungsmenge bestellen.
Collegestudenten, die im Studentenwohnheim essen, gehen vielleicht wiederholt zur Essensausgabe, um sich mehrmals Nach-
schlag zu holen, und sich dann an einen anderen Platz zu setzen,
um nicht von den selben Leuten beim Essen beobachtet zu
werden. Nach einer Weile vermeidet es die Person vielleicht
gänzlich, gemeinsam mit anderen zu essen. Sie fühlt sich möglicherweise bereits unwohl, wenn sie nur eine „normale" Nahrungsmenge im Bauch hat und verspürt dann das dringende
Bedürfnis, die Kalorien loszuwerden. Wiederholtes und regelmäßiges Aufsuchen der Toilette unmittelbar nach dem Essen
kann darauf hinweisen, daß ein derartiges Problem vorliegt.

Zusätzlich zum Vermeiden des Essens in Gegenwart anderer
und zu den Entschuldigungen, die vorgebracht werden, um nach
dem Essen die Toilette aufzusuchen, gibt es noch einige andere
Hinweise, die bei der Familie und bei Freunden Besorgnis
aufkommen lassen können. Schnelle Gewichtsschwankungen,
oft zehn Pfund und mehr, deuten auf Freßanfälle und Ab-
führmaßnahmen hin. Daß eine Person viel ißt und trotzdem ihr
Gewicht hält oder sogar verliert, kann ein Anzeichen für eine
Bulimie sein. Es kommt häufig vor, daß die Familie oder Freunde
den Hausarzt anrufen und fragen, ob sie sich über ein solches
Verhalten Sorgen machen müssen.

Das klinische Syndrom

Frauen mit Bulimie, die sich häufig erbrechen, klagen oft über
ein Völlegefühl während oder nach dem Essen, auch wenn sie

nur eine relativ geringe Nahrungsmenge zu sich genommen haben. Dieses Merkmal wird als frühe Sättigung bezeichnet. Man hat physiologische Studien durchgeführt, die eine Verzögerung in der Magenentleerung zeigen (Saleh & Lebwohl, 1980). Patientinnen mit einer Bulimie berichten von dem Gefühl, daß Nahrung mehrere Stunden in ihrem Magen bleibe, im Gegensatz zu einer halben oder einer Stunde, wie es normalerweise empfunden wird. Es kommt zu einer Störung der normalen Mobilität des Magens und zu einer Umkehr der normalen Vorwärtsbewegung, so daß die Nahrung spontan wiederhochkommen kann. Die meisten Frauen mit einer Bulimie berichten, daß das Herbeiführen des Erbrechens zunehmend leichter wird, je öfter sie es praktizieren, und bei einigen kommt es zum Erbrechen, ohne daß sie es herbeiführen müssen.

Die Gewichtskontrolle kann auch durch den Gebrauch von Laxantien, Brechmitteln und Entwässerungsmitteln angestrebt werden. In einer Studie (Fairburn & Cooper, 1984) zeigte sich, daß 31,4% der bulimischen Frauen durchschnittlich 28,1 Mal im Monat Laxatien nahmen, wobei jedes Mal im Mittel 17,4 Laxantien eingenommen wurden! Eine ähnliche Anzahl von Frauen erbrach das Essen wieder, um eine Absorption zu vermeiden, oder zeigte spontanes Wiederhochkommen der Nahrung. Entwässernde Mittel können benutzt werden, um darüberhinaus zu versuchen, das Gewicht zu kontrollieren. Schließlich ist auch anstrengendes körperliches Training weit verbreitet, mit dem direkten Ziel, Kalorien zu verbrennen.

Depressionen können sich durch Ernsthaftigkeit, Mangel an Bewegung, Trägheit in den Reaktionen, Weinerlichkeit, Apathie, Suizidgedanken, Schlafstörungen und einem generellen Fehlen von Freude und Begeisterungsfähigkeit am Leben äußern. Die Schwere der depressiven Symptome bei Bulimikerinnen kann mit der bei Patienten mit einer depressiven Störung verglichen werden (Fairburn & Cooper, 1984).

Man hat auch Ähnlichkeiten in der Persönlichkeit von Frauen mit Bulimie und solchen mit Drogen- und Alkoholproblemen festgestellt (Hatsukami, Owen, Pyle & Mitchell, 1982). Bei beiden Gruppen fand man ähnliche MMPI- (Minnesota Multiphasic Personality Inventory) Profile. Interessanterweise wurden 35,8% der Frauen mit einer Bulimie von der Untersuchung ausgeschlossen, weil sie Probleme mit Drogen oder Alkohol angaben. Neunzehn Prozent hatten wegen ihres Drogenmißbrauchs auch tatsächlich eine Behandlung aufgesucht.

Eine sorgfältige Erhebung der Familiengeschichte kann oft aufschlußreich sein: 29,4% der Verwandten ersten Grades waren in einer psychiatrische Behandlung, meist wegen einer depressiven Störung, und 58.8% der Verwandten ersten Grades hatten Gewichtsprobleme (Fairburn & Cooper, 1984). Nicht selten hat sich die Klientin selbst vorher schon einmal um eine psychologische oder eine psychiatrische Beratung oder Behandlung bemüht; dem Arzt, der mit den medizinischen Komplikationen der Bulimie konfrontiert ist, wird diese Information jedoch wahrscheinlich vorenthalten. Heimliches Essen ist die Regel, offenen Täuschungen begegnet man aber auch.

Die medizinischen Komplikationen der Bulimie

Die medizinischen Komplikationen der Bulimie resultieren aus den Gefahren, die mit der absichtlichen Unterernährung, den Freßanfällen, selbstinduziertem Erbrechen, Mißbrauch von Abführmitteln und Entwässerungsmitteln und anstrengendem Training einhergehen (Harris,1983).

Absichtliche Unterernährung

Obwohl die absichtliche Unterernährung das Kennzeichen einer Anorexia Nervosa ist, stellt sie auch eine bedeutende medizinische Komplikation der Bulimie dar, die bei 20% der Klientinnen anzutreffen ist. Die Unterernährung manifestiert sich hauptsächlich in vier Organsystemen: dem endokrinen, dem kardiovaskulären, dem renalen (Nieren) und dem gastrointestinalen System.

Unterernährung führt zu Störungen der normalen Hormonausschüttung, die das reproduktive System steuert. Klinisch gesehen manifestiert sich Unterernährung zumeist in der Entwicklung einer sekundären Amenorrhoe (Ausbleiben der monatlichen Periode), unregelmäßiger Menstruation, Unfruchtbarkeit, Atrophie der Brust und oder atrophischer Vaginitis. In seltenen Fällen können die Patientinnen auch Symptome einer Hypothyreose, wie Mangel an Energie, Schwäche, Empfindlichkeit gegenüber kaltem Wetter, trockene Haut und brüchiges Haar, zeigen.

Extreme Unterernährung kann das kardiovaskuläre System schwerwiegend beeinträchtigen. Die abnehmende Herzmuskelmasse kann zu geringem Herzminutenvolumen führen, das sich klinisch in niedrigem Blutdruck und/oder Herzversagen manifestiert. Die Unterernährung kann auch zu einem schweren Mangel an diätetischem Kalium führen. Hypokaliämie (geringer Kaliumspiegel) resultiert gewöhnlich in Herz-Dysrhythmien und wenn diese schwerwiegend sind, können sie zum plötzlichen Tod führen.

Hypokaliämie als Begleiterscheinung der Unterernährung kann auch das renale und das gastrointestinale System beeinflussen. Eine Hypokaliämie verursacht spezifische Verletzungen der Nierenkanäle und beeinträchtigt somit ihre Fähigkeit, Urin zu konzentrieren. Die daraus resultierenden klinischen Manifestationen sind Polyurie (häufiges Urinieren), Nocturie (häufiges nächtliches Urinieren) und Polydipsie (vermehrter Durst). Hypokaliämie führt auch zur Abnahme der gastrointestinalen Motilität. Die daraus resultierenden physiologischen Manifestationen sind eine verzögerte Magenentleerung und abnehmende Darmentleerung. Die klinischen Manifestationen sind gastrisches Völlegefühl, Wiederhochkommen der Nahrung, Reflux Oesophagitis (Sodbrennen), Verstopfung und die Verschlimmerung externaler Hämorrhoiden.

Freßanfälle

Dieses Verhalten führt gewöhnlich zu medizinischen Komplikationen. Das hauptsächlich betroffene Körpersystem ist der gastrointestinale Trakt. Freßanfälle produzieren eine akute gastrische Dilatation, die sich klinisch als abdominale Schwellung, abdominale Schmerzen, Übelkeit und Erbrechen und selten als Magendurchbruch manifestiert. Von Pankreatitis nach Freßanfällen wurde auch berichtet. Die Ätiologie der Entzündung der Pankreas ist unklar, sie führt aber zu einer zerstörerischen, lebensbedrohlichen Erkrankung. Es wurde auch berichtet, daß Freßanfälle zu einer Vielzahl unspezifischer neurologischer Symptome führen, wie Kopfschmerzen, Schwindel, Paresthesien (Taubheit und Kribbeln in den Fingern und den Zehen), Epilepsie und Wahrnehmungsstörungen.

Selbstinduziertes Erbrechen

Dieses Verhalten ist verantwortlich für die meisten der herkömmlichen physischen Manifestationen der Eßstörung und für einige lebensbedrohliche Komplikationen. Selbstinduziertes Erbrechen beeinträchtigt vier Organsysteme des Körpers: das Verdauungssystem, das Atemsystem (Lunge), das renale System (Nieren) und das Herz.

Selbstinduziertes Erbrechen hat einen nachteiligen Einfluß auf fünf Komponenten des Verdauungstrakts: Die Mundhöhle, die Zähne, die Ohrspeicheldrüse, die Speiseröhre und den Magen. Verletzungen der Mundhöhle resultieren aus dem Einführen des Fingers oder von Fremdkörpern, um das Erbrechen zu induzieren. Das Eindringen von Magensäure in die Mundhöhle führt zur Auflösung des Zahnschmelzes. Dies stellt sich klinisch als erhöhte Sensibilität der Zähne, vermehrter dentaler Karies und Parodentose (Zahnfleischentzündung) dar (Wolcott, Yager & Gordon, 1984).

Eine bilaterale Vergrößerung der Ohrspeicheldrüsen kann auftreten. Die Ohrspeicheldrüsen befinden sich in dem Winkel des Kiefers, der typischerweise bei Mumps anschwillt. Die Vergrößerung dieser Drüsen führt zu einem runden Gesicht und zu „Hamsterbacken".

Das Rückfließen von Magensäure in die Speiseröhre durch selbstinduziertes Erbrechen oder durch Erschlaffung des unteren Oesophagussphincter resultiert in Oesophagitis; klinische Manifestationen sind Dysphagie (Schwierigkeiten beim Schlukken), Odynophagie (Schmerzen beim Schlucken) und selten ein Riß der Speiseröhre. Letztere Komplikation ist ein schwerwiegendes, lebensbedrohliches Problem mit hoher Mortalitätsrate.

Selbstinduziertes Erbechen kann zu gastrischer Atonie oder abnehmender Motilität führen, die in einer verzögerten Magenentleerung resultiert. Letzteres kann sich klinisch als gastrische Obstruktion darstellen oder zu einer verzögerten Absorption von Medikamenten (einschließlich Abführmitteln) führen. Selbstinduziertes Erbrechen kann zur Aspiration von Magensäure und Mageninhalt führen. Ein Ansaugen in den tracheobronchialen Zweig resultiert in einer Irritation dieser Struktur und manifestiert sich klinisch als Husten. Das Ansaugen in die Lunge kann eine schwere, lebensbedrohliche Komplikation, eine Aspirations-Pneumonie, herbeiführen.

Häufiges Erbrechen führt zu Störungen der Körperflüssigkeiten, der Elektrolyten und der Säurenbasis. Der Verlust von hydrochlorider Säure im Magen führt zur Entstehung einer metabolischen Alkalose (alkalines Blut). Eine metabolische Alkalose prädisponiert die Nieren zum Verlust von Kalium. Kaliumverlust wiederum resultiert in der Entstehung einer Hypokaliämie (niedriger Kaliumspiegel), die häufig verantwortlich ist für die klinischen Symptome Muskelschwäche, abnehmende Darmmotilität, verminderte renale Konzentrationsfähigkeit und Herzdysrhythmien. Exzessiver Flüssigkeitsverlust kann für sich gesehen schon zu Dehydration und Schock führen.

Mißbrauch von Abführmitteln

Die vierte Möglichkeit der Gewichtskontrolle ist der Mißbrauch von Abführmitteln, der drei Organsysteme des Körpers beeinflussen kann: das Herz, die Nieren und das gastrointestinale System. Ipecac ist ein allgemein erhältliches Brechmittel, das von Ärzten verschrieben wird, um bei Patienten, die eine möglicherweise toxische Substanz zu sich genommen haben, Erbrechen zu induzieren. Ipecac wird gewöhnlich nicht absorbiert; bei bulimischen Frauen jedoch, die eine verzögerte Magenentleerung aufweisen, können große Dosierungen von Ipecac im Blut absorbiert werden und toxische Auswirkungen haben. Eine Ipecac-Vergiftung kann zu lethalen Herzkomplikationen, wie Dysrhythmien, Versorgungsstörungen und Myokarditis führen. Klinisch können sich diese kardialen Komplikationen in unregelmäßigem oder aussetzenden Herzschlag, Synkopen, Schmerzen im Brustkorb und Kurzatmigkeit manifestieren.

Die renalen Komplikationen, die durch den Mißbrauch von Abführmitteln entstehen, beruhen auf der Entwicklung einer metabolischen Alkalose, die zu Hypokaliämie führt und zu einer verminderten Fähigkeit, Urin zu konzentrieren. Der Mißbrauch von Laxantien kann direkt zu schweren Kaliumverlusten führen, da der Stuhlgang reich an Kalium ist. Die Hypokaliämie, kann zu einer Vielzahl klinischer Manifestationen führen, wie oben beschrieben. Der chronische Mißbrauch von Laxantien kann auf verschiedene Art direkten Einfluß auf das gastrointestinale System nehmen. Ein funktionales Darmsyndrom, das sich klinisch als Wechsel von Diarrhoe, Verstopfung und abdominalen Schmerzen darstellt, ist eine häufige Folgeerscheinung. Das

Colon ist zur normalen Peristaltik nicht mehr in der Lage, was zu einem „kathartischen Colon" führt. Hohe Dosierungen an Abführmitteln sind notwendig, um die Motilität des Colons zu stimulieren; dieser Befund ist vermutlich dafür verantwortlich, daß eine derart hohe Dosierung dieser Medikamente vertragen wird. Melanosis coli, eine benigne Entfärbung der Colonschleimhaut, kann sich aus dem Gebrauch von Anthrachinon-haltigen Laxantien ergeben. Schließlich kann sich eine Hypokalziämie aufgrund der schlechten Absorption von Kalzium im Darm einstellen. Hypokalziämie, besonders mit begleitender metabolischer Alkalose, kann sich klinisch als Carpo-Pedal-Spasmus (klauenartige Kontraktion der Hand) und Tetanus (unwillkürlicher Muskelspasmus und Rigidität) manifestieren.

Mißbrauch von Diuretika

Eine andere Methode, die von bulimischen Frauen zur Gewichtskontrolle eingesetzt wird, ist der Mißbrauch von Diuretika. Eine Hauptkomplikation ist der renale Verlust von Kalium aufgrund des gesteigerten Urinflusses, der zu Hypokaliämie führt. Es gilt als erwiesen, daß Diuretika zu einer großen Anzahl metabolischer Nebeneffekte führen können. Weniger bekannte Nebeneffekte sind zum Beispiel Hyponatriämie (niedriger Natriumspiegel), Hyperuricämie (hoher Säuregehalt im Urin), Hyperkalziämie (hoher Kalziumspiegel), Hyperglykämie (hoher Blutzuckerspiegel), Hypomagnesämie (niedriger Magnesiumspiegel), Hypertriglyceridämie (hoher Triglyceridspiegel), Hypercholesterolämie (hoher Cholesterinspiegel) und Dehydration. Jede dieser metabolischen Komplikationen kann einer klinischen Störung vorangehen oder eine bestehende Krankheit verschlimmern. Wenn die Diuretika nicht mehr eingenommen werden, kann dies zu einer akuten, vorübergehenden Retention von Flüssigkeiten führen. Obwohl die Speicherung von Flüssigkeiten gewöhnlich harmlos ist, wird die Auswirkung auf das Äußere nur schwer ertragen und der Diuretika-Mißbrauch wird wahrscheinlich wieder aufgenommen.

Anstrengendes körperliches Training

Die fünfte Möglichkeit der Gewichtskontrolle, die von bulimischen Frauen eingesetzt wird, ist anstrengendes körperliches

Training, um Kalorien zu verbrennen. Ein hohes Niveau an körperlicher Aktivität wird auch bei Unterernährung noch aufrechterhalten. Diese Frauen sind besonders anfällig für Probleme mit den Muskeln oder Knochen (Rigotti, Nussbaum, Herzog & Neer, 1984). Anstrengendes körperliches Training verursacht auch Störungen der reproduktiven Funktion, wie verzögerte Menarche, sekundäre Amenorrhoe, unregelmäßige Menstruationsblutungen und Unfruchtbarkeit. Gewichtsverlust in Verbindung mit hartem körperlichem Training vergrößert das Auftreten und die Häufigkeit dieser Abnormitäten (Bullen, Skrinar, Beitins, von Mering, Turnbull & McArthur, 1985).

In zwei weiteren Fallgeschichten sollen nun einige diagnostische Merkmale der Bulimie dargestellt werden.

Der Fall Laura

Laura ist eine 24 Jahre alte Frau mit einem Turner-Syndrom. Als sie im zweiten Jahr im College war, bekam sie eine Bulimie. Sie wurde von einem Endokrinologen wegen der hormonalen Defizite, die für das Turner-Syndrom charakteristisch sind, behandelt. Es wurde ein erhöhtes Niveau an alkalischer Phosphatase festgestellt. Die nachfolgenden Untersuchungen ergaben, daß die Knochenmasse leicht abgenommen hatte und daß die Knochen sich vermehrt gebogen hatten. Laura informierte ihren Arzt nicht darüber, daß sie seit sechs Jahren Bulimie hat. Üblicherweise erbrach sie sich zwei- bis dreimal am Tag. Sie berichtete auch von früher Sättigung und gelegentlichem, spontanem Erbrechen nach dem Essen. Als Laura die Geschichte ihrer Bulimie preisgab, konnte man die Erhöhung des Alkali Phosphatin-Spiegels und die Reduktion der Knochenmasse auf die Eßstörung zurückführen.

Laura war bei einem Psychologen in Einzel- und in Gruppentherapie und konnte viele negative Gefühle ihrem Körper gegenüber abbauen. Das Turner-Syndrom führt bei Frauen zu einem kurzen, gedrungenen Körperbau und kurzen Hals. Diese Frauen sind auch unfruchtbar. Laura profitierte sehr von der Therapie und beschloß, ihr Freß/Abführ-Verhalten zu beenden. Sie unternahm ernsthafte Anstrengungen, nur noch Mahlzeiten normalen Umfangs zu sich zu nehmen. Sie berichtete aber, daß ihr Widerstand brach, wenn die Nahrung noch nach einigen Stunden in ihrem Magen war, und daß sie dann das Erbrechen herbeiführte. Es trat auch unwillkürliches Wiederhochkommen der Nahrung auf, was sie als unangenehm empfand. Dies verstärkte ihren Wunsch, das Essen in ihrem Körper loszuwerden. Laura wurde Metochlopramid verordnet, welches eine deutliche Verbesserung der Magenentleerung herbeiführte und das unwillkürliche Wiederhochkommen der Nahrung unterband. Laura nahm das Metochlopramid 15 Wochen lang und zeigte in dieser Zeit keine Freß- und Abführraktivitäten.

Der Fall Sharon

Sharon ist eine 23 Jahre alte Sekretärin, die wegen Suizidgedanken und -plänen in ein psychiatrisches Krankenhaus eingewiesen wurde. Sie litt seit drei bis vier Jahren an Bulimie. Sharon berichtete, daß sie durchschnittlich 4 bis 5 Freßanfälle mit selbstinduziertem Erbrechen am Tag hatte. Sie versuchte auch durch die Einnahme von 15–20 Laxativa eine Gewichtsabnahme herbeizuführen, wobei die Laxantiva zu Diarrhoe und Dehydration führten. Sharon hatte eine Hypertonie, sie nahm aber nicht nur die Entwässerungsmittel, die ihr verschrieben worden waren, sondern auch die antihypertonischen Diuretika ihres Vaters ein. Sie klagte über Ohnmachtsanfälle, Kurzatmigkeit, Herzklopfen, epigastrische Schmerzen und Paresthesien im Gesicht und an den Händen. Bei der Untersuchung hatte sie einen Blutdruck von 90/60 mit orthostatischen Veränderungen. Ihr Herzrhythmus war unregelmäßig. Ihr Kaliumspiegel betrug 2,5 meq/l, was einen signifikanten Mangel an Kalium anzeigt. Sharon wurde ein oraler Kaliumersatz von 15 bis 40 cc einer 10% KCL (20 bis 25 meq/Tag) pro Tag verordnet. Nach drei Wochen Behandlung ohne Erbrechen, Laxantien- oder Diuratikamißbrauch, stieg der Kaliumspiegel allmählich auf 4,0 meq/l.

Medizinische Behandlungsmethoden

Im folgenden sollen nur die gebräuchlichsten medizinischen Behandlungsmethoden der Bulimie angesprochen werden. Praktisch alle medizinischen Komplikationen der Bulimie können durch das Einstellen des bulimischen Verhaltens vermieden oder rückgängig gemacht werden. Unglücklicherweise ist das Beenden des Freß/Abführ-Verhaltens ein langsamer Prozeß. Jemanden darüber zu belehren, daß sein Verhalten zu unheilvollen Konsequenzen führt, hat wahrscheinlich wenig Einfluß auf das

Eßverhalten, steigert das bereits große Schuld- und Versagensgefühl und läßt ihn zögern, noch einmal zur Behandlung zu kommen. Eine wertfreie Haltung ist ganz wichtig, wenn man der Patientin sachliche Informationen über ihre körperliche Verfassung gibt.

Wie durch den Fall Sharon eben verdeutlicht wurde, kann der Kaliumersatz lebensrettend sein und potentiell gefährliche Arrhythmien verhindern. Den Patienten muß bewußt gemacht werden, daß die Behandlung mit Kalium dazu dient, Herz- und Muskelprobleme zu reduzieren oder vielleicht sogar einen plötzlichen Tod zu verhindern, und daß sie keinesfalls als „Erlaubnis" anzusehen ist, weiterhin zu essen und zu erbrechen. Kontroversen bestehen hinsichtlich des Einsatzes antikonvulsiver Medikamente bei der Bulimie. Anfängliche Berichte zeigten günstige Ergebnisse (Green & Rau, 1974); in größeren Kontrolluntersuchungen sprachen jedoch weniger Versuchspersonen auf diese Form der Therapie an (Green & Rau, 1977; Wermuth, Davis, Hollister & Stunkard, 1977).

Die langsame Magenentleerung kann mit Medikamenten behandelt werden, die den Entleerungsprozeß beschleunigen (Cohen, Woods & Wyner, 1984; Alhibe & McCallum, 1983; Saleh & Lebwohl, 1980). Um die Magenentleerung zu beschleunigen, werden Medikamente wie Bethanecol und das neuere Metochlopramid eingesetzt. Diese Medikamente beschleunigen nicht nur die Magenentleerung, sondern wirken auch auf das zentrale Nervensystem, was die Freßanfälle und Erbrechen verringern könnte. Wir konnten feststellen, daß der Einsatz von Metochlopramid in Verbindung mit psychologischer und diätetischer Beratung von großem Nutzen ist. Es mag sein, daß die Patientin sehr zögert und diese Behandlung nicht akzeptieren möchte. Der Gedanke, daß irgendein Nahrungsmittel verdaut und vom Körper aufgenommen werden soll, ist für die Bulimikerin sehr bedrohlich. Diese Intervention sollte nur dann versucht werden, wenn die Person dazu bereit ist, die Verantwortung für die Nahrungsmenge, die sie konsumiert, zu übernehmen. Es ist wichtig, sich mit anderen Teammitgliedern über den Zeitpunkt der Einführung dieses Behandlungsschrittes zu beraten.

Der Einsatz von Antidepressiva bei der Behandlung von Bulimie ist ein kontroverses Thema. Zahlreiche Studien haben gezeigt, daß viele Patientinnen mit einer Bulimie depressiv sind. Viele dieser Patientinnen haben Familienmitglieder mit einer affektiven Störung (Hudson, Pope, Jonas & Yurgelun-Todd,

1983). Man sollte jedoch auch zur Kenntnis nehmen, daß viele
Frauen mit einer Bulimie auch an einer Alkohol- und Drogenabhängigkeit leiden. Andere haben ähnliche Persönlichkeitsprofile
wie Frauen mit Drogen- und Alkoholproblemen (Hatsukami,
Owen, Pyle & Mitchell, 1982). Das häufige Auftreten von
Suizidgedanken und von Suizidversuchen wird bei der Verschrei-
bung potentiell lethaler Medikamente zusätzlich in Betracht
gezogen (Russell, 1979).

Viele Arten von Antidepressiva wurden bei diesen Patientinnen ausprobiert. Zwei unkontrollierte Studien mit einer
kleinen Anzahl von Versuchspersonen berichten von einer deutlichen Reduktion des bulimischen Verhaltens durch die Behandlung mit Monoamin-Oxidase-Hemmern (MAO) (Stewart,
Walsh, Wright, Roose & Glasmann, 1984; Walsh, Stewart,
Wright, Harrison, Roose & Glasmann, 1982). Bei der Verschrei-
bung von MAO Hemmern ist Vorsicht geboten, weil diätetische
Einschränkungen notwendig sind. Unzuverlässigkeit bei der
Einhaltung einer Diät und impulsives Verhalten sind charakteristisch für Frauen mit einer Bulimie und viele sind nicht
Willens oder in der Lage, Nahrungsmittel von ihrem Speiseplan
zu streichen, die möglicherweise gefährliche Reaktionen verur-
sachen können. Lithium hat sich besonders bei Personen mit
einer zyklothymen oder bipolaren Störung als hilfreich bei der
Reduktion des Freß/Abführverhaltens gezeigt (Hsu, 1984).

Die Mehrzahl der Patientinnen wurde mit trizyklischen Antidepressiva behandelt. Einer kontrollierten Studie mit 22 Versuchspersonen zufolge zeigten 90% der mit Imipramin behandel-
ten Frauen eine mittlere bis deutliche Reduktion der Freßattak-
ken (Pope, Hudson, Jonas & Yurgelun-Todd, 1983). In einer
anderen Studie jedoch, in der Amitriptylin in Kombination
mit einem kurzen Verhaltensmodifikationsprogramm eingesetzt
wurde, zeigte sowohl die Behandlungs- als auch die Kontrollgruppe eine deutliche Verbesserung (Mitchell & Groat, 1984).
Depressive Versuchspersonen, die nur ein minimales Verhaltens-
trainingsprogramm bekamen, reagierten signifikant schlechter
auf die Behandlung als nicht-depressive Patientinnen. In anderen
Berichten wird gefolgert, „. . . unsere Behandlungserfahrung mit
bulimischen Frauen unterstützt neuere Berichte über eine er-
folgreiche, ausschließlich medikamentöse Behandlung nicht . . ."
(Brotman, Herzog & Woods, 1984, S. 7). Andere Autoren haben
der Meinung Ausdruck verliehen, daß nur die Patientinnen, die
Anzeichen einer primären, affektiven Störung zeigen oder schwe-

re depressive Symptome aufweisen, mit antidepressiven Medikamenten behandelt werden sollten (Mitchell, Hatsukami, Goff, Pyle, Eckert & Davis, 1985). Die Beratung sollte so früh wie möglich begonnen werden. Die Personen, die wenig körperliche Symptome — abgesehen von Freßanfällen und Erbrechen — haben, könnten als ersten Einstieg in die Behandlung Kontakt mit einem Psychologen aufnehmen. Dies verpflichtet den Therapeuten zur Überweisung der Patientin zur ärztlichen Untersuchung. Der medizinische Zustand und das Vorhandensein medizinischer Komplikationen muß diagnostiziert werden, bevor die Psychotherapie fortgesetzt wird.

Zusammenfassend kann gesagt werden, daß die medizinische Behandlung ein wichtiger Bestandteil des multidisziplinären Ansatzes bei der Behandlung von Bulimie ist. Körperliche Probleme, die aus dem Erbrechen, Laxantiva-, Brechmittel- oder Diuretikamißbrauch resultieren, müssen behandelt werden. Der Einsatz von Medikamenten, die die gastrische Entleerung stimulieren, ist angemessen, wenn die Patientin sich wieder erholt. Es muß sehr darauf geachtet werden, ob eine Depression vorliegt und der geeigneten Behandlung von Depressionen, die mit der Eßstörung einhergehen, muß große Aufmerksamkeit gewidmet werden.

Kapitel 3
Individuelle Differenzen

In diesem Buch werden wir ein Modell vorstellen, das vielen Aspekten des bulimischen Verhaltens Rechnung trägt und eine Erklärung dafür gibt, wie sich dieses Verhalten entwickelt. Weil die Faktoren auf komplexe Art zusammenwirken, und dadurch eine bestimmte Reaktion hervorrufen, ist bei der Betrachtung menschlichen Verhaltens schwierig zu entscheiden, was Ursache und was Wirkung ist. Deshalb gelten die Aussagen in diesem Buch nicht für jeden Betroffenen gleichermaßen. Die Behandlung einer Person mit einer Eßstörung kann durch zusätzliche psychiatrische Probleme, zum Beispiel eine Borderline-Persönlichkeitsstörung, erschwert werden. Auch bei der Schizophrenie kann es gelegentlich zu bulimischen Symptomen kommen. Die Behandlungsansätze, die in diesem Buch vorgestellt werden, sind auf Personen ausgerichtet, die eine Bulimie ohne zusätzliche Komplikationen durch solche Störungen haben. Auch wenn wir durchaus sehen, daß eine Hospitalisierung zur Erholung vieler Frauen beiträgt, befaßt sich dieses Buch vor allem mit der ambulanten Behandlung der Bulimie. Auch wenn eine Hospitalisierung notwendig wird, sind die Themen, die dieses Buch abdeckt, relevant. Eine bestimmte Konstellation von Faktoren tritt in der Regel bei Bulimie-Patientinnen auf. Man sollte sich jedoch dessen bewußt sein, daß die Kombination physischer und psychologischer Faktoren, die die Eßstörung ausmachen, bei verschiedenen Personen in unterschiedlicher Mischung auftreten, und daß nicht alle Faktoren in jedem Fall vorhanden sind. Zum Beispiel kann eine unangemessene Rollenverteilung in der Familie bei einigen Personen ein wichtiger kausaler Faktor sein; bei anderen hingegen haben familiäre Beziehungen relativ wenig Einfluß; dagegen ist bei diesen Personen vielleicht Übergewicht in der Vorgeschichte ausschlaggebend gewesen. Der Therapeut muß den Schwerpunkt der Therapie so wählen, daß er mit den

individuellen Merkmalen jedes Falles und der Kombination, in
der sie auftreten, übereinstimmt.

Verfügt der Körper über Selbstregulationsmechanismen zur Gewichtskontrolle?

Wir werden Untersuchungsergebnisse vorstellen, die die Annahme unterstützen, daß das Gewicht einer Person in hohem Maße
von einem biologischen System geregelt wird, das über Mechanismen im Zentralnervensystem wirkt. Normalerweise variiert das Gewicht von Person zu Person um einen „Fixpunkt".
Da aber der Punkt unter der Kontrolle des zentralen Nervensystems steht, ist die natürliche Schwankungsbreite des Gewichts,
bei dem der menschliche Körper funktionsfähig ist, begrenzt.
Diese Tatsache wird von den Patientinnen nur schwer akzeptiert,
weil die Vorstellung, daß das Gewicht eines jeden vollkommen
unter seiner eigenen, bewußten Kontrolle steht, sehr weit verbreitet ist. Diese Überzeugung ist so stark, daß sich unsere
Klientinnen weigern zu akzeptieren, daß dieser Fixpunkt natürlicherweise von Person zu Person variiert. Um das Konzept des
Fixpunkts zu verstehen, muß man anerkennen, daß das Gewicht
von Personen entlang einer Normalverteilung variiert, wie das
auch bei anderen Merkmalen wie zum Beispiel der Größe der
Fall ist. Nach diesem Konzept kann ein Ziel, das für eine Person
normal ist, für eine andere durchaus unangemessen sein.

Eine Reihe von Patientinnen, die Auszüge aus diesem Buch
gelesen haben, fanden die Abschnitte über den Fixpunkt sehr
deprimierend. Ihre Reaktion bestand darin, daß sie sich fragten,
ob sie sich zwischen Bulimie oder Dicksein entscheiden müssen.
Ihre Angst vor dem Dicksein kam dadurch deutlich zum
Vorschein. Die Bulimie-Patientin, muß sich zwei Aspekte vergegenwärtigen, wenn sie dieses Buch liest. Erstens müssen die
meisten Personen mit Bulimie nicht viel zunehmen, um zu ihrem
normalen Gewicht zurückzukehren. Sie werden erkennen, daß
sie Unmengen an Zeit und Energie aufgebracht und ihre Gesundheit riskiert haben, um ihr Gewicht manchmal nur um 2 Kilo
unten zu halten. Zweitens zeigt sich, daß körperliche Betätigung
und gesunde Ernährung, wenn sie richtig eingesetzt werden, einer
Person helfen, innerhalb vernünftiger Gewichtsgrenzen zu bleiben. Das Problem dabei ist für viele Frauen mit Bulimie, daß
sie ihre Vorstellung über das Aussehen, bei dem sie sich
wohlfühlen und von anderen akzeptiert werden, umdefinieren

müssen. Die Redefinition muß auf realistischen Grundlagen aufbauen und nicht auf den neuesten Reklame- und Magazin-modellen. Wir haben das Gefühl, daß diese Redefinition nur möglich ist, wenn die Person emotional stabil und ihr Selbst-wertgefühl gefestigt ist.

Was ist das Set-point-Konzept?

Das Set-point-Konzept besagt, daß die Menge an adipösem Gewebe einer Person abhängig von einer Baseline ist, die durch Faktoren bestimmt wird, die an verschiedenen Abschnitten im Leben der Person auftreten. Das Zentralnervensystem versucht, diesen Set-point aufrechtzuerhalten oder zu verteidigen, indem es bei der Person ein Hungergefühl aufkommen läßt. Wie wir sehen werden, kommen andere Mechanismen ins Spiel, die eine Eßstörung verursachen können, wenn diese Hungersignale nicht so arbeiten, daß die Person ihren richtigen Set-point wieder-herstellt (eine eher technische Erörterung über den Set-point finden Sie in Kap. 14). Die Persönlichkeitsfaktoren, die einige Personen anfälliger als andere für Eßstörungen, besonders für die Bulimie, machen, werden im Abschnitt über familiäre und individuelle Dynamik diskutiert. In diesem Kapitel konzen-trieren wir uns auf die biologischen Einflüsse, die bestimmen, wieviel eine Person wiegen sollte. Was für eine Person eine therapeutische Gewichtsreduktion darstellt, ist für die andere bereits Unterernährung. Woods, Decke und Vasselli (1974) gaben Hinweise darauf, daß die Mechanismen des Gewichtsver-lustes von Person zu Person beträchtlich variieren. Jemand der aufgrund von Vererbung und/oder früher Ernährungsfaktoren adipös ist, wird erhebliche Schwierigkeiten haben, Gewicht zu verlieren und dieses reduzierte Gewicht beizubehalten. Eine Person, die aus anderen Gründen an Gewicht zugenommen hat (z. B. Schwangerschaft) wird das Gewicht relativ leicht wieder verlieren und nicht dazu tendieren, das hohe Gewicht, das sie ein-mal hatte, wiederzuerlangen, wenn sie einmal abgenommen hat.

Variiert das Gewicht von Person zu Person genau wie die Größe?

Ausgehend von dem Konzept, daß das Gewicht entlang einer normalverteilten Kurve variiert, ist es falsch, adipöse Menschen automatisch als pathologisch oder willensschwach anzusehen; eventuell stellt ihr hohes Gewicht einen Normalzustand ihres Körpers dar. Für diese Personengruppe würde der Versuch, an Gewicht zu verlieren und ihr Gewicht unten zu halten, den pathologischen Zustand der Unterernährung, mit all den damit verbundenen emotionalen und physischen Problemen, herstellen. Nisbett (1972) stellte fest, daß viele Personen, die als übergewichtig gelten, in bezug auf ihren Set-point eventuell in Wirklichkeit „untergewichtig" sind und daß sie buchstäblich die ganze Zeit hungern. Diese Leute kämpfen mit ihrer Biologie, die sich niemals erweichen läßt. Was normalgewichtige Personen wahrscheinlich nicht genug anerkennen, ist, wie viele Schwierigkeiten eine Person hat, ihr Körpergewicht unter ihrem natürlichen Set-point zu halten. Diese Schwierigkeit besteht ungeachtet dessen, wie ernsthaft sich die Person dem Einhalten der kulturellen Schlankheitsnorm verschreibt.

Wegen der interindividuell unterschiedlichen Basalen Metabolischen Rate (BMR) muß die Nahrungsmenge, die eine Person zu sich nimmt, nicht mit ihrem Gewicht korrelieren. Die Hinweise, die von Garrow (1978) und Wooley und Dyrenforth (1979) gesammelt wurden, unterstützen nicht die weit verbreitete Annahme, daß Übergewichtige generell mehr Nahrung zu sich nehmen als normalgewichtige Personen. Einige Übergewichtige können vielleicht relativ wenig essen, während einige schlanke Leute vielleicht herzhafte Esser sind. Individuelle Unterschiede weiterhin betonend, erkennen wir an, daß sogar auf einem adipösen Niveau einige signifikante Unterschiede im Eßmuster auftreten, und daß einige übergewichtige Personen große Nahrungsmengen zu sich nehmen. Brownell (1982) glaubte, daß adipöse Personen von ihrer Biologie her dickmachende Nahrung vorziehen, und gleichzeitig in einer Kultur leben, die einen unbegrenzten Zugang zu dieser Nahrung ermöglicht. Wir möchten ergänzen, daß einige Personen von ihrer Familie darin bestärkt wurden, dickmachende Nahrung vorzuziehen.

Treten Freßanfälle bei Leuten verschiedener Gewichtsgruppen auf?

Wardle und Beinart (1981) zitieren Hinweise aus klinischen Studien, daß gewisse Formen von Freßanfällen bei adipösen, normalgewichtigen und untergewichtigen Gruppen auftreten.

Die grundlegenden Merkmale dieser Freßanfälle sind über alle
Gewichtsgruppen hinweg ähnlich, mit der Ausnahme, daß die
meisten Personen, die Freßanfälle haben, nicht abführen oder
erbrechen. Wenn man dick ist und frißt, aber nicht abführt, wird
dies von den meisten Beobachtern als normal und vielleicht sogar
als angemessen betrachtet. Wenn man normalgewichtig ist und
frißt, und dann anschließend abführt, wird man als Bulimikerin
angesehen und das Verhalten ist deshalb abnormal. In Wirklichkeit können beide Zustände in ihrer Ätiologie sehr ähnlich und
gleichermaßen emotional schädigend sein. Beides kann ab-
weichendes Verhalten sein, das aus dem Versuch der Person, auf
einem Niveau unter ihrem normalen Set-point zu funktionieren,
hervorgeht. Bevor wir in eine ausführlichere Erörterung der
Entwicklung der Bulimie einsteigen, wird es dem Leser vielleicht
helfen, sich einen Überblick über einige Merkmale der Störung
zu verschaffen. Im folgenden werden die Notizen über Zugangs-
gespräche mit drei Patientinnen, die von drei verschiedenen
Therapeuten behandelt wurden, dargestellt:

Der Fall Rita

*Rita „gestand" ihren Eltern letzte Nacht, daß sie an Bulimie
leidet. Sie berichtete, daß sie seit zwei Jahren ungefähr sieben-
mal in der Woche Freßanfälle hat und abführt. Sie sagte, daß
der Freßanfall gewöhnlich damit anfängt, daß sie eine normale
Mahlzeit zu sich nimmt, und daß sie dann nicht mehr aufhören
kann, zu essen. Rita berichtete, daß sie als Kellnerin arbeitet.
Sie ertappt sich ständig dabei, daß sie im Essen herumstochert;
dieses Herumstochern endet dann damit, daß sie einen ausge-
wachsenen Freßanfall erlebt. Sie berichtete, daß sie sich ständig
fragt, ob sie im Wintersemester wieder zur Schule zurückgehen
soll, weil sie das Herbstsemester so stressig empfunden hatte.
Sie glaubt, daß ihre Noten unter ihren üblichen Durchschnitt
von 3,0 gefallen sind. Rita wurde von ihrem Vater zur Beratung
gebracht, und ihre Reaktionen während dem Interview gaben
mir als Therapeut das Gefühl, daß sie nicht sehr stark motiviert
ist, dieses Verhalten jetzt aufzugeben. Anerkennung von Autho-
ritätspersonen wie mir oder ihrem Vater zu erhalten, scheint
für sie von großer Bedeutung zu sein. Sie erscheint sehr per-
fektionistisch und extrem leistungsorientiert. Sie scheint sehr
sozial isoliert und etwas ängstlich im Hinblick auf Verabredungen oder das Sich-Einlassen auf andere zu sein. Ihre Eltern*

scheinen eine schlechte Ehe zu führen. Ihr Vater gab zu, daß er auch ein Workaholic ist und daß er vielleicht zu viel Druck auf seine Kinder ausgeübt hat, damit sie etwas erreichen. Rita steht ihrer Mutter etwas näher, die auch eine Bulimie hatte, genau wie Ritas jüngere Schwester. Mein Eindruck ist, daß Rita ein junges Mädchen ist, das sich sehr leer fühlt und sein Leben momentan buchstäblich mit Essen und Erbrechen füllt. Ihre Einsicht in ihr Problem war dürftig, ebenso ihre Problemlösefähigkeiten. Ihre Emotionen scheinen etwas flach zu sein.

Der Fall Diane

Diane sagte, daß sie seit zwei Jahren Bulimie hat. Vor kurzem trat sie zu den „born again Christians" über und wurde gerade erst getauft. Mitglieder der Gruppe, die ihre Bulimie entdeckten, überzeugten sie, daß das Aufgeben der Bulimie eines Tages als guten Beweis des Glaubens dienen könne. Sie sagte, daß die meisten Familienmitglieder übergewichtig seien. Sie habe einmal 64 Kilo gewogen und sei durch Diät auf 54 Kilo heruntergegangen. Sie wiegt nun 57 Kilo und ist 168 cm groß. Sie ist gut gekleidet und bestimmt nicht das, was man als dick bezeichnen würde. Sie denkt jedoch, daß sie es sei. Ihr bulimisches Verhalten besteht darin, daß sie praktisch alles, was sie ißt, wieder erbricht. Dies bedeutet, daß sie bereits 7 bis 10 Mal am Tag erbrochen hat. Üblicherweise erbricht sie jedoch viermal am Tag. Sie mußte sich nie den Finger in den Hals stecken, da sie herausfand, daß ihre Muskeln ihr dabei helfen, willkürlich das Erbrechen herbeizuführen. Sie frißt sich selten voll, sie sagt, daß sie einfach nichts im Magen haben will. Zur Zeit scheint sie ihre Bulimie nicht besonders zu beunruhigen, am meisten beschäftigt sie, daß mit ihr etwas körperlich nicht stimmen könnte. Sie klagt über Müdigkeit, Schwäche, Kältegefühl, Muskelschmerzen und ein brennendes Gefühl im Hals. Diane weiß genau Bescheid über die Symptome und Merkmale der Bulimie. Sie kennt alle Tricks und gibt zu, daß sie ihre Angewohnheit liebt. Ihr familiärer Hintergrund verrät mir (als Therapeut), daß es in ihrer Familie eine Menge Streß gab und daß sie ein Großteil der Last an familiären Problemen auf sich geladen hat. Der Hauptgrund, warum sie die Beratung gesucht hat, ist ihre Sorge um ihre körperliche Gesundheit — ich habe das Gefühl, daß sie so schlau sein wird sich zu weigern, sich auf andere als die oberflächlichen Themen einzulassen. Eine Vielzahl äußerer Kräfte, abgesehen von ihrem eigenen Bedürfnis nach Hilfe, haben dazu geführt, daß sie die Beratung aufgesucht hat.

Der Fall Karen

Karen stellte fest, sie habe eine geringfügige Eßstörung. Sie hat bulimische Anfälle, während derer sie zwei- bis dreimal am Tag Freßanfälle hat und abführt. Sie gab an, daß diese Anfälle jeweils 2, 3 oder 4 Tage dauern und ungefähr viermal im Monat auftreten. Sie berichtete, daß sie in ihren schlechtesten Zeiten 4 bis 5 Mal am Tag einen Freßanfall hat und abführt. Sie hat auch Laxantiva benutzt. Diese Zyklen begannen in ihrem letzten Jahr der High-School. Zur gleichen Zeit wurde ihre Mutter vom Psychiater als depressiv diagnostiziert und hospitalisiert. Gegenwärtig nimmt ihre Mutter Medikamente. Karen sagte, daß sie zornig auf ihren Vater ist, der ihre Mutter immer besänftigt, und daß sie ihre Mutter anschreien möchte, damit sie sich aufrappelt und wieder die Kontrolle über ihr Leben übernimmt. Ihre Mutter beschreibt sie als ständig wütend (sie hat die Hypothese, dies sei der Fall, weil die Mutter früh heiratete und vier Kinder in schneller Folge bekam). Sogar als sie und ihre Geschwister noch klein waren, mußten sie das ganze Haus sauber machen, während andere Kinder nur ihr eigenes Zimmer sauber machen mußten, bevor sie zum Spielen gehen konnten. Karen läuft jeden Tag zwei Meilen und trainiert, hält darüber hinaus Diät und hat Freßanfälle, nach denen sie abführt. Karen nimmt es übel, daß sie nicht das typische Familienleben ihrer Freunde hatte, und daß sie keine Kontrolle darüber hatte. Sie ängstigt sich darüber, daß sie nicht fähig ist, ihr Eßverhalten so zu kontrollieren wie fast alle anderen Lebensbereiche. Dieses Kontrollbedürfnis kann eine Reaktion auf den Kontrollverlust ihrer Mutter sein. Eine Situation zu erleben, in der sie keine Kontrolle ausüben kann, scheint für sie sehr beängstigend zu sein.

Kapitel 4

Die fanatische Verfolgung des Ziels, dünn zu sein

In den letzten Jahren sind viele Frauen, die in Fernsehen, Filmen und Magazinwerbungen gezeigt werden, sehr schlank; so schlank, daß sie manchmal ausgezehrt aussehen. Diese Frauen werden von den Medien als Modell für Schönheit und Attraktivität präsentiert. Für die Durchschnittsfrau wäre es sowohl schwierig als auch ungesund zu versuchen, so schlank zu sein, weil das Modell wenig oder gar keine Rücksicht auf den natürlichen Körperbau oder den Gewichts-Set-point der meisten Normalfrauen nimmt. Dieses moderne Ideal steht in deutlichem Kontrast zu den Frauen, die wir in vielen Gemälden der alten Meister sehen und zu solchen Frauen, die in der Werbung und in Filmen vor dreißig Jahren gezeigt wurden.

Auf der anderen Seite sind die heutigen Schönheitsstandards, was die unrealistischen Anforderungen an die einzelne Frau und die daraus resultierenden schädlichen körperlichen Folgen betrifft, mehr im Einklang mit der Ära der Jahrhundertwende zu sehen, als Frauen sich in ein Korsett aus Walknochen zwängten, um eine Taille von 50 Zentimetern zu haben.

Wird Dünnsein moderner?

Während historisch gesehen die Körper der Frauen oft gefährlichen und schmerzhaften kulturellen Schönheitsstandards zum Opfer gefallen sind, erschweren bulimische Frauen ihr Problem noch dadurch, daß sie sich als dicker empfinden, als sie eigentlich sind. Diese Patientinnen überschätzen ihren wahren Körperumfang fast immer (Williamson, Kelley, Davis, Ruggiero & Blouin, 1985). Diese Fehlwahrnehmung verzerrt das gesamte Problem, da die Frauen nicht nur versuchen, einen unrealistischen Schönheitsstandard zu erreichen, sondern weil ihr Selbstbild sich so sehr verändert hat, daß sie es nicht einmal wahrnehmen würden, wenn sie sich dem Standard angenähert hätten. Da sie erkannt hatten, daß eine Verschiebung des Idealgewichts von Frauen stattgefunden hat, versuchten Garner, Garfinkel, Schwartz und Thompson (1980) diese Veränderung innerhalb der letzten 20 Jahre (1959–1978) auf qualitative Art und Weise zu erfassen.

Sie schauten sich die Figuren von Playboy-Modellen und von Teilnehmerinnen an der Wahl zur Miss Amerika an, und untersuchten den Umfang an Diätbeiträgen in populären Frauenmagazinen. Die Autoren betrachteten zunächst die Größen- und Gewichtsmerkmale der 240 Playboymodelle in dieser 20jährigen Zeitspanne. Sie stellten fest, daß die Prozentzahl an Durchschnittsgewichtigen im Hinblick auf das jeweilige Alter und die Größe während dieser Zeit signifikant abnahm. Ein abnehmendes Gewicht in Relation zur Größe war besonders deutlich in den letzten zehn Jahren der Untersuchung festzustellen, was vermuten läßt, daß der Prozeß des Dünnwerdens sich in Amerika beschleunigt hat. Bei den Teilnehmerinnen am Schönheitswettbewerb der Miss Amerika wurde eine Gewichtsabnahme von durchschnittlich 0,127 Kilo von Jahr zu Jahr festgestellt. Wenn man in Betracht zieht, daß seit 1970 die Gewinnerin signifikant weniger wog als die anderen Teilnehmerinnen im Durchschnitt, wird der Prämisse, daß die ideale Frau dünn ist, Gültigkeit verliehen.

Ist Diäthalten eine Lösung?

Die steigende Zahl von Diätartikeln, die jährlich publiziert werden, erzählt im Grunde genommen die gleiche Geschichte. Es besteht jetzt eine zunehmende Beschäftigung mit dem Abnehmen, was durch das Ansteigen der Anzahl von Zeitschriftenartikeln über Diäten deutlich wird. Eine schnelle Überprüfung eines Zeitungsstandes wird dem Leser zeigen, daß kontinuierlich neue Diäten publiziert werden, die die Öffentlichkeit glauben machen, daß das Wunderheilmittel des letzten Monats in diesem Monat nicht mehr wirkt. Viele dieser Diäten scheinen ganz logisch zu sein, und man kann verstehen, daß eine vernünftige Person, die sich für übergewichtig hält, gewillt ist, eine dieser Diäten zu machen.

Interessanterweise halten diese monatlich neuen Schöpfungen die Hoffnung aufrecht, daß derjenige, der Diät halten will, immer noch den „Weg" finden kann, anstatt vermuten zu lassen, daß Diäten nicht auf Langzeitbasis wirken. An diesem Punkt sollte jedem objektiven Beobachter klar sein, daß ein permanenter Gewichtsverlust durch Diäten nur ein kurzzeitiges Ziel sein kann. Warum aber scheinen diese neuen Diäten für viele Leute eine Antwort auf ihre überflüssigen Pfunde zu sein? Wenn Sie Diäten anschauen, sind Sie verblüfft von der Vielzahl von Annahmen, die die Verfasser machen. Erstens gehen diese davon aus, daß man dünn sein sollte. Eine Diät geht sogar so weit zu behaupten, „Leute haben ein Recht darauf dünn zu sein ohne zu hungern". Diese Annahme berücksichtigt nicht die Prämisse, die wir in diesem Buch vertreten, daß sich alle Leute unterscheiden und daß nicht alle Leute, wie von unserer Kultur vorgeschrieben, schlank sein können. Die zweite Annahme der Verfasser ist, daß man, wenn man nicht abgenommen und das reduzierte Gewicht gehalten hat, noch nicht die richtige Diät gefunden hat. Die Diät, die jeweils vertreten wird, ist natürlich die richtige Diät für die Betroffenen. Verbunden mit der zweiten Annahme ist die dritte Annahme „Abnehmen ist schwer, aber jeder mit genügend Willenskraft schafft es". Dies führt dazu, daß Leute, denen es nicht gelingt abzunehmen, sich schuldig und unfähig fühlen. Die Personen, die diese Diäten aufstellen, berücksichtigen in vielen Fällen, daß zusätzliche Hilfe erforderlich ist, um die Diät einzuhalten. Eine Vielzahl von Vorschlägen werden dem Diäthaltenden unterbreitet, um seine Willenskraft zu steigern. Einige dieser Vorschläge sind:

1. Tragen Sie ein unschmeichelhaftes Bild, auf dem Sie übergewichtig sind, bei sich und schauen Sie es sich an, wenn Sie das Bedürfnis haben zu essen,
2. Suchen Sie sich einen Kameraden, den sie anrufen können, wenn Sie die Gier nach einem Freßgelage überfällt,
3. Vergewissern Sie sich, daß Sie die vorgeschlagenen Mahlzeiten essen, so daß Sie sich nie depriviert fühlen, und
4. Fühlen Sie sich nicht schuldig, wenn Sie die Diät abbrechen.

Der Diäthaltende wird angewiesen, die Diät nicht als Entschuldigung für einen Freßanfall anzusehen. Der Diäthaltende soll sich auch für all die Zeiten, in denen er/sie Diät gehalten hat, loben. Wir weisen den Leser nochmals darauf hin, daß der Unterton dieser Darstellungen vernünftig und verführerisch ist.

„Unseren Regeln zu folgen ist der Königsweg zur körperlichen Perfektion". Die Schwäche dieser Methode besteht darin, daß sie den Set-point, emotionale Reaktionen auf Diäten, individuelle Unterschiede im Normalgewicht und die Unvernunft des Medienmodells nicht in Betracht zieht. Keiner sagt „Sie sind vielleicht eine Person, die keine Diät finden kann, die perfekt für sie ist". Keiner von ihnen gibt zu, daß das Ziel, das sich eine Person als sein/ihr Idealgewicht gewählt hat, völlig außerhalb seiner biologischen Bedürfnisse liegt und zu einem miserablen körperlichen Gefühl führen kann. Einige Leute, die eine Reihe von Diäten ausprobiert haben, erkennen, daß diese bei ihnen nicht funktionieren, aber sie geben die Verfolgung des Ziels schlank zu sein nicht auf. Diese Gruppe stellt einen aufnahmebereiten Markt für eine immer neue Reihe von Zauberwegen — die Einnahme von Diätpillen, Plastikpackungen oder elektrische Stimulation — zur dünnen Perfektion dar.

Amerikanische Frauen scheinen sich sehr stark um ihr Gewicht zu sorgen. Huenemann, Shapiro, Hampton und Mitchell (1966) stellten fest, daß bis zu 70% der Schülerinnen unglücklich wegen ihres Körpers waren und daß sie abnehmen wollten. Wir haben in unserer Erörterung des Einflusses der Medien darauf hingewiesen, daß der Wunsch dünner zu sein, teilweise durch das Bild, das in den Medien als Ideal hingestellt wird, beeinflußt wird. Die Medien verbinden mit dem Dünnsein die Möglichkeit „den richtigen Mann zu finden", „die perfekte Karriere zu machen" und „stolz auf sich zu sein".

Steht das Schlanksein in Beziehung zur sozialen Schicht?

Das Konzept des Idealgewichts kann auch dadurch beeinflußt sein, daß manche Menschen mit dem Dünnsein die Zugehörigkeit zu einer höheren sozialen Schicht verbinden. Dieser Weg hin zur dünneren Idealfigur steht im Gegensatz zur Realität des Trends, daß amerikanische Frauen durch die verbesserte Ernährung in den letzten 20 Jahren schwerer geworden sind. Dies bringt Frauen in einen Konflikt. Wir haben eine Gesellschaft, die von Frauen verlangt, daß sie, um als attraktiv zu gelten, schlank sein müssen, auf der anderen Seite bietet sie den Frauen ein Ernährungsniveau, das sie in Schwierigkeiten bringt, wenn sie diese Figur erreichen wollen. Wir sind als Kultur verstrickt in den Anspruch, daß wir Frauen dazu konditionieren, ihren

Körper zu verabscheuen und ein Ziel anzustreben, das unmöglich von allen, sondern nur von wenigen, die von Natur aus sehr dünn sind, erreicht werden kann. Die Gesellschaft sagt uns nicht, daß das Ziel der idealen Schlankheit eine Phantasie ist. Stattdessen verstärkt jedes Magazin am Zeitungsstand diese Phantasie, indem wir mit ständig neuen Diäten versorgt werden. Die Botschaft lautet, daß das Ziel erreicht werden kann, wenn man die richtige Diät findet, das richtige Verhaltensmodifikationssystem benutzt und wenn die Person sich genügend anstrengt. Wenn dies jemandem nicht gelingt, ist die Botschaft der Medien, daß diese Person willensschwach ist und wenig Selbstkontrolle hat. Die Schlußfolgerung, die daraus resultiert, ist, daß Abnehmen und die Annäherung an das Ideal bedeuten, daß man Selbstkontrolle besitzt. Abnehmen bedeutet auch Schönheit, Erfolg und höherer sozialer Status. Wir schließen aus den vorangehenden Aussagen, daß ein Faktor auf der Suche nach der Ursache für die Bulimie und die Angst vor dem Dicksein, in den gegenwärtigen kulturellen Normen gefunden werden kann, die gegenüber vielen von uns unfair sind, denen aber im Besonderen unsere jugendlichen Mädchen zum Opfer gefallen zu sein scheinen.

Hat kürzlich eine Evolution hinsichtlich der idealen Frauenfigur stattgefunden?

Die vorangehenden Hinweise unterstützen den Gedanken, daß in den letzten 20 Jahren eine entscheidende Evolution im Hinblick auf die Idealfigur von Frauen stattgefunden hat. Wir schließen aus dem Interesse an Diäten und anderen Gewichtsreduktionsprogrammen, daß das Medienideal von vielen Frauen als Ziel akzeptiert wird. Andere Faktoren, die bislang nicht erkannt sind, mögen auch bei der Entwicklung des Modells der sehr schlanken Frau als Idealfrau eine Rolle spielen. Ungeachtet der Ursachen, die zu diesem Modell geführt haben, hat sich dieses neue Ziel zur gleichen Zeit entwickelt, in der das Durchschnittsgewicht der Frauen ansteigt. Thompson, Jarvie, Lahey und Cureton (1982) zitieren eine Untersuchung des National Center of Health Statistics, die Daten liefert, daß amerikanische Frauen nun durchschnittlich 5,9 Kilogramm mehr wiegen als im letzten Jahrzehnt. Das Ideal, das den Frauen im Jahre 1960 präsentiert wurde, verlangte von ihnen nicht viel Gewichtsverlust, weil das Medienmodell und die Realität näher beisammen lagen. Um so auszusehen wie das gegenwärtige Medienmodell, muß die Durchschnittsfrau ein beträchtliches Maß an Gewicht verlieren, und so bei einem Gewicht funktionsfähig sein, das wesentlich unter ihrem Normalgewicht liegt. Wir behaupten, daß Abnehmen und der Versuch, das reduzierte Gewicht zu halten, viele Frauen fast in einen Zustand der Unterernährung versetzt, und dieser chronische Hunger legt bei Frauen, die die prädisponierenden Persönlichkeitsmerkmale haben, den Grundstein für die Entwicklung der bulimischen Symptome.

Ist die Furcht vor dem Dicksein ein Hauptfaktor der Bulimie?

Ja. Bei Frauen, die bulimische Symptome entwickeln, besteht oft eine unvernünftige Angst vor dem Dicksein. Das Vorurteil unserer Kultur gegen Übergewicht beginnt schon in einem frühen Alter und ist weit verbreitet. Brownell (1982) berichtet, daß sowohl dünne als auch dicke Kinder bereits in einem Alter von sechs Jahren adipöse Kinder weniger liebenswert finden als Kinder mit einer schwereren Körperbehinderung. Während von Kindern mit einer Körperbehinderung angenommen wird, daß sie nicht für ihren Zustand verantwortlich sind, wird von adipösen Kindern angenommen, daß sie ihre Adipositas verursacht haben. Negative Attribute wie faul, schwach und selbstzerstörerisch zu sein, werden diesen Kindern oft zugeschrieben. Die Verwendung dieser Bezeichnungen macht der adipösen Person deutlich, daß er/sie für ihr Stigma, welches in einer Ablehnung der Person resultiert, persönlich verantwortlich ist. Diese starke, negative Botschaft der Kultur macht verständlich, warum viele Menschen anfangen ihren Körper abzulehnen und sich vorrangig damit beschäftigen, abzunehmen. Nach unserer Erfahrung wurden Patientinnen, die Bulimie bekommen, oft wegen ihres Übergewichts von anderen gehänselt. „Mit 11 Jahren wog ich 73 Kilo und die anderen Kinder nannten mich Miss Piggy. Ich war so enttäuscht darüber, wie ich aussah, daß ich in einem Jahr 27 Kilo abnahm."

Der Fall Polly

Pollys Geschichte ist eine weitere Schilderung davon, welchen Stellenwert das Gewicht haben kann. Bei einer Größe von 1,60 m und einem Gewicht von 49 Kilo scheint Polly dem kulturellen Ideal des Verhältnisses von Größe zu Gewicht nahe zu kommen. Trotzdem ist sie wegen ihres Gewichtes wie besessen, besonders deshalb, weil sie es als schlecht verteilt ansieht. Sie habe zuviel auf den Hüften und auf den Oberschenkeln. Polly führt ein extrem erschöpfendes körperliches Trainingsprogramm durch, sie macht zum Beispiel täglich 960 Rumpfbeugen und weitere Übungen. Wenn sie einen Freßanfall hat, macht sie ihre Routineübungen zweimal oder öfter am Tag. Sie ist eine angenehme Person, aber wenn man mit ihr redet, merkt man, daß sie von den Gedanken ans Essen total beherrscht wird. Als sie jünger war, war sie übergewichtig (Spitzengewicht 62 Kilo). Sie sagte, daß übergewichtig sein das Schlimmste auf der Welt ist. Polly hat das Gefühl, daß die Gefahren der Bulimie ihr Risiko wert sind.

Was sagen Frauen mit einer Bulimie über das Dicksein?

Einige unserer Patientinnen hatten das Gefühl, daß wir unsere Aussagen über die Angst vor dem Dicksein nicht genügend betonen. Eine Patientin bat uns, ihren Kommentar hinzuzufügen. „Wenn andere Leute (Familie und Freunde) versuchen wollen, die Bulimie durch das Lesen dieses Buches besser zu verstehen, müssen Sie diesen Punkt betonen. Wir zeigen nicht nur eine heftige Reaktion auf eine Gewichtszunahme, dick zu sein ist eines der schlimmsten Dinge, die dir passieren können. Ich habe noch nie so ein Gefühl der Panik und Besorgnis erlebt, sei es bei einer Scheidung oder dem Tod eines nahen Verwandten, das so intensiv ist wie das Gefühl, das durch die Angst vor dem Dicksein ausgelöst wird."

Welche Konsequenzen hat die Angst vor dem Dicksein?

Wir leben in einer Zeit, in der die Mehrzahl der jugendlichen Frauen sehr unglücklich mit ihrer Figur ist. Dieses negative Bewußtsein verursacht, daß sie sich mit jedem Anzeichen von Fett an ihrem Körper beschäftigen. Die Gruppe von Jugendlichen, die am ehesten von einer Eßstörung befallen wird, geht einen Schritt weiter als der Durchschnittsteenager und ist davon überzeugt, daß übergewichtig (fett, adipös) zu sein eine Katastrophe ist. „Überflüssiges Gewicht" zu haben wird so bedrohlich für ihr Selbstwertgefühl, daß sie jede Methode, um ihr Gewicht in Übereinstimmung mit den kulturellen Normen zu bringen, als akzeptabel ansehen. Diese Frauen haben das starke Bedürfnis, dünn auszusehen, was sicherlich nicht ungewöhnlich ist für Frauen in unserer Kultur. Aber aufgrund konstitutioneller Faktoren, die wir in Kapitel 14 (Set-point, genetische Struktur) beschreiben werden, und von Persönlichkeitsmerkmalen (Perfektionismus, Kontrollbedürfnis), versuchen sie ihr Bedürfnis, dünn zu sein, auf extreme Art und Weise zu lösen. Dies führt zu Phasen exzessiven Diäthaltens und später zu Freßanfällen, in manchen Fällen auch zum Abführen. Die Furcht davor, extrem „schwer" zu werden, bleibt ihre zentrale Sorge, ungeachtet des Erfolges beim Abnehmen. Russell (1979) beschrieb den Verlauf dieses Zustandes bei seinen Patientinnen. Er berichtete, daß sie alle darum kämpften, ihr Gewicht auf einem Niveau zu halten, das signifikant unter ihrem früheren Gewicht lag. Er hatte das Gefühl, daß das frühere Niveau als ihr gesundes Gewicht definiert werden könnte, auch in den Fällen, in denen das Gewicht bis zu einem leichten Grad von Übergewicht anstieg. Ihr Wunsch abzunehmen sah auf den ersten Blick wie eine vernünftige, normale Reaktion auf ihr Körpergewicht aus. Wenn viele dieser Frauen ihr Gewichtsreduktionsprogramm beginnen, schaffen sie jedoch das Problem, daß sie ihren Körper zwingen, bei einem für sie unnatürlich niedrigen Gewicht funktionsfähig zu sein. Ihre Körper reagieren mit dem starken Impuls, auf das Niveau vor der Diät zurückzukehren. Sie stellen fest, daß die Diät bei ihnen nicht funktioniert, und es entsteht der starke Wunsch, noch mehr als üblich zu essen. Wenn die Diäthaltenden wieder mehr essen, stellen sie fest, daß sie bei einer geringeren Kalorienzufuhr zunehmen als eine Normalperson, weil ihre Grundumsatz sich verändert hat.

Wenn eine Person bulimisch wird, finden wir ein Standardverhalten. Weil sie nicht in der Lage ist, das gewünschte Gewicht durch Diät zu halten, wird sie durch ihr Versagen frustriert. Ihre Einstellung gegenüber dem Abnehmen wird noch unvernünftiger. Sie überrascht sich bei Freßanfällen, die dazu führen, daß sie zu Gewichtsreduktionsmethoden greift, die bei Bulimie typisch sind: Erbrechen, Abführen, Fasten oder anstrengende körperliche Betätigung. Crisp (1981–1982) folgerte, daß Frauen mit einer Bulimie dies als einen Kontrollverlust über

ihren Appetit und ihr Körpergewicht ansehen. Dieser Kontrollverlust verringert ihr Selbstwertgefühl und macht sie anfällig für
Isolation. Wenn sie die Hilfe eines Arztes suchen, geschieht dies
mit der Absicht, beim Einschränken der Nahrung so unterstützt
zu werden, daß das Idealgewicht erreichbar wird. Russell (1979)
stellte fest, daß das Problem „ganz klar die Weigerung der
Patientin ist, ihr konstitutionelles Gewicht zu akzeptieren, was
sie dazu bringt, die Eßorgien mit Erbrechen oder Abführen oder
beidem zu bekämpfen." Russell (1979) war beeindruckt von den
starken, negativen Reaktionen, die diese Frauen zeigten, wenn
sie gebeten wurden sich vorzustellen, zu ihrem Ursprungs-
Gewicht zurückzukehren. Bei ihrem Ursprungs-Gewicht wären
sie nicht wirklich adipös gewesen, tatsächlich hätte es sich in
vielen Fällen bei dem zusätzlichen Gewicht nur um einige Pfund
gehandelt.

Der Fall Jane

*Eine unserer Patientinnen, bietet ein relativ geläufiges Beispiel
dessen, was wir in diesem Abschnitt erörtert haben. Jane
beschäftigte sich schon seit ihrem letzten Jahr der Highschool
intensiv mit ihrem Körperimage. In dieser Zeit begann sie mit
sehr restriktiven Diäten. In ihrem ersten Jahr auf der Universität las sie über Bulimie und hörte dann, daß ein Highschool-
Trainer Erbrechen als Mittel zur Gewichtskontrolle empfohlen
hatte. Damals begann sie mehr zu essen und zu erbrechen. Sie
hatte jeden Tag abgeführt bis kurz vor dem Zeitpunkt, als sie
zur Beratung kam, wo sie nur noch jeden zweiten Tag abführte.
Sie trainierte jeden Tag, indem sie Dauerlauf machte, Gewichte
hob und einen Aerobic-Tanzkurs belegte. Jane hat Probleme mit
ihrem Körperimage und denkt, daß sie dick ist, ungeachtet
dessen, wie dünn sie ist. Ihre gedankliche Hauptbeschäftigung
ist das Essen und sie fühlt sich sehr schuldig und ist beschämt
wegen ihrer Bulimie. Sie äußerte den Wunsch, dünner zu sein
und sie glaubte, daß sie in ihren Trainings- und Eßgewohnheiten
nicht diszipliniert genug ist. Sie wiegt sich nicht, glaubt jedoch,
daß sie ständig zunimmt. Sie scheint sich sehr bewußt darüber
zu sein, daß sie ein Gefühl der Kontrolle über ihr Leben gewinnt,
indem sie die Aufnahme und das Abstoßen von Nahrung
kontrolliert.*

Geht das Diäthalten einer Bulimie generell voraus?

Im vorherigen Abschnitt haben wir die These vorgestellt, daß
eine recht lange Zeit des Diäthaltens dem Beginn bulimischer
Symptome vorausgeht. Bei den meisten Frauen mit einer Bulimie
existiert ein Verhalten, das mit der Prämisse, daß lange Diäten
einen Zustand der Unterernährung herbeiführen, konsistent ist.
Der ständige Hunger führt dazu, daß die Person sich sehr stark
mit Nahrung beschäftigt. Der Gewichtsverlust, der das Resultat
der konsequenten Diät war, kann nur mit großen Nahrungseinschränkungen aufrechterhalten werden. Personen, die bulimische
Symptome entwickeln, können offensichtlich sehr gut Diät
halten. Die vorliegenden Daten weisen darauf hin, daß ungefähr
eineinhalb Jahre vergehen, bevor die Einschränkungen fehl-
zuschlagen beginnen. Garfinkel, Moldofsky und Garner (1980)
stellten fest, daß bei den Patientinnen, deren Daten ihnen zur
Verfügung standen, 19,2 Monate (plus/minus 8 Monate) ver-
gangen waren, zwischen dem Beginn einer Diät und der Entwicklung des Freßanfall/Abführverhaltens. Wardle (1980) berichtete
auch, daß striktes Diäthalten der Bulimie vorausgeht und er
vermutet, daß dies eine Kausalfunktion darstellen kann. Boskind-Lodahl (1976) kommentierte, „in jedem Fall hat die Anstrengung der jungen Frau, ihren Körper durch Diäthalten zu
perfektionieren, zu ihrem ersten Freßanfall geführt. Nach dem
Freßanfall kam das Schuldgefühl, und nach dem Schuldgefühl
der erneute Zwang, Gewicht zu verlieren, entweder durch Fasten
oder durch Abführen. Bruch (1973) fand einen ähnlichen Verlauf
bei Personen die bulimisch wurden, das heißt, zuerst wurde strikt
Diät gehalten und dann entwickelte sich ein intensives Bedürfnis,
sich vollzufressen. Auch die japanischen Forscher Nogami und
Yaban (zitiert nach Wardle & Beinart, 1981) fanden heraus, daß
das erste bulimische Symptom die Nahrungseinschränkung war
und daß erst später Freßanfälle auftraten. In ihrer Untersuchung
von 34 Frauen mit Bulimie stellten Pyle, Mitchell und Eckert
(1981) fest, daß von diesen Frauen 30 den Beginn ihres bulimischen Verhaltens mit einer Phase des freiwilligen Diäthaltens in
Verbindung brachten. Viele dieser Frauen hatten die Diät auf
den Vorschlag eines Familienmitglieds hin begonnen. Ein wichtiger zusätzlicher Faktor wurde in der Untersuchung von Pyle, et
al., festgestellt. 30 der 34 Patientinnen erinnerten sich an ein
traumatisches Ereignis, das in Verbindung mit dem Beginn der
Freßanfälle stand. Die üblichsten Auslöser waren der Verlust

oder die Trennung einer wichtigen Bezugsperson. Sexuelle Probleme und Streitigkeiten wurden auch als Auslöser für Freßanfälle genannt. Das Konzept der Auslöser werden wir in einem späteren Abschnitt ausführlicher diskutieren.

Welche Sequenz von Ereignissen führt zu Bulimie?

Eine Untersuchung der Fallgeschichten unserer Patientinnen unterstützt die Annahme einer Sequenz, die von den o.g. Autoren beschrieben wird. Wir sehen eine Anzahl von gemeinsamen Merkmalen bei den Frauen, die eine Bulimie bekommen: Sie ist eine Frau mit perfektionistischen Maßstäben, legt großen Wert darauf, schlank zu sein und hält eine strenge Diät. Nach einer Zeit des Diäthaltens wird sie chronisch hungrig sein und entwickelt einen intensiven Drang, zu essen. Diesem Drang kann sie nicht immer erfolgreich widerstehen, besonders dann nicht, wenn ein emotionales Trauma als Auslöser auftritt. An irgendeinem Punkt versagt die Kontrolle der Person und sie findet sich bei einem Freßanfall wieder.

Auswirkungen
des übermäßigen Kontrollbedürfnisses

Ist das Bedürfnis nach Kontrolle bei Frauen mit Bulimie häufig vorhanden?

Frauen, die Bulimie bekommen, scheinen oft nach einem mystischen Zustand der Perfektion zu streben. Eine Art und Weise, wie sie diese Perfektion erreichen wollen, ist die ständige und totale Kontrolle ihres Verhaltens. Wieder und wieder sind wir verblüfft, wenn wir die Fallgeschichten anderer Therapeuten lesen, wieviel Bedeutung diese Patientinnen der Kontrolle beimessen. „Sie beginnt zu realisieren, daß die ständige Anspannung, die sie fühlt, aus den rigiden Anforderungen, die sie an sich selbst stellt, herrührt." „Sie hat einen zwanghaften Leistungstrieb, um Anerkennung zu erreichen. Um dies zu verwirklichen, besteht sie darauf, daß in ihrem Leben alles in Ordnung sei." Diese Einstellungen drücken aus, daß diese Frauen das

Abnehmen als eine weitere Situation sehen, in der der Geist über den Körper regiert, und gesetzt den Fall, daß ihr Gewichtsreduktionssystem versagt, sie es einfach nur stärker versuchen müssen.

Das Ausmaß an Kontrolle, das diese Frauen von sich erwarten, um ihr Gewicht zu halten, würde den meisten Leuten unvernünftig erscheinen. Crisp (1981–1982) erörterte die Annahme, daß die Gewichtskontrolle das beinahe universelle Hauptproblem der Teenager und Teil ihres Bedürfnisses ist, sich selbst internale Beschränkungen aufzuerlegen, weil sie in einer Welt leben, in der die nachsichtigen Richtlinien der Gesellschaft im Widerstreit mit den Beschränkungen der Familie stehen. Der kommerzielle Aspekt unserer Kultur fördert Nachsichtigkeit mit sich selbst und betont den konsumorientierten, hedonistischen Lebensstil.

Die Werbung ermutigt uns, schonend mit uns umzugehen, sagt uns, daß wir „heute eine Pause verdienen", daß wir „ganz nach unserem Geschmack gehen sollen". Mittelständische, leistungsorientierte Familien vertreten hingegen Werte, die mit diesen äußeren Normen im Widerspruch sind. CRISP sieht die Gewichtskontrolle als einen Weg, durch den diese Frauen die Kluft, die zwischen diesen einflußreichen Systemen existiert , überbrücken wollen. Wardle und Beinart (1981) glaubten auch, daß dieses starke Bedürfnis nach Kontrolle über das eigene Leben zu strenger Diät, die von Freßanfällen gefolgt wird, führt.

Unterscheiden sich adipöse und normalgewichtige Personen in ihren Reaktionen auf Nahrung?

Schachter (1971) stellte fest, daß sich adipöse und normalgewichtige Versuchspersonen im Hinblick auf ihre Reaktionen auf Nahrungsreize unterscheiden. Warum gibt es einen Unterschied in der Reaktion auf Nahrung? Die Untersuchung der Daten, die in Studien zur Unterernährung erhoben wurden, führt zu einigen vorläufigen Schlußfolgerungen. Der Leser muß bedenken, daß Frauen mit einer Bulimie, aller Wahrscheinlichkeit nach, versuchen mit einem Gewicht zu leben, das unter ihrem natürlichen Set-point liegt. Dies bedeutet, daß sie so auf ihre Umwelt reagieren, als wären sie fast in einem Zustand der Unterernährung. Diese Personen denken überdurchschnittlich oft an Essen, sie lesen wahrscheinlich mehr Artikel über Essenszubereitung und sie sind sich des Essens in ihrer Umgebung mehr bewußt. Diese vorrangige Beschäftigung mit Essen tritt nicht nur bei adipösen Personen auf, die abnehmen wollen, sondern bei jedem, der versucht bei einem Gewicht funktionsfähig zu sein, das unter seinem/ihrem gesunden Niveau liegt, welches Niveau auch immer das für ihn/sie sein mag. Wardle und Beinart berichteten, daß gewisse Formen von Freßanfällen bei adipösen, normalgewichtigen und untergewichtigen Gruppen gefunden werden und daß die Hauptmerkmale der Freßanfälle, auch ihr Beginn, nach einer Phase des strengen Diäthaltens, über alle Gewichtsgruppen hinweg ähnlich sind.

Werden Freßanfälle durch das Funktionieren unter dem natürlichen Set-point hervorgerufen?

Drei Variablen sollen bei Personen, die unter ihrem normalen Set-point funktionieren, Freßanfälle verursachen: emotionaler Streß, Alkohol und Vorbelastungen. Eine Vorbelastung ist ein Nahrungsmittel, das normalerweise auf der verbotenen Liste der Person steht oder eine Nahrungsmenge, die größer ist als die eingeschränkten Portionen, die sich die Person gestattet. Das Konsumieren dieser größeren Nahrungsmenge wird als Kontrollverlust angesehen. Wenn wir die Möglichkeit in Betracht ziehen, daß in der Person ein innerer Kampf vorgeht, kann man einen Annäherungs-Vermeidungskonflikt im Bezug auf Essen annehmen. Auf der einen Seite steht das Bedürfnis dünn zu sein, die Angst vor dem Dicksein, das Bedürfnis, Kontrolle über das eigene Leben auszuüben und die Suche nach Perfektion. Auf der anderen Seite steht das Bedürfnis des Körpers, sich angesichts der konsequenten, unrealistischen Nahrungseinschränkungen vor einer Unterernährung zu schützen. Diese Essenseinschränkungen führen, aufgrund von Reaktionen des Zentralnervensystems auf Unterernährung, bei Personen, die eine Bulimie bekommen, zu Verhaltensweisen, die sich von den Reaktionen der Personen, die nahe ihrem natürlichen Set-point funktionieren, unterscheiden.

Herman und Polivy (1975) stellten zum Beispiel fest, daß Angst bei normalgewichtigen Personen dazu führt, daß sie weniger essen, was zu einer Gewichtsabnahme aufgrund von Streß führt. Personen, die eine restriktive Diät hielten, nahmen unter den gleichen Bedingungen zu. In einem nachfolgenden Artikel stellen diese Autoren die Hypothese auf, daß emotionaler Streß die Nahrungseinschränkungen, die der Diäthaltende bedenklicherweise einhält, wieder aufhebt (Polivy & Herman, 1976). Herman und Mitarbeiter (z. B. Herman & Mack, 1975) definierten eine Maßeinheit für diätetische Einschränkungen, das heißt, ein Maß dafür, wie sehr eine Person das Bedürfnis hat, Kontrolle über ihre Nahrungsaufnahme auszuüben. Dieses Maß war ein besserer Prädiktor für das Eßverhalten der Person als ihr Gewicht. Diese Ergebnisse unterstützen die Ansicht, daß das Ausmaß, in dem eine Person unter ihrem natürlichen Set-point funktioniert, eher als ihr Körpergewicht, die abnormale Reaktion auf Essen verursacht. Die Studie von Herman und Mack, die darauf ausgerichtet war, dieses Phänomen zu untersuchen, wurde den Versuchspersonen als Geschmackstest dargestellt. In Wirklichkeit war die Absicht zu messen, welche Beziehung besteht zwischen den Werten auf dem Einschränkungs-Fragebogen und der Menge an Essen, die nach dem Verzehr von ein oder zwei Milchshakes (die Vorbelastung) konsumiert wird. Das Trinken von zwei Milchshakes führte bei Leuten, deren Werte darauf hindeuteten, daß sie sich einschränken, dazu, daß sie mehr aßen, als wenn sie nur einen Milchshake getrunken hätten. Mehr zu essen, wenn man schon von Beginn an auch mehr Essen bekommen hat, bestätigt die Annahme, daß bei der Überschreitung der normalen Essens-Beschränkungen gegessen wird, als ob die Kontrolle nicht mehr funktioniert. Wardle und Beinart (1981) schließen zusammenfassend aus ihrer Forschung über Nahrungs-Einschränkung, daß Leute, die eine Diät machen, ungeachtet dessen, wieviel sie wiegen, dazu neigen, sich zu überfressen, nachdem sie ein Nahrungsmittel zu sich genommen haben (eine Vorbelastung), von dem sie glauben, daß es viele Kalorien hat. Die Überzeugung der Person, daß ihre Kontrolle durchbrochen wurde oder verlorenging, scheint ein wichtigerer Faktor in dieser Situation zu sein, als die tatsächliche Anzahl von Kalorien, die die Person konsumiert hat.

Der Fall Vickie

Der Fall Vickie illustriert einige Faktoren, die wir gerade erörtert haben. Vickie leidet seit 4 Jahren an einer Bulimie und die Intensität der Symptome fluktuiert je nachdem, wieviel Streß sie hat; sie beschreibt diese Stressoren jedoch etwas vage. Die Stressoren scheinen hauptsächlich mit akademischem Leistungsdruck und mit ihrem intensiven Konkurrenzdenken, besonders gegenüber Männern, zusammenzuhängen. Vickie ist sehr zornig auf ihren verstorbenen Vater, weil er nie sehr oft zuhause war. Als er noch lebte, fehlte es ihr an Respekt vor ihm, weil sie ihn als schwach ansah. Die Bulimie ist ein Teil ihrer andauernden, vorrangigen Beschäftigung mit Gewichtsfragen. Ihre Mutter war zur Collegezeit adipös und nahm 45 Kilo ab. Sie übertrug ihre Sorgen hinsichtlich des Gewichts auf Vickie und war entschlossen, Vickie nicht die gleichen Probleme haben zu lassen. Teilweise wegen der Besorgnis der Mutter, begann Vickie eine sehr restriktive Diät und nahm von 61 Kilo auf 54 Kilo ab (bei einer Größe von 1,70 m). An diesem Punkt fand sie es schwierig ihr Gewicht zu halten, und nach einem Jahr entdeckte sie durch die Information eines Gymnastiklehrers das Fressen und Erbrechen. Vickie arbeitet in einem Restaurant, das auf Desserts spezialisiert ist. Vickie gibt zu, daß dies kein besonders guter Arbeitsplatz ist, da Süßigkeiten bulimisches Verhalten herbeizuführen scheinen. Sie nimmt etwas von einem Dessert zu sich, stellt fest, daß sie die Kontrolle verloren hat, und geht dann zu einem Freßanfall über. Diese Freßepisoden treten zwei- bis dreimal am Tag auf. Sie hat auch Probleme mit Insomnia. Dies hängt zum Teil damit zusammen, daß sie am Abend Diätcola als Nahrungs- und Energiesubstitut trinkt. Sie diskutierte mit ihrem Berater über ihr ungeheueres Bedürfnis nach Anerkennung und über die Furcht, daß sie etwas tun könnte, das jemanden verletzt, und daß sie daraufhin dessen Respekt verliert.

Welche gesellschaftlichen Schritte könnten unternommen werden, um die Ursachen für Bulimie zu bekämpfen?

Weil gegenwärtig das Essen und Diäthalten immer mehr betont wird, hat das Gleichsetzen von Schlankheit mit Schönheit eine Epidemie von Bulimien heraufbeschworen. Die Autoren hoffen, daß Schritte unternommen werden, um diese Situation zu entschärfen. Die öffentliche Aufmerksamkeit sollte stärker auf die Erkenntnisse über unsere gegenwärtigen Einstellungen zum Essen und zum Gewicht gerichtet werden. Wir brauchen mehr Elterntraining, um eine gute Ernährung zu gewährleisten. Dieses

Training sollte dazu führen, daß die negativen Einstellungen zu übergewichtigen Kindern, die gehänselt werden, zurückgehen. Junge Männer sollten daran erinnert werden, daß Kommentare über das Gewicht ihrer Freundinnen zu Problemen führen können. Die Schulen sollten die Gesundheits- und Trainingsprogramme mehr betonen, die der Einzelne im Alltagsleben außerhalb der Schule umsetzen kann, statt lediglich Gruppenaktivitäten zu fördern. In Werbekampagnen und in TV-Sendungen brauchen wir übergewichtige Rollenmodelle, die glücklich und attraktiv sind.

Kapitel 5

Die emotionalen Reaktionen auf Diäten

Als wir mit bulimischen Frauen gearbeitet und die Literatur zu dem Thema untersucht haben, stellten wir fest, daß sie häufig über Depressionen klagten. Die Frage, die uns verwirrte, lautet: „Was kommt zuerst; verursacht die Depression die Eßprobleme, oder verursachen die Eßprobleme die Depression?" Die meisten Daten, die wir nun darstellen werden, unterstützen die These, daß die Depression eine Reaktion auf die Unterernährung ist, die sich nach einer lange Phase restriktiven Diäthaltens einstellt. Es gibt viele Hinweise darauf, daß Reaktionen, die als depressiv diagnostiziert wurden, bei Personen mit einer Bulimie in der Familie liegen (z. B. Hudson, Pope, Jonas & Yurgelun-Todd, 1983; Strober, Salkin, Burroughs & Morrell, 1982). Dies bedeutet, daß eine Prädisposition für Depressionen bei diesen Patienten existieren kann, wobei die Depression durch die restriktive Diät hervorgebracht oder verschlimmert wird.

Führen die Unterernährung und Diäthalten zu ähnlichen Verhaltensmerkmalen?

Hinsichtlich einer Anzahl von Variablen scheinen Personen, die ständig Diät halten und Personen, die sich in einem Zustand der Unterernährung befinden, ähnlich zu reagieren. Um den emotionalen Zustand von Leuten mit einer Bulimie besser zu verstehen, wäre die Lektüre der Forschung, die von Keys, Brozek, Henschel, Mickelsen und Taylor (1950) durchgeführt wurde, hilfreich. Sie untersuchten männliche Freiwillige, die durch Diät in einen Zustand der Unterernährung versetzt wurden, über eine Zeitspanne von sechs Monaten, während der das Verhalten der Teilnehmer sorgfältig aufgezeichnet wurde. Die Forscher stellten als emotionale Konsequenzen der Unterernährung Symptome wie Irritierbarkeit, schlechte Konzentration, Angst, Depression, Apathie, Stimmungslabilität, Müdigkeit und soziale Isolation fest. Bei den Versuchspersonen dieser Untersuchung war die Irritierbarkeit so markant und Temperamentsausbrüche kamen so häufig vor, daß die Gruppentreffen, die Teil des Programms waren, eingestellt werden mußten.

Brozek und Erikson (1948) untersuchten die Persönlichkeitstests (den Minnesota Multiphasic Personality Inventory) der Versuchspersonen, die auf eine Diät gesetzt worden waren, die zu Unterernährung führte. In der Phase vor der Unterernährung fühlten sich nur 3% der Versuchspersonen oft niedergeschlagen. Während der Phase der Unterernährung stieg die Anzahl auf 62%. Die Männer, die an der Untersuchung teilnahmen, klagten darüber, daß das Leben für sie die meiste Zeit eine Belastung sei. Die Forscher stellten deutliche Persönlichkeitsveränderungen fest, die sie als Unterernährungs-Neurose bezeichneten. Sie stellten keine grundlegenden Unterschiede in den Antworten der unterernährten Versuchspersonen und den Antworten von Patienten, die als psychoneurotisch diagnostiziert worden waren, fest. Im weiteren Verlauf des Experiments stiegen die Werte der Versuchspersonen auf den Skalen 1 (Hypochondrie), 2 (Depression) und 3 (Hysterie) signifikant an.

Unterscheiden sich die Werte der Persönlichkeitstests bulimischer Frauen von den Werten anderer Frauen?

In zwei Untersuchungen, in denen der MMPI bei Frauen mit einer Bulimie eingesetzt wurde, wurde festgestellt, daß auch die Profile dieser Frauen deutlich erhöht waren. Williamson, et al. (1985) stellten fest, daß bei Frauen mit Bulimie mehr psychopathologische Merkmale vorhanden waren als bei normalen und adipösen Frauen. Die bulimische Gruppe hatte, wie die Unterernährungs-Gruppe in der Untersuchung von Keys, auf den Skalen 1, 2 und 3 signifikant höhere Werte als die beiden anderen Gruppen. Zusätzlich hatte die bulimische Gruppe eine höhere Abweichung auf Skala 4 (psychopathische Abweichung) als normale und adipöse Personen und höhere Werte auf Skala 7 (Psychasthenie) und 8 (Schizophrenie) als die normale Gruppe.

Diese Ergebnisse lassen vermuten, daß die Frauen mit Bulimie neurotischer, depressiver und impulsiver sind und daß sie eher dazu neigen, zu manipulieren als normale und adipöse Frauen. Weitere Bestätigung für diese Schlußfolgerungen wurden in der Untersuchung von Hatsukami, Owen, Pyle und Mitchell (1982) über die Unterschiede und Ähnlichkeiten zwischen bulimischen Frauen und Frauen mit Alkohol- oder Drogenproblemen gefunden. Sie fanden auch signifikant erhöhte Werte in den Skalen 2, 4, 7 und 8. Diese Frauen tendierten zu Überängstlichkeit, hatten Entscheidungsschwierigkeiten und Schwierigkeiten in zwischenmenschlichen Beziehungen. In unserer eigenen Untersuchung an Klientinnen mit hohen Werten in den Skalen 2, 4, 7, und 8 des MMPI, wurden familiäre Probleme und ein geringes Selbstwertgefühl häufig geschildert (Anderson & Bauer, 1985). All dies zeigt, daß zusammen mit den Symptomen, die wir gerade erwähnt haben, Depression ein hervorstechendes Merkmal im MMPI-Profil von bulimischen Frauen ist. Die erwähnten Untersuchungen basieren auf Tests, die durchgeführt wurden, als sich die Eßstörung schon entwickelt hatte. Sie sagen nichts darüber aus, ob die Pathologie durch die Eßstörung verursacht wurde, die Eßstörung verursacht hat, oder ob beides durch eine andere Kombination von Faktoren verursacht wurde. Weitere Hinweise sind erforderlich, wenn man diese Ergebnisse deuten will. Betrachtet man die Ergebnisse aus anderen Untersuchungen über Personen, die freiwillig Diät halten, so stellt man fest, daß diese ähnliche emotionale Probleme haben, wie diejenigen, die eine Diät machen, die zu Unterernährung führt. Nogami und Yabana (zitiert in Wardle & Beinart, 1981) stellten in ihrer Untersuchung an 16 Patienten, die eine restriktive Diät durchführten, fest, daß zu den Symptomen dieser Patienten auch Depressionen, Aggressionen, geringes Selbstwertgefühl und Abhängigkeiten gehörten.

Treten Suizidversuche bei Frauen mit Bulimie häufig auf?

Nisbett (1972) stellte fest, daß bei Personen, die unterhalb des biologischen Set-points ihres Körpergewichts funktionieren, die häufigsten Symptome Depressionen und Irritierbarkeit sind und daß es einige Berichte über ernstere Probleme wie Psychosen und Selbstmordversuche gibt. Suizidgedanken sind unter unseren Klientinnen verbreitet und andere Autoren berichten häufig von Suizidversuchen bei bulimischen Klientinnen. Russell (1979) stellte fest, daß 11 seiner 30 Klientinnen (36%) einen Selbstmord versucht hatten, in der Stichprobe von Pope und Hudson's (1984) waren es 47 von 136 (35%) und in der Gruppe von Garfinkel und Garner (1982) 19%.

Welche Symptome stehen mit einer Gewichtsabnahme in Verbindung?

In einer Untersuchung von Crisp (1981–1982) hatten 119 Versuchspersonen mindestens drei der folgenden Symptome in Verbindung mit ihrer Gewichtsabnahme: Angst, Depression, Ängste, die im Zusammenhang mit Essen stehen, gesteigertes Interesse an der Zubereitung von Essen, Kältegefühle, Verstopfung und Amenorrhoe. Amenorrhoe (Ausbleiben der Menstruation) wird häufig als Resultat von langem Diäthalten angesehen.

Was kommt zuerst, die Depression oder die Eßstörung?

Eine Vielzahl von Autoren glauben, daß die Depression die Ursache und nicht das Resultat der Eßstörung ist (z. B. Pope & Hudson, 1984). Wir geben zu, daß die Frage nach Ursache und Wirkung noch offen ist, sind aber sehr beeindruckt von Untersuchungen wie denen von Russell (1979) und Fairburn (1985). Russell und Fairburn schlossen aus ihren Untersuchungen, daß nur wenige Klientinnen mit Bulimie keine depressiven Symptome haben. Sie glauben aber, daß die Hinweise dahingehend zu deuten sind, daß diese Symptome zur Aufrechterhaltung des Streßmusters, das diese Klientinnen erfahren, beitragen und die Bulimie nicht verursachen. Russell (1979) merkte an, daß Antidepressiva und elektro-konvulsive Therapie bei der Linderung der depressiven Symptome von sieben Patientinnen erfolgreich war, aber in keinem Fall wurde eine Veränderung des Bedürfnisses, sich zu überfressen oder das Erbrechen herbeizuführen, festgestellt. Weil die Linderung durch antidepressive Medikation auf die depressiven Symptome beschränkt zu sein schien, hatte er das Gefühl, daß Bulimie wahrscheinlich nicht durch eine primäre depressive Erkrankung herbeigeführt sei. Fairburn (1985) wählte einen anderen Ansatz, um diese Frage zu beantworten. Er stellte fest, daß ein sorgfältiges Erheben der Fallgeschichte anzeigt, daß die depressiven Symptome dem Beginn der Eßstörung folgten. Er beobachtete weiterhin, daß sich, wenn die Eßstörung unter Kontrolle war, die depressive Stimmung hob. Fairburn hatte das Gefühl, daß nur eine Minderheit seiner Klientinnen eine primäre affektive Störung hätte.

Haben andere Untersuchungen, außer den Persönlichkeitstests, Verhaltensauffälligkeiten gezeigt?

Während Depressionen und Irritierbarkeit üblicherweise als emotionale Begleiterscheinungen des Diäthaltens dargestellt werden, haben andere Autoren von weiteren Symptomen berichtet. Diese ähneln den Symptomen, die in den oben angesprochenen Untersuchungen mit dem MMPI festgestellt wurden. Crisp (1981–1982) hat unter anderem auf die geringe Selbstwertschätzung und die Furcht dieser Frauen vor einem Kontrollverlust über ihren Appetit und ihr Körpergewicht hingewiesen. Crisp betonte auch ihre freudlose, impulsive sexuelle Aktivität, sowohl in der Phantasie als auch in der Realität. Beaumont, George und Smart (1976) fanden theatralische Persönlichkeitszüge bei der Hälfte ihrer Klientinnen und berichten, daß auch zwanghafte Züge verbreitet waren. Einige Autoren (z. B. Garfinkel et al., 1980) sind auf ausagierendes Verhalten, wie den Mißbrauch von Alkohol und Drogen aufmerksam geworden. Sie berichteten auch, daß bei bulimischen Frauen die Wahrscheinlichkeit, daß sie stehlen, höher ist (wahrscheinlich um ihre Freßattacken zu ermöglichen). In der bulimischen Gruppe waren auch häufige Suizidversuche und selbst herbeigeführte Verletzungen verbreitet. Die Arbeit von Garfinkel et al. (1980) stellt eine Zustimmung zu der Hauptprämisse dieses Kapitels dar, daß Personen mit einer Bulimie, teilweise wegen ihrer konstitutionellen Tendenz zum Übergewicht und teilweise wegen ihrer Persönlichkeit, mit ihrem Bedürfnis, dünn zu sein auf extreme Art und Weise umgehen, wobei Phasen der Unterernährung den Freßanfällen weichen.

Dies deutet auf die komplexe Interaktion zwischen Ursache und Wirkung hin. Zu Anfang scheinen Frauen mit einer Bulimie einige Persönlichkeitsmerkmale gemeinsam zu haben (Perfektionismus, Kontrollbedürfnis, und so weiter), die sie dazu bringen, ein strenges Diätprogramm als Lösung für das Problem der von ihnen wahrgenommenen, mangelnden körperlichen Perfektion zu akzeptieren. Das strenge Diäthalten führt zu Depressionen und anderen emotionalen Reaktionen, die mit den bereits bestehenden Persönlichkeitsmerkmalen so interagieren, daß ein Reaktionsmuster entsteht (wie Suizidgedanken und -versuche), das sich von dem der Versuchspersonen der Unterernährungsstudie (Keys et al., 1985) unterscheidet.

Wir haben vorher erwähnt, welche unmögliche Aufgabe die Gesellschaft Frauen im Hinblick auf das Dünnsein, das als Ideal angesehen wird, stellt. Wir schließen nun daraus, daß die Saat für die Niederlage, die dieser Frau widerfährt, wenn sie versucht mit normalen Methoden abzunehmen und das Gewicht zu halten, schon von Anfang an gelegt wurde. Was sie schlägt ist ihr starkes Bedürfnis, ein unrealistisches Ziel zu erreichen, und die natürlichen biologischen Konsequenzen, die der Versuch, eine strenge Diät einzuhalten, mit sich bringt.

Auslöser von Freßanfällen

Ist Gewichtskontrolle Selbstkontrolle?

In einem früheren Kapitel haben wir diskutiert, wie die Darstellung der idealen Frau in den Medien sich dahingehend entwickelt hat, daß die Frauen, die als schön bezeichnet werden, oft sehr dünn sind. Dieses Bild steht im Kontrast zur allmählichen Gewichtszunahme, die in großen Teilen der Bevölkerung stattgefunden hat. Wir haben von dem immensen Druck gesprochen, der aufgrund dieses Ideals auf den Frauen lastet und sie zum Diäthalten veranlaßt, und von den schädlichen physischen und emotionalen Auswirkungen dieses Diäthaltens. Bruch (1978) bezeichnet dies als „Soziokulturelle Epidemie". Sie sagt, daß dieses unrealistische Ideal anfällige Jugendliche beeinflussen kann, und daß diese zu glauben beginnen, daß Gewichtskontrolle mit Selbstkontrolle gleichzusetzen sei, daß sie, wenn sie eine Gewichtskontrolle erreichen können, erfolgreich und schön sein werden. Zu einem späteren Zeitpunkt werden wir im Abschnitt über Behandlungsmethoden, dieses Konzept ausführlicher als „Magisches Denken" diskutieren.

Regulieren Frauen, deren Gewicht nahe ihrem Set-point liegt, ihre Kalorienaufnahme besser?

Normalgewichtige Versuchspersonen, das heißt, die Personen, deren Gewicht innerhalb einer begrenzten Spannbreite um ihren Set-point liegt, besitzen eine gute Fähigkeit, ihre Kalorienaufnahme zu regulieren. Diese Personen haben nicht plötzlich den Drang riesige Mengen reichhaltiger Nahrung zu konsumieren. Personen aller Gewichtsklassen, die Diät halten und unterhalb ihres natürlichen Set-points liegen, überfressen sich unter einer Vielzahl von Bedingungen. Herman und Polivy (1975) stellten fest, daß Nicht-Diäthaltende Gewicht verlieren, wenn sie depressiv sind und daß Diäthaltende an Gewicht zunehmen – ein Punkt, den man sich merken sollte. Dies läßt vermuten, daß die Nahrungsaufnahme bei deprivierten Personen eine andere Bedeutung annimmt und daß emotionaler Streß die Hemmung zu essen, an der die diäthaltende Person bedenklicherweise festhält, aufhebt.

Was ist das typische Muster, das zu einer Bulimie führt?

Wenn man auf die Geschichte von Frauen mit Bulimie zurückschaut, erscheint ein Muster, das eine Anzahl von Schritten aufweist. Die Schritte sind folgende:
1. die Person entschließt sich aufgrund eines Lebensereignisses, wie zum Beispiel Ablehnung oder Gehänseltwerden, sich durch eine Diät zu einer besseren Figur zu verhelfen,
2. die Klientin hungert über eine gewisse Zeit, indem sie eine restriktive Diät einhält,
3. sie beginnt eine vermehrte Responsivität auf externale Nahrungsreize, besonders auf Süßigkeiten, zu zeigen
4. sie wird depressiv und emotional labil und
5. sie verändert ihre Fähigkeit, die aufgenommene Nahrungsmenge zu kontrollieren und sie muß härter daran arbeiten, ihre Verhaltenseinschränkungen angesichts von Nahrung aufrechtzuerhalten.

Je länger die Frau die Diät aufrechterhält und unter ihrem natürlichen Gewicht bleibt, desto anfälliger wird das Gleichgewicht und desto wahrscheinlicher geschieht etwas, daß das System von Einschränkungen zum Einstürzen bringt.

Einer der Faktoren, der die Fähigkeit eingeschränkt zu essen
vermindert, ist der emotionale Zustand, der eine natürliche
Konsequenz der Unterernährung zu sein scheint. Wir haben in
der ersten Hälfte dieses Kapitels darauf hingewiesen, daß die
emotionalen Konsequenzen von Unterernährung gut doku-
mentiert worden sind, und daß dazu Irritierbarkeit, schlechte
Konzentrationsfähigkeit, Angst, Depression, Apathie, Stimmungslabilität, Müdigkeit und soziale Isolation gehören (Keys et al.,
1950; Bruch, 1973). Die folgende Sequenz erscheint möglich;
die über eine lange Zeit bestehende Nahrungsdeprivation führt
zu den emotionalen Reaktionen, die wir gerade genannt haben.
Diese emotionalen Reaktionen machen es wiederum schwierig,
die großen Einschränkungen, die erforderlich sind, damit die
Person die Unterernährungs-Diät einhalten kann, aufrechtzuerhalten. Wir schließen daraus, daß das Gewicht unter dem
natürlichen Set-point zu halten, einer der Faktoren ist, der dazu
beiträgt, daß eine Frau eine Bulimie bekommt. Der Zusammen-
bruch der Einschränkungen aufgrund von emotionalen Reaktionen, die aus chronischem Hunger resultieren, wird noch
durch die Tatsache, daß sich Menschen mit Essen trösten können,
wenn sie unglücklich sind, verstärkt. Viele Leute, die Freßanfälle
haben, berichten, daß sie dies tun, wenn sie allein sind und sich
elend fühlen, oder daß sie es als Weg sehen, mit dem sie
vermeiden, etwas gegen ihre Probleme zu tun. Eine unserer
Klientinnen fügte hinzu, als sie dies las, daß sie Freßanfälle
bekommt, wenn sie glücklich ist oder „der Briefträger kommt
oder an Elizabeths Geburtstag."

In einer Vielzahl von Berichten (z. B. Hamburger, 1951) wird
emotionaler Streß als Auslöser für Überfressen zitiert. Wenn
Personen sich unter Streß befinden, genügt eine kleine Menge
eines verbotenen Nahrungsmittels, um ihre Einschränkungen
zusammenbrechen zu lassen und verursacht unkontrollierbare
Freßanfälle. In der Untersuchung von Pyle et al. (1981) wurden
die Patientinnen gebeten, aus einer Checkliste mögliche Gefühle
oder Gedanken, die mit Freßanfälle in Verbindung stehen,
auszuwählen und alle zusätzlichen Gefühle und Gedanken,
die sie vor diesem Verhalten erleben, hinzuzufügen. Das
Verlangen nach einem bestimmten Essen, unkontrollierbarer
Appetit, und Unglücklichsein scheinen einem Freßanfall
voranzugehen. Die meisten Personen berichteten, daß sie sich
schuldig, besorgt und vollgefressen fühlten, nachdem sie einen
Freßanfall hatten.

Wiederholt sich der Zyklus Einschränkung —
Freßanfall — Abführen?

Die Sequenz beginnt mit einer langen Periode der Unter-ernährung, die sowohl zu einer erhöhten Responsivität gegenüber Nahrungsreizen als auch zu einem labilen emotionalen Zustand führt. Wenn dieser Zustand auch nur mit einem kleinen Stressor gepaart wird, kann die Person Trost im Essen suchen. Dieser Ausrutscher genügt, um die Einschränkungen zu durchbrechen, und resultiert in einem Freßanfall. Dies führt dazu, daß sich die Person schuldig fühlt, weil sie versagt hat, und sie reagiert darauf oft mit einer noch restriktiveren Diät. Die gesteigerte Einschränkung führt zu einer höheren Wahrscheinlichkeit von weiteren Freßanfällen, und folgendes Muster stellt sich ein: Einschränkung, Freßanfall, Abführen, Einschränkung und so weiter.

Geschmack und Hunger

Wenn wir das Phänomen Bulimie genauer betrachten, stellen wir fest, daß der Zustand einer Person, die eine Eßstörung hat, zu Faktoren führt, die sich selbst immer wieder fortsetzen. Im vorherigen Abschnitt haben wir erörtert, wie emotionaler Streß Freßanfälle auslöst und wie Unterernährung zum emotionalen Streß beiträgt, der den Auslöser darstellt. Wir haben auch gesehen, wie der Körper auf Nahrungsdeprivation reagiert, indem er den Metabolismus effizienter macht, so daß weniger Nahrung erforderlich ist, um ein bestimmtes Gewicht zu halten. Dies bringt uns nun zu dem Problem von Geschmack und Hunger.

Wird unser Geschmack für Nahrung
durch Nahrungsdeprivation determiniert?

Der Leser wird sich erinnern, daß wir die Progression der Symptome, die bei bulimischen Personen aufzutreten scheint, betont haben. Zuerst kommt das strenge Diäthalten, das einige Zeit andauern kann; als Zweites entwickelt sich ein unkontrollierbarer Drang zu essen. Als Reaktion auf das Essen entwickelt sich ein Muster aus Fasten und/oder Abführen. Es existieren Hinweise darauf, daß der Geschmack einer Person für bestimmte Arten von Nahrung durch den Zustand der Nahrungsdeprivation verändert wird.

Welche Arten von Nahrung werden generell während eines Freßanfalls gegessen?

Dally und Gomez (zitiert in Wardle & Beinart, 1981) diskutierten die Unterschiede in der Nahrung, die während einer Diät und während Freßanfällen gegessen wird. In Diätphasen ißt die Frau Nahrung, die schwer hinunterzuschlucken ist und gewöhnlich auch Nahrung, die nicht süß ist. Während eines Freßanfalls ist die Nahrung jedoch gewöhnlich süß und/oder leicht hinunterzuschlucken. Übereinstimmend damit zitierte Nisbett (1972) Daten, daß sowohl deprivierte Tiere als auch Menschen sehr geschmacksresponsiv sind und verhältnismäßig mehr gutschmeckendes Essen konsumieren als wenn sie ihr Normalgewicht behalten hätten. Der Wunsch, Süßes zu essen steigt in Relation zum Niveau der Nahrungsdeprivation. Diese Ergebnisse sind ähnlich mit denen von Hamburger (1951), der in einer Untersuchung an adipösen Patienten festgestellt hat, daß diejenigen, die Freßanfälle hatten, große Mengen von Nahrung, im Besonderen aber sehr süße Dinge, konsumierten. Dieses Verhalten ähnelt sehr dem Verhalten von bulimischen Frauen.

Um zu verstehen, wie dieses gesteigerte Bedürfnis, gut hinunterzuschluckende Nahrung zu essen, dem möglichen Ziel, das Normalgewicht zu erreichen, entgegen wirken kann, müssen wir auf die Supermarkt-Diät von Sclafanai und Springer (1976) zurückschauen. Die Diät bestand aus Schokoladenkeksen, Salami, Käse, Bananen, Marshmallows, Vollmilchschokolade, Erdnußbutter, gesüßter Kondensmilch, und einer Portion Fett. Die Tiere, die auf diese Diät gesetzt wurden, nahmen 269% mehr Gewicht zu als die Kontrollgruppe, die mit einer regulären Diät während eines zweimonatigen Experiments gefüttert wurde. Die Auswirkungen dieser reichhaltigen Diät waren rapide und stellten sich auch bei einer Spezies ein, die normalerweise auch bei einem Überangebot an Nahrung schlank bleibt. Wir finden hier einen Ablauf, bei dem Hunger den Geschmack einer Person verändert, so daß sie gesüßte, wohlschmeckende Nahrung präferiert oder ein Verlangen danach hat. Diese Nahrungsmittel führen, wenn sie in großen Mengen gegessen werden, mit hoher Wahrscheinlichkeit zu einer Gewichtszunahme und bei einigen Personen möglicherweise zu einer Zunahme der Anzahl der Fettzellen. Diese Zunahme an Fettzellen verursacht weitere Schwierigkeiten beim Abnehmen und Gewichthalten. Deshalb führt das, was die Person tut, um ihr wahrgenommenes Übergewicht loszuwerden, dazu, daß sie mit mehr oder weniger großer Wahrscheinlichkeit ein Gewichtsproblem bekommt.

Kapitel 6
Persönlichkeitsdynamik

Die Faktoren, die die Entstehung einer Bulimie prädisponieren, sind schon früh im Leben der Person vorhanden. Wir stellen zahlreiche Gemeinsamkeiten im Familienmuster von Frauen mit einer Bulimie fest. Während nicht alle bulimischen Frauen alle Merkmale, die wir erörtern, gemeinsam haben, scheinen jedoch die familiäre Struktur, die Ziele und die Interaktionsmuster sich zu ähneln.

Der Fall Ruth

Ruths Familie ist ein typisches Beispiel dafür, was bulimischen Frauen über ihre Familien berichten. Sie war das zweite von vier Kindern, hatte einen älteren Bruder, eine jüngere Schwester und einen jüngeren Bruder. Ihr Vater war Ingenieur und ihre Mutter Hausfrau. Schon von klein auf nahm man von ihr an, daß sie einmal das College besuchen würde. Ihre Brüder nahmen beide an athletischen Wettbewerben teil, und Ruth beteiligte sich an Schwimmwettbewerben. Ein starker Konkurrenzkampf — besonders zwischen ihr und ihrem älteren Bruder — fand statt, wobei sich jeder in der Schule hervortun wollte. Ruths Mutter schien oft damit überfordert zu sein, mit ihrer großen Familie fertig zu werden. Sie vertraute sich Ruth oft mit ihren Sorgen über die anderen Kinder und ihren Ehemann an. Ruth erinnert sich daran, daß sie ihrer Mutter dabei half, das monatliche Haushaltsgeld zu verwalten und daß sie besorgt darüber war, ob sie genug Geld hätten. Sie wurde oft in die Situation versetzt, daß sie ihren Vater darum bitten mußte, ihrer Mutter mehr Geld für den Lebensmittelkauf zu geben. Weil sie über die finanziellen Verhältnisse Bescheid wußte, bat Ruth nie um etwas, das Geld kostete. Sie wollte ihrer Mutter nie noch mehr Sorgen um finanzielle Angelegenheiten machen. Ruth erinnert sich, daß ihre Mutter in einem ständigen Kampf mit ihrem Gewicht lag, als Ruth noch jünger war. Ihre Mutter schien immer Diät zu halten. Zu einem Zeitpunkt, als Ruth wegen ihrer Bulimie in Therapie war, gestand ihre Mutter, daß sie einmal sehr untergewichtig gewesen sei und daß sie Laxantien mißbraucht hätte. Ruths Vater war auch sehr gewichtsbewußt. Aufgrund eines Polioanfalls in seiner Kindheit mußte er mit Krücken gehen. Eine Gewichtszunahme würde es ihm erschweren, mit seinen Krücken zurechtzukommen.

Die gemeinsamen Familienmerkmale

Ruths Familie illustriert einige Faktoren, die wir üblicherweise in den Familien von bulimischen Frauen finden. Die Familien sind häufig intakt und weisen eine überdurchschnittliche Kinderzahl auf. Die Väter sind gewöhnlich berufstätig: Ingenieure, Ärzte, Geschäftsleute, und so weiter. Sie sind sehr mit ihrer Karriere beschäftigt und überlassen die Kindererziehung größtenteils der Mutter. Die Mütter sind oft Hausfrauen, zumindest solange die Kinder noch im Haus sind. Die Eltern erwarten oft ein hohes Leistungsniveau von den Kindern, was häufig in einer Konkurrenz zwischen den Geschwistern resultiert. Ruth erinnert sich zum Beispiel daran, daß sie sich ihrem älteren Bruder nicht sehr nahe gefühlt hat und daß sie ihn aufgrund seiner Leistungen intensiv ablehnte. Viele bulimische Frauen setzen dieses Wettbewerbsverhalten im Erwachsenenalter fort, streben nach hohen Leistungen, beruflich, sportlich und auch im Hinblick auf ihr Aussehen. Obwohl sie oft viel erreichen, gibt ihnen dies wenig Befriedigung, oder ihre Zufriedenheit besteht nur zeitweilig. Die Person kann ihren Leistungen gegenüber, wenn überhaupt, nur sehr wenig positive Gefühle entgegenbringen. Ihr Selbstwertgefühl als Person scheint nur zu existieren, wenn es external validiert wird. Obwohl Ruth im College sehr gute Noten erzielte, war sie nie zufrieden. Auch in den Semestern, in denen sie einen perfekten Notendurchschnitt erreicht hatte, gab sie Kommentare dazu ab, wie sie es hätte besser machen können. Die Betonung von Leistungen innerhalb der Familie hat auch positive Seiten. Die Kinder in diesen Familien erbringen oft gute Leistungen. Es kommt häufig vor, daß bulimische Frauen ihre Geschwister folgendermaßen beschreiben: mein Bruder ist in Harvard, meine Schwester macht gerade ihren Ph.D. in Agronomie und mein kleiner Bruder hat gerade ein Stipendium erhalten. Ein Kind, das eine Bulimie bekommt, hat oft das Gefühl, daß es den familiären Maßstäben nie genügen, und daß es einem Vergleich mit seinen Geschwistern nicht standhalten kann. Obwohl es sich hoffnungslos fühlt, hat es immer noch ein außerordentlich hohes Leistungsbedürfnis. Oft kommt es auch bei anderen Familienmitgliedern zu Alkoholismus oder Depressionen. In Ruths Familie hatte die jüngere Schwester ernste Alkoholprobleme als sie zwanzig Jahre alt war, und einer ihrer Onkel war Alkoholiker. Mütter von bulimischen Frauen haben oft Schwierigkeiten damit, ihr Gewicht auf dem gewünschten Niveau zu halten. Sie sind häufig auf Diät und kennen den Kaloriengehalt von Nahrungsmitteln. Ruth sagte: „Wenn ich jemals damit aufhöre abzuführen, dann weiß ich genau, wie ich einmal aussehen werde. Alle Frauen, die mütterlicherseits mit mir verwandt sind, haben die gleiche Figur, dünne Arme und Beine und einen dicken Rumpf."

Welche Rolle spielt das bulimische Kind in der Familie?

Einige Themen wiederholen sich in den Geschichten, die diese jungen Frauen von ihrer Familie erzählen. Weil die Frau oft das Gefühl hat, daß sie nicht mit dem „Hirn" oder dem „Sportler" in der Familie erfolgreich konkurrieren kann, nimmt sie vielleicht die Rolle des verantwortungsbewußten Kindes in der Familie an. Sie übernimmt oft viele Verantwortlichkeiten, die allgemein als elterliche Aufgaben angesehen werden. Diese Verantwortlichkeit kann der einzige Weg sein, den sie sieht, um Lob und Anerkennung zu bekommen, wonach sie so hungrig ist. Das verantwortungsbewußte Kind ist das Kind, von dem jeder weiß, daß man sich auf es verlassen kann. Manchmal entwickelt sich diese Rolle im Kontrast zu der eines Familienmitglieds, das in Schwierigkeiten steckt. In diesen Familien wird der Vergleich zwischen gutem Kind/bösem Kind angestellt. In jedem Fall hält das Kind eine Rolle aufrecht, die eine Belastung darstellt. Sie hat ständig das Gefühl, etwas anderes vorzugeben, als sie wirklich ist. „Meine Eltern denken ich sei so perfekt. Sie denken nicht, daß ich irgendwelche Probleme habe. Wenn sie je herausfinden, was ich tue, flippen sie aus." In Familien, in denen ein Elternteil nicht willens oder nicht in der Lage ist, als Elternteil zu fungieren, kann ein Verwischen der Familiengrenzen auftreten. Eines der Kinder, oft das älteste weibliche Kind, übernimmt schon sehr früh in seinem Leben die Rolle des verantwortungsbewußten Kindes und versorgt den Haushalt und/oder die jüngeren Geschwister. In dieser Situation wird der Person bewußt, daß sie viel Verantwortung trägt, aber wenig Kontrolle hat. In Ruths Fall sehen wir die Verantwortlichkeit darin, daß sie der Verwaltung des Haushaltsgeldes mit ihrer Mutter dachte, „Wir wußten alle, daß Mama im Rechnen hoffnungslos verloren war." Ihre Mama vertraute sich ihr auch an, teilte zu viele ihrer Sorgen mit ihr. „Am Ende des Monats schien nie genug Geld da zu sein. Obwohl uns nie wirklich das Essen ausging, kann ich mich erinnern, daß ich mir Sorgen machte, wir könnten nichts zu essen haben." Ruth verbrachte als Kind viel Zeit damit, sich über Dinge zu sorgen, über die sie keine Kontrolle hatte.

Der Fall Wendy

Eine andere Klientin beschrieb ihre Situation: „Ich war das älteste von neun Kindern. Meine Mutter schien nie Zeit für uns zu haben. Ich glaube, sie erwartete ständig ein neues Baby. Mein Vater hatte ein gewalttätiges Temperament und mißhandelte uns. Ich übernahm die Erziehung der anderen Kinder, besonders die der Kleinen. Wenn mein Vater böse wurde, versuchte ich seine Aufmerksamkeit von demjenigen, auf den er böse war, abzulenken. Häufig bekam ich dann die Schläge ab, oder wir bekamen sie beide. Einmal schlug mein Vater meinen kleinen Bruder und warf ihn heraus, als er nur seinen Schlafanzug trug. Es schneite. Er ließ ihn nicht herein, und mich ließ er nicht hinaus zu ihm. Alles was ich tun konnte, war aus dem Fenster zu schauen, zu weinen und zu hoffen, daß er sehen würde, daß ich mir Sorgen um ihn machte."

Einige Frauen übernahmen die Rolle des verantwortlichen Kindes, wenn ein Elternteil invalide wurde oder starb. „Meine Mutter bekam Epilepsie, als ich zwölf war. Ich übernahm die Führung des Haushalts und sie wurde eine Invalide." Eine andere Klientin sagte, „Als mein Vater starb, sagten der Geistliche und die Familienfreunde, daß ich nun erwachsen sein und meiner Mutter helfen müsse, für meinen Bruder zu sorgen."

Die Verantwortlichkeit, daß man für ein jüngeres Geschwister eine Elternfigur darstellen muß, führt dazu, daß das ältere Kind sich hilflos und unfähig fühlt. „Meine dreizehnjährige Schwester

*kommt mit Dingen zu mir, die sie meine Mutter nicht fragen
kann. Letzten Monat dachte sie, sie sei schwanger und ich weiß,
daß sie mit Drogen zu tun hat. Ich weiß nicht, was ich tun soll,
um ihr zu helfen, aber ich weiß, ich kann es meinen Eltern nicht
erzählen. Mein Vater würde sie umbringen."*

Ist das bulimische Mädchen oft das „gute Kind"?

Eine andere Rolle, die das Kind übernehmen kann, ist die des
„guten" Kindes. Diese Rolle unterscheidet sich von der des
verantwortungsbewußten Kindes insofern, daß sie keine elterlichen Verantwortlichkeiten beinhaltet. Wirklich schwierig für
das gute Kind einer Familie ist, daß es das Gefühl hat, es dürfe
sich nie beklagen oder Probleme haben. Das Familiensystem
ist mit Problemen überlastet, und sie fühlt sich schuldig, wann
immer sie um etwas bittet. Ein Teil ihres Werts in der Familie
ist damit verbunden, daß sie nie um etwas zu bitten braucht.
Dies mag dadurch verstärkt werden, daß die Eltern Kommentare
wie diesen von sich geben, „Susan, du bist so brav. Ich weiß,
wir können immer auf dich zählen. Ich weiß nicht, was ich
machen sollte, wenn du solche Schwierigkeiten wie deine Schwester machen würdest."

Wenn ein Kind in der Familie sich daneben benimmt, kann
sich die „gutes Kind/böses Kind" Dichotomie entwickeln. In
dieser Situation versucht ein Kind den Ärger, den ein anderes
Kind macht, zu kompensieren, indem es so perfekt wie möglich
ist. Nach unserer Erfahrung ist das bulimische Kind immer in der
Position des „guten Kindes", wenn sich eine „gutes Kind/böses
Kind" Dichotomie entwickelt. „Meine Schwester hat meinen
Eltern so viel Kopfzerbrechen bereitet, ich könnte es nicht
ertragen, sie zu verletzen. Sie nimmt Drogen und bleibt die ganze
Nacht über weg. Sie ist schon zweimal von zuhause weg-
gelaufen." Das „gute Kind" versucht, die Wünsche der Eltern
zu antizipieren und diese zu erfüllen. Die Eltern sind oft
erleichtert, so ein Idealkind zu haben, weil das „böse Kind"
so viel Unruhe verursacht. Sie behandeln ihre Tochter wie
ein Kind, das eigentlich älter ist. Manchmal entsteht die Rolle
des „guten Kindes" auch, nachdem einer der Eltern ein Problem
bekommt. „Mein Vater verlor seinen Job vor zwei Jahren und
fährt seit der Zeit Bus. Seine Trinkerei verstärkte sich, als er
gekündigt wurde und er begann, die Nacht über wegzubleiben.

Meine Mutter ernährt die Familie mit ihrem Job als Sekretärin, aber das Geld ist wirklich knapp. Sie streiten sich oft und Mama kommt zu mir zum Reden, wenn sie traurig ist. Mama wurde ungewollt schwanger mit Bobby, als Papa seinen Job verlor. Wenn Bobby nicht wäre, ich glaube, sie wären jetzt geschieden. Ich versuche, mich um ihn zu kümmern und ihn den anderen aus dem Weg zu halten. Ich fühle mich wirklich schuldig wegen des ganzen Essens, das ich verschwende, besonders, weil das Geld so knapp ist, aber ich kann nichts dagegen tun."

Bekam die bulimische Frau in ihrer Kindheit die Ernährung, die sie wollte?

Obwohl das Kind stolz darauf ist, daß es nichts verlangt, fehlt ihm dennoch etwas. Oft besteht das Gefühl, daß es nicht in der Art und Weise genährt und versorgt wird, wie es das braucht. Ruth erinnert sich an ein Beispiel, als für ihre Schwester eine große Geburtstagsparty gegeben wurde. Aber als ihr Geburtstag nahte, hörte sie ihre Eltern darüber diskutieren, „Wir können uns keine Party für Ruth leisten. Sie wird damit besser fertig als Kathy. Ich weiß, sie wird es verstehen, wenn wir es ihr erklären."

Eine andere Klientin gab zum Ausdruck, „Ich hatte nie das Gefühl, daß meine Eltern auf mich aufpaßten. Ich hatte oft Angst, aber ich tat so, als wüßte ich immer genau, was ich tue. Ich hatte oft die Phantasie, daß ich das arme kleine Streichholzmädchen sei, das draußen am Fenster im Schnee steht und seine ganze Familie beobachtet. Ich hatte so ein Verlangen danach, daß sich einer um mich kümmert."

Insgesamt gesehen kann man oft feststellen, daß sich die Grenzen in den Familien von bulimischen Frauen verwischen. Die Eltern fungieren nicht in ihren angemessenen elterlichen Rollen. Ein Elternteil mag sich wie ein abhängiges und unvernünftiges Kind benehmen. Das Kind, das einmal eine Bulimie bekommen wird, kann für die jüngeren Geschwister eine Elternfigur werden und die Verantwortlichkeiten eines Erwachsenen im Haushalt übernehmen. Sie kann eine Vertraute der Mutter werden und die Sorge um das Wohlergehen der Familie übernehmen, die für sie altersunangemessen ist. Diese familiäre Struktur führt dazu, daß sich das Kind so benimmt, als wäre es ein paar Jahre älter. Es fühlt sich schuldig, wenn es um etwas bittet und hat gleichzeitig das Verlangen, genährt und umsorgt zu werden.

Dynamische Entwicklung der Persönlichkeit

Bestimmte Persönlichkeitsmerkmale scheinen unter Frauen mit einer Bulimie verbreitet zu sein. Nicht jede besitzt all diese Eigenschaften, bei den meisten treten jedoch einige dieser Merkmale auf. Wir haben bereits die hohe Leistungsmotivation und den Perfektionismus erwähnt, die die Frau in der Interaktion mit ihrer Familie entwickelt. In diesem Abschnitt untersuchen wir andere Persönlichkeitsmerkmale, die bei Frauen mit einer Bulimie üblich sind, wie zum Beispiel
1. ein starkes Kontrollbedürfnis,
2. kognitive Rigidität,
3. Polaritätsdenken,
4. Schwierigkeiten mit Männern und
5. eine intensive Abneigung gegen den eigenen Körper.

Wie stellt sich ihr Kontrollbedürfnis dar?

Ihr Leben unter Kontrolle zu halten ist eine wichtige Sache für bulimische Frauen. Während dies für viele Leute gilt, führt die Auswahl der Bereiche, die sie kontrollieren wollen, zu weiteren Problemen. Einer dieser Bereiche ist die Kontrolle über das Essen. Wenn sich die Frau einmal dazu entschlossen hat, abzunehmen, macht sie eine strenge, hoch kontrollierte Diät. Oft bekämpft sie ständig das Bedürfnis zu essen. Um die Kontrolle aufrechtzuerhalten, strukturiert die Frau ihren Tag so, daß sie fast gar keine Möglichkeit mehr hat, etwas zu essen. Eine Collegestudentin hatte absichtlich ihren Tag Minute für Minute mit Kursen, Studienzeiten und körperlicher Betätigung verplant, um zu vermeiden, daß sie essen konnte. Am Ende des Tages war sie natürlich so heißhungrig, daß sie total die Kontrolle verlor und Freßanfälle hatte. Dieser Kontrollverlust schürte die Angst, daß sie, wenn sie auch nur die geringste Chance dazu hätte, ständig essen und adipös werden würde. Deshalb schwor sie sich, daß sie ihr Eßverhalten am nächsten Tag noch strenger kontrollieren würde.

Manchmal drückt sich das Kontrollbedürfnis auch in Situationen aus, die nicht mit Essen in Verbindung stehen. Eine Frau, die als Sekretärin beschäftigt war, wollte ihren Chefs gegenüber nie eingestehen, daß sie mit der Arbeit, die von ihr verlangt wurde, nicht Schritt halten konnte. Weil sie immer mehr überlastet war, hörte sie auf Pausen zu machen, nahm keine Mittagspause und begann unbezahlte Überstunden zu leisten. Sie war sich dessen bewußt, daß einige der anderen Sekretärinnen beträchtlich weniger arbeiteten als sie. Und obwohl sie manchmal bemerkte, daß diese ein Buch lasen, während sie darum kämpfte, alles aufzuarbeiten, beklagte sie sich nie und bat auch nicht um Hilfe. Das endete damit, daß sie ihre gut bezahlte Arbeitsstelle kündigte, um nicht die Illusion aufzugeben, daß sie die Situation total kontrollieren könnte.

Diese Angst vor Kontrollverlust, die zu intensiven Anstrengungen, die Kontrolle aufrechtzuerhalten führt, erzeugt das Gefühl, ständig unter Streß zu stehen. Dies wiederum führt zur Entstehung eines sehr rigiden Lebensstils. Eine Klientin illustrierte den Streß, der durch diese ständigen Anstrengungen verursacht wird, als sie sagte, „Manchmal möchte ich mich erhängen, ich möchte so gerne die Kontrolle behalten. Wenn ich am meisten um die Kontrolle kämpfe, ist es am schlimmsten."

Halten sich bulimische Klientinnen daran, die „richtigen Dinge" zu tun?

Der Perfektionismus und das Kontrollbedürfnis führen zu einem Denkmuster — der kognitiven Rigidität — das für bulimische Frauen charakteristisch ist. Dies wird durch die Überzeugung ausgedrückt, daß es eine „richtige" Art gibt, Dinge zu tun und daß alle anderen Wege als „falsch" angesehen werden. Diese Rigidität wird zu einem Teil des Problems. Bei einem Versuch ihre Freßanfälle unter Kontrolle zu bringen, hat eine Frau zum Beispiel jeden Tag genau das gleiche gegessen. Wenn sie aus irgendeinem Grund von dieser Routine abwich, hatte sie versagt, was zu einem Freßanfall führte. Sie hatte zum Beispiel das Gefühl, „Wenn ich einen Keks esse, habe ich es verpatzt, und dann kann ich genauso gut die ganze Packung essen. Oftmals höre ich damit noch nicht auf, ich räume den gesamten Kühlschrank leer." Dieses Verhalten wird auch in den Untersu-

chungen über Personen, die sich bei ihrer Diät so sehr ein-
schränkten, daß sie intensiven Hunger hatten, berichtet. Wenn
man ihnen eine kleine „Vorbelastung" gab, wie zum Beispiel
einen Keks, brach der Widerstand zusammen und sie begannen
exzessiv zu essen. Die rigide Struktur, die die Klientin ihrem
Eßverhalten auferlegte, hielt sie auch davon ab, sich an sozialen
Aktivitäten zu beteiligen, bei denen gegessen wurde oder wenn
währenddessen eine Mahlzeit stattfand.

Eine andere Frau begegnete ihrem Studium auf die gleiche
rigide Weise. Sie plante jede Nacht viele Arbeitsstunden ein und
fühlte sich schuldig, wenn irgendetwas ihren Plan störte. Wenn
sie aus irgendeinem Grund daran gehindert wurde, die zugeteilte
Zeit bei ihren Schularbeiten zu verbringen, schwor sie sich, sich
in der nächsten Nacht wesentlich mehr anzustrengen.

Teilen diese Klientinnen alles nach gut oder böse ein?

Ein Resultat dieser kognitiven Rigidität ist das „Polaritätsdenken". Auf dem Kontinuum aller möglichen Verhaltensweisen
für jede gegebene Situation wird die gesamte Mitte außer Acht
gelassen, nur die extrem positiven und negativen Werte bleiben
bestehen. Es gibt zum Beispiel „gutes" und „böses" Essen. Gutes
Essen hat gewöhnlich wenig Kalorien und ist nahrhaft. Oft sind
diese Frauen auch Vegetarierinnen, sie essen hauptsächlich
organisch gewachsene Produkte und streichen Dinge wie raffi-
nierten Zucker und Auszugsmehl von ihrem Speiseplan. Böses
Essen ist das Essen, nach dem sie einen Freßanfall haben. Es
handelt sich gewöhnlich um kohlehydrat- und kalorienreiche
Nahrung, wie Gebäck, Schokoladenriegel, gesüßte Frühstücks-
kost, Kartoffelchips und Eiscreme. So wie die Person über
Essen denkt, so etikettiert sie sich auch selbst. „Wenn ich ‚gutes'
Essen esse, bin ich gut; wenn ich ‚böses' Essen esse, bin ich
böse." Diese gut/böse-Polarität wird auch auf andere Bereiche
angewandt. „Wenn ich eine Eins im Test bekomme, bin ich gut.
Ich mache jeden Tag Dauerlauf, ich bin gut." Wenn die Leistung
nicht dem festgesetzten Ziel entspricht, erlebt die Klientin einen
Kontrollverlust und somit die Gegenseite der Polarität, „ich bin
böse". Eine Klientin hatte das Gefühl: „Wenn ich das ‚böse'
Mädchen aufgebe, kann ich keinen Spaß mehr haben. Wenn ich
das ‚gute' Mädchen aufgebe, werde ich nicht mehr geliebt."

Haben bulimische Frauen Probleme mit Männern?

Ja, viele bulimische Frauen haben Schwierigkeiten, mit Männern umzugehen. Sie sind sehr sensibel für Ablehnung, haben ein hohes Anerkennungsbedürfnis. Oft sehen sie sich selbst nicht als liebenswert an, nachdem sie ihren eigenen Maßstäben für Perfektion nicht genügen konnten. Sie haben möglicherweise echte Hemmungen davor, daß eine andere Person erfahren könnte, wie ihr Körper aussieht. Wegen ihrer Angst vor Ablehnung vermeidet die Frau längere Beziehungen zu Männern. „Ich bin ein ganz schwerer Fall des Syndroms, nach einer zweiten Verabredung die Beziehung abzubrechen. Nach der zweiten Verabredung finde ich so viele Fehler an ihm, daß ich nicht mehr mit ihm ausgehe." Frauen mit einer Bulimie scheinen zwischen dem starken Bedürfnis, versorgt zu werden, und der Angst, übervorteilt zu werden, hin und her zu pendeln. Eine Frau sagte, daß sie zwei Kategorien für Männer habe, die Retter und die, die gerettet werden müssen. Sie hatte Schwierigkeiten sich mit Männern einzulassen, die nicht in eine dieser Kategorien eingeordnet werden können.

Eine andere Frau drückte ihre Konflikte in Beziehungen zu Männern so aus: „Wenn sie mich als Person mögen, habe ich Angst. Ich fühle mich nicht liebenswert. Vielleicht könnten sie mir die Liebe geben, die ich brauche, aber ich habe Angst, sie anzunehmen. Ich kann nicht vertrauen, weil ich sicher bin, ich bin nicht liebenswert. Ein Teil von mir beginnt, sich OK zu fühlen, aber es ist noch ein sehr kleiner Teil."

Es ist eine schwere Entscheidung, ob man einem Mann vom eigenen Eßverhalten erzählt oder nicht. Die Frauen fürchten die Ablehnung so, als sei sie unausweichlich. Ihre Gedanken scheinen folgende zu sein, „Wenn mein Freund etwas über die Bulimie herausfindet, denkt er ich sei abscheulich, wenn ich jedoch aufhöre zu fressen und abzuführen, werde ich adipös, und er wird mich deswegen ablehnen."

Frauen, die schon seit mehreren Jahren verheiratet sind, berichten oft, daß ihr Ehemann nichts von ihren Freßanfällen und Abführgewohnheiten weiß. Wenn er davon erfährt, reagiert der Mann überrascht und erstaunt, dieses Wissen bedeutet jedoch gewöhnlich nicht das Ende der Beziehung. Für die beteiligte Frau ist es tatsächlich meistens so, daß aufgrund der schwer erträglichen Schuldgefühle wegen ihres Geheimnisses und der starken Angst vor Ablehnung, ein tiefes

Gefühl der Erleichterung eintritt, weil man das Geheimnis nun teilen kann.

Lehnen bulimische Frauen ihren Körper ab?

In ihrem Buch „Femininität" stellte Susan Brownmiller folgende Fragen: „In welchem Alter beginnt ein Mädchen ihre Aktivposten zu überblicken und die fehlenden Teile zu zählen? Wann schließt sie die Schlafzimmertür und schaut heimlich mit den Verrenkungen eines Schlangenmenschen in den Spiegel, um auch einen Blick auf ihre Rückseite zu werfen, das linke Profil, das rechte, um die Kurve ihres Wadenmuskels zu überprüfen, die Form ihrer Oberschenkel, die Schulterblätter zu begutachten und sich zu fragen, ob sie eine Taille haben wird? Ihren Bauch einzuziehen, die Brust herauszustrecken und zu posieren, um den schmeichelhaftesten Winkel zu suchen, sich in Gedanken zu merken, an was noch gearbeitet werden muß, was sich noch besser entwickeln muß, was so bleiben kann? Mit welchem Alter beginnt der Prozeß dieser besessenen Konzentration auf die Details des Körpers, die wahrscheinlich einen Großteil der Stunden für den Rest ihres Lebens ausfüllen wird?" (Brownmiller, 1985, p. 25).

Die Kritik am eigenen Körper ist unter Frauen verbreitet, bei bulimischen Frauen wird sie jedoch ins Extrem getrieben. Ihre Kritik, ihre Ablehnung gegenüber ihrem eigenen Körper, ist oft so intensiv, daß sie sich zu einer Ablehnung ihres körperlichen Selbst steigert. Frauen können Teile ihres Körpers aus verschiedenen Gründen ablehnen. Die Gründe, die wir hier darstellen werden, handeln hauptsächlich davon, daß der eigene Körper anders war als der anderer, so zum Beispiel aufgrund von
1. Adipositas in der Kindheit,
2. ungewöhnlicher Körpergröße in der Kindheit,
3. einem chronischen, gesundheitlichen Problem, das einen von anderen Kindern unterschied oder
4. körperlicher oder sexueller Mißhandlung in der Kindheit.

Ist kindliche Adipositas ein verbreitetes Merkmal?

Unsere Beobachtungen unterstützen die von anderen Forschern, daß bulimische Frauen als Kinder oft adipös waren. Geschwister

und andere Kinder können oft unglaublich grausam zu übergewichtigen Kindern sein, was deren Selbstbild und deren
Selbstachtung beschädigt. Lynn erinnert sich, „Ich erinnere
mich daran, daß ich als Kind mit meinen Cousins Basketball
spielte, und sie widmeten mir die Spiele, die ‚Schwein' genannt
wurden." Pat erinnert sich, „Ich kann mich erinnern, daß ich
von der ersten Klasse an von den Jungen gequält wurde.
Niemand in der Familie mußte mir sagen, daß ich fett war,
denn meine Schwester war eineinhalb Jahre älter als ich und
war dünn. Es war offensichtlich, daß ich fetter war. Sie bekam
eine Menge Aufmerksamkeit und sie wurde angebettelt, damit
sie aß."

Manchmal scheint auch die Beziehung zu den Eltern durch das
Übergewicht verändert zu werden. Ruth war als Kind untergewichtig und etwas kränklich. Sie wurde ermutigt zu essen,
„damit sie groß und stark werden würde." Weil sie ein braves
kleines Mädchen war, aß Ruth. Sie machte ihre Sache wirklich
gut und wurde übergewichtig. Dann wurde ihr gesagt, „Iß nicht,
du brauchst das nicht, du bist zu schwer." Ruth hat unglückliche
Erinnerungen daran, daß ihr Vater ihr Essen vom Teller nahm,
um ihr Eßverhalten zu kontrollieren. Sie sagte, „Ich erinnere
mich daran, daß ich mit in die Eisdiele genommen wurde und daß
ich nur ein Bällchen bekam, weil ich zu fett war, während
die anderen Kinder eine doppelte Portion bekamen. Papa aß
auch den Schokoladenhasen aus meinem Osternest, aber nie
den von jemandem anderen. Ich wurde erwachsen und haßte
meinen Körper, weil er mir ‚dies' antat." Als sie gefragt wurde,
was „dies" bedeutet, antwortete Ruth, „Ich glaube, meine
Eltern liebten mich nicht so sehr wie die anderen Kinder. Ich
weiß, daß es nicht wahr ist, aber ich fühlte so."

Es ist interessant, die Klientin zu bitten, ein Bild von sich
mitzubringen, auf dem sie in einem Alter war, in dem sie wegen
ihres Gewichts gehänselt wurde. Gewöhnlich erhält man das
Bild eines etwas plumpen kleinen Mädchens, aber nicht das Bild
von jemand, der stark übergewichtig ist, so wie sich die Klientin
beschreibt.

Kann es ein Problem sein, als Kind groß gewesen zu sein?

Gelegentlich kommt das Gefühl, anders zu sein, auch daher,
daß man als Kind außergewöhnlich groß war, besonders wenn

diese Körpergröße schon früh bestand. Sherry sagte, „Ich war die Größte in der sechsten Klasse. Als ich elf Jahre alt war, war ich bereits 1,70 m groß. Die Spitznamen meiner Brüder für mich waren Elch und Truckie. Als ich im Schwimmteam war, schnappten meine Teamkameraden das auf, und man konnte sie ‚los, Truckie!' rufen hören, wenn ich gerade schwamm. Das ist ein Grund, warum ich das Schwimmteam verließ."

Gina war auch sehr groß und etwas übergewichtig, als sie jünger war. „Ich erinnere mich daran, als ich noch in der Grundschule war. Jedes Jahr mußten wir uns in eine Reihe stellen, Mädchen und Jungen zusammen, während uns die Schulkrankenschwester maß und wog. Sie sagte die Zahlen jemandem anderen weiter, der sie aufschrieb. Ich konnte fühlen, wie die Konversation verstummte, als ich an die Waage kam. Als die Krankenschwester „1,72 m, 73 Kilo" sagte, konnte ich hören, wie das Murmeln einsetzte. Ich wünschte, ich hätte im Erdboden versinken können."

Haben viele Frauen mit Bulimie ein chronisches gesundheitliches Problem gehabt, das sie von anderen Kindern unterschied?

Manchmal ist es nicht die Größe oder das Gewicht, das die bulimischen Frauen dazu bringt, ihren Körper abzulehnen, sondern die medizinischen Probleme, die sie haben. Die diabetische Patientin mit Bulimie stellt für ihren Arzt ein spezielles Problem dar (Hillard & Hillard, 1984). Wegen der diätetischen Einschränkungen und Insulininjektionen, kann die diabetische Patientin zu der Ansicht kommen, daß ihrem Körper etwas fehlt, und sie hat das Gefühl, daß ihr Körper sie daran hindert oder darum betrügt, ein normales Leben zu führen. Sie experimentiert vielleicht damit, die Insulinmenge zu steigern, um zu versuchen, zusätzliche Kalorien zu verbrennen. Freßanfälle mit Kohlehydratkonsum sind für diese Patientinnen besonders gefährlich.

Eine Frau, mit der wir gearbeitet haben, hatte gegenüber ihrem Körper sehr negative Gefühle, weil sie ein Turner Syndrom hatte. Wegen diesem Problem kam Lauras Körper nicht zur üblichen Zeit in die Pubertät. Als sie sechzehn war und sich körperlich noch nicht entwickelt hatte, gingen ihre Eltern mit ihr zu einem

Arzt, der die Störung diagnostizierte und ihr eine Hormontherapie verordnete, damit ihr Körper in die Pubertät kam. Sie erfuhr auch, daß sie aufgrund des Turner Syndroms keine Kinder zur Welt bringen könne. Laura drückte ihre Gefühle so aus, „mein Körper ist eins von den Dingen, die Gott verstoßen hat." Sie hatte beträchtliche Zweifel, daß sie für einen Ehemann attraktiv sein könnte, weil sie keine Kinder haben kann.

Die Zöliakie ist eine Krankheit, die eine Unverträglichkeit von Getreideprodukten verursacht. Linda hatte über Jahre hinweg Freßanfälle. Sie benutze keine Laxativa, da sie herausgefunden hatte, daß das Essen einer „Packung Weizenschrot" bei ihr eine massive Diarrhoe auslöste. Nachdem die Getreideunverträglichkeit diagnostiziert wurde, lehnte sie aktiv die diätetischen Beschränkungen, die sie gezwungen war einzuhalten, ab. Sie hielt auch an dem Bild ihres Idealgewichts fest, das sie aufgrund ihrer Krankheit hatte. Ein Gewicht, das weit unter dem gesunden Gewicht bei ihrer Größe lag.

Welchen Einfluß kann Kindesmißhandlung auf diese Klientinnen haben?

Einige der Frauen berichten, daß die Disziplin in ihrer Familie sehr streng war. Oft denken sie nicht, daß diese Disziplin ungewöhnlich war. Sharon berichtete von „Gürtel-Schlägen", die sie mindestens einmal die Woche erhielt. Sie erinnert sich, daß sie einen ganzen Sommer lang nicht schwimmen zu gehen traute, weil sie nicht wollte, daß jemand die Flecken entlang der Rückseite ihrer Beine sah. Als der Therapeut dies als Kindesmißhandlung bezeichnete, war sie erstaunt. „Ich dachte immer, so sei es für jeden."

Wenn in der Vergangenheit auch Kindesmißhandlungen aufgetreten sind, haben die Frauen oft das Gefühl, daß ihr Körper „schmutzig" oder „beschädigt" sei. Gina wurde von ihrem Großvater vergewaltigt, nachdem sie einige Jahre unsittlich angefaßt wurde. Sie beschrieb ihre Reaktion. „Für eine lange Zeit hatte ich das Gefühl, daß mein Körper gar nicht wirklich war. Ich hatte das Bild von einer großen, strammen Blondine im Geiste vor mir, aber dies war nicht mein Körper. Nach der Vergewaltigung glaubte ich immer, ich könnte mich von meinen

Körper abtrennen, und wenn er mit mir Dinge tat, tat er sie nur meinem Körper an, und nicht mir." Einmal sprach sie davon, außerhalb ihres Körpers zu sein, und ein anderes Mal davon, daß sie an einen kleinen, dunklen Platz gehen würde, wo niemand anders hinkäme.

Mary wurde von ihrem Vater jahrelang belästigt. Sie hatte das Gefühl als sei ihr Körper „schmutzige oder beschädigte Ware." Sie hatte beträchtliches Übergewicht und war sich dessen bewußt, daß Fettsein sie davor schützte, daß Männer sie als sexuelles Wesen betrachten. „Fett zu werden war ein Weg, wie ich es meinem Vater heimzahlen konnte. Er fand mich nicht mehr attraktiv, als ich übergewichtig war." Mary ging weiter zum College und hat geheiratet. Sie sagte, daß sie ziemlich normale sexuelle Interaktionen mit ihrem Ehemann hatte. Sie berichtete, daß sie anfangs starke negative Reaktionen darauf zeigte, wenn sie von ihrem Ehemann auf eine Art und Weise berührt wurde, die sie daran erinnerte, wie ihr Vater sie berührt hatte.

Ungeachtet dessen wie die Gefühle, einen Körper zu haben, der anders, abweichend oder ablehnenswert ist, entstanden sind, sie bleiben der Frau erhalten, wenn sie erwachsen wird. „Wenn ich über den Campus gehe und Jungs lachen höre, dann ist es dasselbe Lachen und die Gefühle kommen wieder zurück. Obwohl ich mir sage, daß es nicht wahr ist, ich weiß sie lachen nicht über mich."

Das Ausmaß an Ablehnung gegen das körperliche Selbstbild wurde von Gina so beschrieben „Manchmal wünschte ich, ich könnte meinen Körper zurücklassen und ohne ihn weitergehen. Ihn einfach auf einem Stuhl sitzen lassen und einen anderen Körper finden, in dem ich sein könnte."

Diese Trennung von geistigem und körperlichem Selbst wird auch durch das Gefühl ausgedrückt, daß diese zwei Teile sich im Krieg miteinander befinden. Wenn der Körper seinen Willen hat, besteht die Furcht, daß er adipös werden wird. „Ich fühle mich nur gut, wenn mein Geist gewinnt und mein Körper dünner und dünner wird. Sogar dann habe ich das Gefühl, ich muß ständig wachsam sein." Es scheinen auch Phasen der „geistigen Kontrolle" aufzutreten, wenn Freßanfälle stattfinden. Dieses Kriegsgeschehen versetzt die Person in ständige Unruhe.

Die Bezeichnung des Körpers als „Feind" macht einiges an selbstzerstörerischem Verhalten, das für die Bulimie charakteristisch ist, verständlicher. Die Tatsache, daß Erbrechen und der Gebrauch von Laxantien schmerzhaft und schädlich sind, hat bei bulimischen Frauen nicht denselben Effekt, wie bei Menschen, die ihren Körper wertschätzen. Dies erklärt auch, warum körperliche Betätigung bis zur Schmerzgrenze ertragen wird. Einige andere Frauen sehen das Training nicht einmal als Möglichkeit zum Spannungsabbau an. „Ich trainiere nicht für meinen Körper. Ich sehe, daß es bei anderen so ist und ich weiß, daß ich mich besser fühlen würde, aber ich lasse es nicht zu."

Kapitel 7

Das Anfangsstadium
der Behandlung

Viele Frauen mit einer Bulimie sehen ihr Verhalten als unerwünscht an und wären gerne in der Lage, damit aufzuhören. Gleichzeitig haben sie schreckliche Angst davor, es aufzugeben. Sie haben häufig wenige Bewältigungsmechanismen, wenn sie überhaupt welche haben, um mit Streß, Zorn oder ihrer intensiven Furcht vor dem Dickwerden umzugehen. Obwohl sie durch das Abführen oft nicht viel Gewicht verloren haben, entsteht bei ihnen die feste Überzeugung, daß sie übergewichtig werden, wenn sie jemals damit aufhören würden. Dem Therapeuten muß bewußt sein, daß die Patientin ambivalente Gefühle zur Veränderung ihres Eßverhaltens hat und er darf nicht direkt dazu übergehen, ihr bulimisches Verhalten zu eliminieren. Es mag hilfreich sein, die Freßanfälle als ein Symptom, das von einer Kombination von situationalen, Persönlichkeits- und familiären Faktoren verursacht wird, zu sehen. Das sofortige Angehen der Eßsymptomatik ist fast mit Sicherheit zum Scheitern verurteilt und beeinträchtigt die Glaubwürdigkeit des Therapeuten. Die meisten bulimischen Frauen haben selbst viele Male versucht, den Freßanfall/Abführzyklus zu beenden. Es kommt oft vor, daß sich die Frau nach jeder Freßanfall/Abführepisode verspricht, es niemals wieder zu tun. Wenn der Therapeut versucht, ihr Eßmuster zu verändern, werden die Dinge, die sie schon ausprobiert hat, wiederholt und die Gefühle der Hilflosigkeit und des Versagens, die bereits bestehen, verstärken sich.

Wie sehen die Erwartungen in der Anfangsphase der Therapie aus?

Die Anfangsphase beginnt dann, wenn der Frau bewußt wird, daß sie Kontakt mit jemandem hat, der sich mit der Bulimie auskennt. Viele Klientinnen haben schon einige Versuche gemacht, professionelle Hilfe zu bekommen; diese Erfahrungen waren jedoch oft negativ. Ärzte und medizinisches Personal, die keine Erfahrungen mit Eßstörungen haben, sind vielleicht ungläubig und nicht wertfrei, wenn man ihnen von diesem Eßverhalten erzählt. Oft wurde der Frau gesagt „Hör einfach damit auf! Alles was Du brauchst, ist Willensstärke."

Man kann verstehen, warum eine Frau mit einer Bulimie zögert, ihr Problem einem Therapeuten zu offenbaren. Es kann vorkommen, daß sie einen Therapeuten wegen eines anderen Problems einige Sitzungen lang „ausprobiert", bevor sie ihm etwas über die Eßstörung eröffnet. Um effektiv zu sein muß der Therapeut in einer empathischen und wertfreien Art und Weise reagieren, wenn ihm diese Information angeboten wird. Ein entscheidender Punkt, den man beachten muß, ist daß die Patientin für das, was sie als „abschreckendes" Verhalten ansieht, Ablehnung erwartet. Die akzeptierende Haltung des Therapeuten mag der erste Schritt sein, der die Person erkennen läßt: „Vielleicht bin ich trotz allem doch nicht so verrückt." Es ist für sie auch hilfreich zu sehen, daß der Therapeut zuvor schon von diesem Problem gehört hat. Trotz zahlreicher Artikel in bekannten Magazinen und Zeitungen könnte die Patientin das Gefühl behalten haben, die einzige Person zu sein, die dieses „abweichende" Verhalten je ausgeübt hat.

Die Patientin könnte damit zögern, ihr Eßproblem zu enthüllen, wenn sie einen männlichen Therapeuten hat. Viele dieser Frauen haben ein starkes Anerkennungsbedürfnis bei Männern und sind sehr sensibel für jegliche Anzeichen von Ablehnung. Der Gedanke, ihr Verhalten gegenüber einem Mann einzugestehen, der es mißbilligen könnte, ist stark negativ besetzt.

Wann und wie wird die Bulimie enthüllt?

Einige Patienten kommen, um bei einem Problem Hilfe zu suchen, das mit der Bulimie nur peripher zu tun hat. Andere Probleme wie Depressionen, Stimmungsschwankungen, Schwierigkeiten mit den Eltern oder Zimmergenossen, Geldsorgen und Schwierigkeiten bei Verabredungen sind Themen, die mit der Eßstörung in Beziehung stehen. In manchen Fällen muß der Therapeut Detektivarbeit leisten, um die Teile der Geschichte zusammenzusetzen. Eine Patientin wurde zum Beispiel von ihrem

Therapeuten zweimal gefragt, ob irgendetwas an ihren Eßgewohnheiten anders oder ungewöhnlich sei. Sie verneinte, in
diesem Bereich Probleme zu haben. Im weiteren Verlauf der
Sitzungen, als sich die Hinweise häuften, sagte der Therapeut
schließlich, „Amy, ich kann einfach nicht glauben, daß Sie keine
Probleme mit Ihrem Eßverhalten gehabt haben." Ihre Antwort
war, „Nun, ja, ich habe in den letzten drei Jahren Bulimie mal
gehabt und mal nicht, aber als Sie mich gefragt haben, hatte ich
schon zwei Wochen lang keinen Freßanfall mehr gehabt und
auch nicht abgeführt, deshalb sagte ich, ich hätte kein Problem."
Ein Ansatz, wie ein Therapeut nach einem möglichen Eßproblem
fragen kann, wäre zu sagen, „Es wäre nicht ungewöhnlich, wenn
jemand mit Ihrer Vergangenheit auch Probleme damit hätte,
sein Eßverhalten zu kontrollieren. Ich frage mich, ob Sie schon
einmal Schwierigkeiten in diesem Bereich gehabt haben?" Wenn
man seinen Kommentar so formuliert, teilt man nicht nur mit,
daß man etwas über diesen Bereich weiß, sondern auch, daß
man nicht über eine Enthüllung überrascht wäre. Man sollte
versuchen, von der Patientin eine vollständige Beschreibung des
Eßproblems erhalten. Diese Informationen sollten erhoben werden, um das Ausmaß des Problems festzustellen und um eine
Grundlage zu erhalten, an der man Fortschritte messen kann.
Die folgenden sechs Fragen bilden eine Checkliste der Themen,
die angesprochen werden müssen und über die man Informationen einholen muß.

1. Wie oft haben Sie Freßanfälle? Der Therapeut sollte sich
   dessen bewußt sein, daß die Häufigkeit der Freßanfälle oft
   untertrieben wird. Die Frau kann sich auch so verhalten, daß
   Freßanfälle von Erbrechen gefolgt werden, und daß dann
   wieder weiter gegessen und abgeführt wird. Dieser Zyklus
   kann sich mehrere Male wiederholen und von der Patientin
   als ein Freßanfall dargestellt werden.

2. Welche Mittel benutzen Sie, um zu vermeiden, daß Sie die
   Kalorien aufnehmen, die Sie konsumiert haben? Die Ver-
   schiedenartigkeit der Reaktionen auf diese Frage ist manchmal erstaunlich. Die üblichsten sind Erbrechen, Laxantien-
   mißbrauch, Diuretika, körperliche Betätigung und das Praktizieren eines Freßanfall/Abführzyklus. Wenn Laxantien oder
   Diuretika erwähnt werden, vergewissern Sie sich, wie viele
   eingenommen werden. Man wird möglicherweise feststellen,
   daß die Frau weit mehr als die empfohlene Dosis verwendet.
   Fragen Sie, welche Art von körperlichem Training die Frau

macht und wieviel. Es kann deutlich werden, daß die Klientin das Training mit einer Hingabe betreibt, die weit über den Durchschnitt hinausgeht, zum Beispiel, jeden Tag 10 bis 15 Meilen Dauerlauf, oder mehrere Aerobic-Kurse am Tag, oder eine Kombination mehrerer anstrengender Aktivitäten.

Eine Krankenschwester sagte, sie würde nie Laxantien einnehmen, um zu versuchen, abzunehmen, weil dies ihrer Gesundheit schaden könne. Stattdessen aß sie mit Sorbitol gesüßte Pfefferminzbonbons in großen Mengen, weil sie davon Durchfall bekam. Sie hatte immer mindestens fünf Packungen davon in ihrer Handtasche.

Eine andere Patientin berichtete, daß sie die Dusche voll aufdreht und das Wasser sehr heiß einstellt. Wenn das Badezimmer dann voll mit Dampf ist, zieht sie dicke Kleider und ihren Wintermantel an und macht Turnübungen, um abzunehmen.

Eine Variation dieser Methode wurde von einer anderen Patientin geschildert. Bevor sie sich ins Bett legte, zog sie zwei Garnituren Kleider an. Dann schaltete sie die Heizdecke auf die höchste Stufe und schlief. Sie berichtete, daß sie gewöhnlich in der Lage war, dies bis drei oder vier Uhr am Morgen auszuhalten, und daß sie dann schweißgebadet aufwachte.

Die Patientinnen scheinen der Tatsache, daß sie mit Hilfe von Laxantien, Diuretika und Schwitzen wenig erreichen, außer daß sie dem Körper Wasser entziehen, wenig Beachtung zu schenken. Das verlorene Wasser wird schnell wieder ersetzt, wenn man Flüssigkeiten zu sich nimmt. Der tatsächliche Kalorienverlust durch eine Überdosierung von Laxantien wurde von Bo-Lynn, Santa-Ana, Morawski und Fordtran (1983) gemessen. Sie stellten fest, daß nicht einmal 200 Kalorien verloren wurden, auch wenn 50 Laxantien eingenommen wurden. Diese Information wird bei der Patientin wenig Wirkung zeigen. Was wichtig zu sein scheint, ist die Zahl auf der Waage, nicht wie sie erreicht wurde oder wie lange sie gehalten werden kann.

3. Was war Ihr höchstes und was war Ihr niedrigstes Gewicht bei Ihrer jetzigen Größe? Dies gibt dem Therapeuten einen Eindruck von den Gewichtsschwankungen der Patientin. Gewöhnlich werden Unterschiede von 9 Kilo und mehr zwischen dem höchsten und dem niedrigsten Gewicht festgestellt, manchmal innerhalb einer relativ kurzen Zeitspanne.

4. Was ist Ihr momentanes Gewicht und Ihre Größe? Das Gewicht bewegt sich oft innerhalb der normalen Grenzen für die Größe der Person. Der Therapeut sollte sich nicht die Mühe machen, der Patientin zu versichern, daß sie nicht übergewichtig ist. Sie hält diese Information sowieso nicht für relevant.

5. Was sehen Sie als ihr Idealgewicht an? Dieses Bild liegt oft 4 bis 9 Kilo unterhalb des Durchschnittsgewichts für die jeweilige Größe. Die Antwort auf die Frage wird dem Therapeuten einen Eindruck davon verschaffen, wie unrealistisch die Erwartungen der Klientin an sich selbst sind. Der Therapeut sollte sich daran erinnern, daß es wahrscheinlich nicht hilfreich ist, der Patientin mitzuteilen, daß ihr Ziel unrealistisch ist, und dies dazu führen kann, daß die Patientin den Therapeuten als jemanden ansieht, der ihre Bedürfnisse nicht versteht.

6. Sind Sie gewillt, sich von einem Arzt untersuchen zu lassen, damit er bei der Therapie der Bulimie assistieren kann? Während oder gegen Ende der ersten Sitzung sollte der Therapeut der Patientin empfehlen, einen Arzt aufzusuchen, um sich untersuchen zu lassen und um die durch die Bulimie herbeigeführten Schäden, festzustellen. Der Therapeut sollte einen Arzt kennen, der sich mit Eßstörungen auskennt und in seiner/ihrer Vorgehensweise wertfrei ist. Die Patientin sollte ein Formblatt unterzeichnen, das den Therapeuten von seiner Schweigepflicht entbindet, damit er mit dem Arzt über sie reden kann. Der Therapeut wird den Arzt vermutlich anrufen, bevor die Patientin ihn aufsucht und wird ihn/sie wissen lassen, über welche medizinischen Bereiche der Therapeut besonders besorgt ist. Auch wenn die Patientin dem Therapeuten versichert, daß sie ihren Arzt regelmäßig aufsucht, sollte sie trotzdem einen Termin ausmachen, weil sie ihn/sie vielleicht jahrelang aufgesucht hat, ohne ihr Eßverhalten zu enthüllen.

Themen für die Anfangssitzungen

Neben den Informationen, die über die Eßstörung gesammelt werden, sollten noch einige andere Bereiche während der ersten Phase der Patienten/Therapeuten-Interaktion abgedeckt werden. Stimmungsschwankungen, besonders nach dem Freßanfall/Abführzyklus sind verbreitet. Der Therapeut muß sich auch mit der ambivalenten Einstellung der Patientin darüber beschäftigen, ob sie sich einer Beratung unterziehen und das bulimische Verhalten aufgeben soll.

Die Umdeutung des Verhaltens, die Symptomverschreibung und das Aufheben von Nahrungseinschränkungen sind Interventionen, die der Patientin helfen können, ihre Ambivalenz zu überwinden.

Werden Stimmungsschwankungen zu Beginn der Therapie berücksichtigt?

Ein sehr wichtiges Thema, das schon früh in der Therapie besprochen werden muß, sind die Stimmungsschwankungen der Patientin. Depressionsgefühle treten bei diesen Patientinnen häufig auf, besonders nach einer Freß/Abführepisode. Auch nach Interaktionen mit ihrer Familie, nachdem sie sich mit einem Freund überworfen haben, oder nach einem „Versagen", wie zum Beispiel nicht die erwartete Note in einer Prüfung bekommen zu haben, fühlen sich diese Frauen wahrscheinlich depressiv. Der Therapeut sollte zu Suizidgedanken und möglichen zurückliegenden Suizidversuchen gezielte Fragen stellen. Wenn es angemessen erscheint, sollte der Therapeut einen Vertrag mit der Patientin machen, der ihr verbietet, Selbstmord zu begehen. Eine Formulierung wäre z. B.: „Ich verspreche, mich nicht zu verletzen, zufällig oder absichtlich, ohne vorher mit Ihnen darüber zu reden." Es reicht nicht aus zu versuchen, den Therapeuten anzurufen. Sie muß solange versuchen, den Therapeuten zu erreichen, bis sie Kontakt mit ihm/ihr aufgenommen hat, auch wenn das bedeutet, daß die Handlung um einige Stunden verschoben werden muß.

Wenn die Patientin sehr depressiv zu sein scheint, kann die sofortige Überweisung zu einem Arzt angezeigt sein. Manchmal, wenn das Risiko eines Selbstmords groß ist, können antidepressive Medikation und eine Hospitalisierung notwendig sein.

Wie arbeiten der Therapeut und der Arzt zusammen?

Der Arzt ist ein sehr wichtiges Mitglied des therapeutischen Teams. Er/sie übernimmt die Verantwortung, die gesundheitlichen Komplikationen, die aus dem bulimischen Verhalten resultieren können, zu überprüfen. Wenn antidepressive Medikamente erforderlich sind, ist der Arzt derjenige, der sie verschreibt. Der Arzt wird letztendlich dafür verantwortlich sein, ob die Klientin hospitalisiert werden soll, wenn sie suizidgefährdet oder stark unterernährt ist, oder wenn gesundheitliche Komplikationen bestehen, die eine stationäre Behandlung erfordern. Es ist für ein Behandlungsteam weiterhin hilfreich, wenn der Arzt das Gewicht der Klientin aufzeichnet, vor allem wenn sie ständig abnimmt. Es ist für den Therapeuten schwierig, für das emotionale Wohlbefinden der Patientin verantwortlich zu sein und gleichzeitig ihre Gewichtskontrolle zu beobachten.

Sind ambivalente Gefühle während der Therapie natürlich?

Ja, Therapeuten sollten sich dessen bewußt sein, daß durch die Enthüllung der Eßstörung bei der Patientin eine Menge negative Gedanken und Gefühle auftauchen. Wenn die negativen Gedanken und Gefühle hochkommen, kann eine enorme Angst hervorgerufen werden. Die Klientin wird sich möglicherweise zweimal überlegen, ob sie nochmals zur Beratung gehen soll. Um ihr dabei zu helfen, diese Situation zu ertragen, kann der Therapeut etwa sagen „Sie fühlen sich vielleicht etwas unwohl dabei, daß Sie jemandem von Ihren Eßproblemen erzählt haben. Das ist eine ganz natürliche Reaktion. Ein Teil von Ihnen denkt vielleicht sogar daran, nicht mehr herzukommen, der andere Teil weiß jedoch, daß Sie es allein nicht schaffen, und daß Sie wirklich Hilfe möchten."

Möglicherweise stellt der Therapeut fest, daß diese Ambivalenz periodisch während der Therapie wiederauftritt. Es scheint ein Widerstand dagegen zu existieren, Hilfe anzunehmen, verbunden mit dem Bewußtsein, daß man wirklich Hilfe braucht.

Warum deuten einige Therapeuten das Verhalten um?

Eine Methode, die das Schuldgefühl reduziert, das mit der Enthüllung des Eßverhaltens verbunden ist, stellt die Umdeutung des Verhaltens in ein weniger böses Verhalten dar. Eine mögliche

Aussage des Therapeuten könnte sein, „Ich sehe jedes menschliche Verhalten als hilfreich an. Im Fall der Bulimie beabsichtigt das Verhalten, Angst und Streß zu reduzieren. Unglücklicherweise leistet das Verhalten dabei gute Arbeit, sonst wäre es nicht so schwer, es wieder aufzugeben. Der Preis, den Sie zahlen, sind jedoch die negativen Gefühle Ihnen gegenüber und der potentiell schwere Schaden, den Sie Ihrem Körper zufügen."

Dieses Umdeuten des Verhaltens als „hilfreiches" Verhalten, mindert die Schuldgefühle und den Streß, die mit dem Eßproblem einhergehen. Indem er anerkennt, wie schwierig es ist, das bulimische Verhalten zu beenden, zeigt der Therapeut Verständnis für die Hartnäckigkeit des Problems, und er glaubt der Person, daß sie es schon allein versucht hat. Die meisten haben viele Male versucht aufzuhören, viele versprechen sich in der Tat nach jedem Freßanfall, daß sie es niemals wieder tun. Wenn sie das Eßverhalten wiederholen, haben sie „versagt" und fühlen sich unfähig und schuldig.

Warum verordnen Therapeuten Freßanfälle?

Die Symptomverordnung als Behandlungsmaßnahme kommt für den Patienten immer überraschend. Man kann ein Symptom ungefähr so verschreiben: „Es ist wichtig, daß Sie noch eine Zeitlang Freßanfälle haben, so daß wir besser verstehen können, mit welchem Konflikt die Bulimie Ihnen umzugehen hilft. Ich möchte, daß Sie in der Zeit von nun an bis ich Sie das nächste Mal sehe, ganz bestimmt mindestens einen Freßanfall haben. Wenn Sie einen haben, möchte ich, daß Sie ganz genau auf die Gefühle achten, die Sie davor haben. Was ist geschehen, das zu dem Freßanfall geführt hat? Worüber denken Sie nach? Über welche körperlichen Empfindungen sind Sie sich bewußt?"

Diese Behandlungsmaßnahme ist aus einigen Gründen wichtig. Erstens reduziert sie die Schuldgefühle der Patientin, wenn sie einen Freßanfall hat, was mit Sicherheit geschieht. Schließlich hat der Therapeut ihr gesagt, daß sie es tun soll. Zweitens, wird die Angst gelindert, die oftmals vorhanden ist: „Nun, da ich jemanden aufgesucht habe, der mir bei dem Problem hilft, muß ich sofort aufhören". Der dritte Vorteil ist, daß diese Maßnahme sowohl der Klientin als auch dem Therapeuten Informationen über die dem Verhalten zugrundeliegenden Probleme gibt. Es

ist für die Klientin oft überraschend, sich Gefühlen bewußt zu
werden, die dem Freßanfall vorangehen, weil sie oft bemerkens-
wert naiv ist oder die Relation zwischen Gefühlen und Verhalten
leugnet. Sie hält an der Illusion fest, daß die Freßanfälle auf
mysteriöse Weise über sie kommen und sie ihnen nicht widerstehen kann.

Wie lange dauert die Therapie?

Es ist wichtig, der Patientin zu verdeutlichen, daß es keinen
Stichtag gibt, an dem die Bulimie aufhören muß. Die Patientin
muß sich vergegenwärtigen, daß die Therapie der Bulimie lange
Zeit dauern kann. Es handelt sich nicht um eine Kurzzeittherapie.
Patientin und Therapeut müssen darüber sprechen, weil Patientinnen oft zur Beratung kommen und schnell geheilt werden
wollen. Erinnern Sie sich daran, daß die Patientin eine Perfek-
tionistin mit einem hohen Anerkennungsbedürfnis ist. Der
Therapeut möchte die Patientin nicht unter Druck setzen, damit
sie nicht das Gefühl hat, schnell reagieren zu müssen und
gleichzeitig auch den Therapeuten zu enttäuschen. In manchen
Fällen wird es notwendig sein, den Freund, den Ehemann oder
die Eltern über den Langzeitcharakter des Problems zu informieren, um zu vermeiden, daß sie Druck auf die Patientin
ausüben. Als Therapeuten sprechen wir gewöhnlich davon, daß
eine Therapie ein Jahr und oft länger dauert. Der Therapeut
muß bei der Einschätzung der zu erwartenden Behandlungsdauer
die Schwere des Problems berücksichtigen. Je länger die Person
in der Vergangenheit Bulimie hatte und je öfter sie am Tag
Freßanfälle hat, desto mehr Zeit ist erforderlich, um dies
aufzugeben. Es ist besser, die Zeit zu überschätzen als sie zu
unterschätzen.

Die Patientin muß sich auch vergegenwärtigen, daß die
Freßanfälle nicht abrupt aufhören werden. Um diesen Punkt zu
verdeutlichen, kann der Therapeut sagen, „Sie werden vielleicht
nicht genau wissen, wann Ihr letzter Freßanfall aufgetreten ist.
Gewöhnlich verhält es sich so, daß sie immer weiter und weiter
weg liegen und weniger intensiv werden, bis sie allmählich ganz
abklingen. Sie werden dann ganz aufhören, wenn Sie andere
Bewältigungsstrategien gelernt haben und nicht mehr länger zu
fressen brauchen."

Trotz der besten Anstrengungen des Therapeuten, der Patientin zu versichern, daß die Bulimie sich nicht sofort verändern wird, tritt in der Anfangsphase der Therapie häufig eine Entmutigung auf. Dieses Gefühl wurde von Sharon in einem Gedicht ausgedrückt, nachdem sie einen Monat lang in Beratung war:

Ich fühle mich nicht viel besser als letzte Nacht,
ich bin es leid, immer die richtigen Dinge zu tun.
Ich habe alles gegeben, was ich geben konnte,
es kümmert mich nicht mehr, ich will nicht mehr leben.
Warum läßt sie mich nicht sterben?
Stattdessen hat sie mich versprechen lassen, daß ich es nicht versuche.
Ich frage mich, warum gibt sie nicht einfach auf.
Ich kann dies nicht bewältigen, ich bin nicht so zäh.
Meine Freunde und meine Familie denken, ich hab' alles so gut hingekriegt
Was sie nicht wissen ist das, was ich niemals erzählen werde.
Sie sagt, „Rede mit mir, ich sorge mich wirklich."
Aber manchmal denke ich, „Soll ich es wagen?"
Sie fragt, „Wann wirst du jemals jemanden zu dir hereinlassen?"
Meine Antwort darauf ist „Vielleicht kann ich es nie."
Sie sagt mir, ich solle durchhalten, daß ich gewinnen könnte,
Aber ich weiß, daß ich bis zum Ende nur dahinvegetieren werde.

Zusammenfassung der therapeutischen Schritte zu Beginn der Therapie

Der Therapeut muß erkennen, daß er/sie mit einer Patientin zu tun hat, die möglicherweise starke Stimmungsschwankungen hat, mit denen auch Suizidgedanken oder -absichten einhergehen können. Das Diagnostizieren und die Behandlung dieser Stimmungsschwankungen wird früh erfolgen. Die sofortige Mitwirkung eines Arztes an der Behandlung wird dann angestrebt, wenn die Klientin sehr depressiv erscheint. Die Ambivalenz, sich auf eine Therapie einzulassen, die eine gut eingespielte Bewältigungsstrategie beseitigen soll, wird thematisiert werden. Der Therapeut wird das bulimische Verhalten auch umdeuten müssen, damit es sich der Klientin nicht als zu abweichend darstellt. Vermutlich wird der Therapeut das Symptom verordnen, um Schuldgefühle zu verringern und Informationen über die Bedürfnisse zu erhalten, die zu diesem Verhalten führen. Die Patientin wird darüber informiert, daß Therapie eine langsame, allmähliche Veränderung ist, daß aber die Zusammenarbeit des Therapeuten und der Patientin eine Lösung des Problems herbeiführen kann.

Kapitel 8

Spätere Themen in der Therapie

Die Denkmuster von Frauen mit einer Bulimie sind durch
Rigidität, irrationale Anforderungen und Ängste gekennzeich-
net. Wenn die ersten Sitzungen vorüber sind, in denen der
Therapeut primär damit beschäftigt war, die Fallgeschichte
aufzunehmen und den Rapport herzustellen, wechselt das
Hauptaugenmerk in der Therapie auf die Modifizierung des
Denkens der Patientin. Einige Themen, mit denen sie konfrontiert werden muß, sind das irrationale Bedürfnis, jederzeit die
Kontrolle zu behalten, rigide Erwartungen an sich selbst, magisches Denken, und die Angst vor dem Dicksein. Viele Patientinnen haben auch ungelöste Familienprobleme. Diese werden
im Kapitel über Familientherapie weiter erörtert. Es ist zur
Genesung der Patientin auch notwendig, daß sie Bewältigungsstrategien entwickelt, um mit Streß umzugehen.

Modifizierung des Denkens

Wie behandelt man das Kontrollbedürfnis?

Wie wir wiederholt betont haben, ist Kontrolle ein Grundthema
bei Eßstörungen. Frauen mit einer Bulimie haben oft das Gefühl,
daß sie kurz davor sind, die Kontrolle zu verlieren und sie
entwickeln sehr rigide Verhaltensmuster bei ihrem Versuch, die
Kontrolle aufrechtzuerhalten. So teilen sie ihren Tag zum
Beispiel ganz streng ein, um Freßanfälle zu vermeiden. Nachdem
sie einen Freßanfall hatten, versuchen sie vielleicht, eine längere
Zeit gänzlich ohne Essen auszukommen. Der Hunger, und somit
auch der Drang zu essen, nimmt zu, wenn sie sich anstrengen,
Essen zu vermeiden. Sie drücken das Gefühl so aus: „Wenn ich

nur einen Bissen gegessen habe, werde ich unkontrollierbar essen." Weil sie sich ständig Sorgen darüber machen, was andere über sie denken, und daß jemand ihre Bulimie entdecken könnte, nehmen sie oft viel auf sich, um diese Entdeckung zu vermeiden. Eine Möglichkeit ist, von einem Schnellimbiß zum anderen zu gehen, um nicht an einem Ort große Nahrungsmengen zu konsumieren. Wenn sie nach dem Freßanfall erbrechen, wissen sie, welche Toiletten im Studenten- oder Schwesternwohnheim um die Essenszeiten leer sind.

Um zu erklären, daß man die Kontrolle aufgeben muß, um sie zu behalten, kann es hilfreich sein, eine Metapher zu benutzen. Wir benutzen oft diese „Wenn du eine Handvoll Sand hättest, und sie ganz fest hieltest, würdest du das meiste verlieren, weil der Sand durch die Seite deiner Hand und deine Finger rinnen würde. Wenn du den Sand stattdessen ganz sanft in deiner Handfläche halten würdest, könntest du das meiste behalten. Dies bedeutet die Kontrolle zu behalten, indem man sie aufgibt."

Der Therapeut muß betonen, daß die Veränderung des Kontrollbedürfnisses nicht bedeutet, daß man „die Kontrolle verliert". Kontrollverlust wird von bulimischen Frauen am meisten gefürchtet. Der Therapeut strebt eine nachlassende Intensität der Frau an, sich selbst und ihre Welt zu kontrollieren. Die Sandmetapher kann während der gesamten Therapie benutzt werden, wenn die Patientin rigide denkt und sich auch so verhält. Nur der Satz, „Denk an die Handvoll Sand, du klammerst zu sehr," kann die Patientin dazu bringen, innezuhalten und die Situation umzudeuten.

Kann der Therapeut dabei helfen, absolutes Denken zu überwinden?

Oft sind Patientinnen mit einer Bulimie darin verstrickt, ihr Denken durch die Worte „ich sollte", „ich müßte" und „ich sollte eigentlich" zu bestimmen. „Ich muß jeden Tag trainieren." „Ich sollte bei jedem Test eine Eins bekommen." „Ich sollte es eigentlich jedem immer recht machen." „Jeder muß mich mögen." Zuerst wird es für die Patientin schwierig sein, von diesen absoluten Forderungen abzulassen. Weil sie ihre Ziele auf diesen irrationalen Gedanken „ich sollte" und „ich müßte" aufgebaut hat, kann sie zwangsläufig ihre Ziele nicht einhalten. Der Therapeut muß der Patientin helfen, ein flexibles Denken darüber zu erarbeiten, was sie realistischerweise zu leisten in der Lage ist. Der Therapeut kann der Patientin helfen, ihr Denken zu restrukturieren, indem er den Satz wiederholt: „Es muß nicht so sein". Die Patientin braucht Hilfe, Alternativen zu entwickeln, um andere Möglichkeiten zu erkennen, und um dabei das „sollte" in das flexiblere „Es wäre schön, wenn ..." und das „muß" in ein „Ich würde gerne ..." umzuwandeln. Diese Art des kognitiven Umstrukturierens ist ein wichtiger Schritt beim Überwinden der Bulimie.

Oftmals wird der Therapeut erkennen, daß die Patientin einen polarisierenden Denkstil hat. Dieses Denken wird dazu führen, daß die Patientin bei allen Themen, Problemen oder Situationen nur solche Reaktionen berücksichtigt, die auf dem Kontinuum aller möglichen Reaktionen an den Extrempunkten liegen und wird diejenigen Reaktionen, die in der Mitte liegen, außer Acht lassen. Was übrig bleibt ist „perfekt" oder „gut" an einem Ende und „nicht perfekt" oder „schlecht" am anderen Ende. Jede Leistung, die nicht „perfekt" ist, ist automatisch „schlecht". Eine Patientin, Cindi, machte ein Schild für ihren Schreibtisch, auf dem stand, „ES GIBT EINE MITTE!" Sie lachte darüber, daß sie deswegen einige Kommentare zu hören bekam. „Es hing zwischen ‚Rettet die Wale' und ‚Wählt ERA'. Die Leute konnten sich keinen Reim darauf machen, aber mir half es, wenn ich es mehrmals am Tag ansah. Ich konnte fühlen, daß die Intensität nachließ, jedesmal, wenn ich es sah."

Was ist Magisches Denken?

Das Magische Denken, ein anderer kognitiver Prozeß, muß angesprochen werden. „Sobald ich _____, werde ich in der Lage sein, die Bulimie aufzugeben." Das Leerzeichen wird durch verschiedene Worte, wie die folgenden, von der Patientin ausgefüllt:

zehn Pfund abnehme,
mit der Highschool (College) fertig bin,
von zuhause (dem Wohnheim) wegziehe,
einen Freund bekomme,
heiraten werde,
schwanger werde ("Ich muß aufhören, weil das Leben von jemandem anderen in Gefahr ist."),
aufs Gymnasium komme, einen Job bekomme.

Die möglichen „wenn ich nur" sind praktisch endlos, aber jede Person hat ihr eigenes Ereignis im Sinn, nach dem sie „geheilt" sein wird. Natürlich ist dies auch ein Beispiel für die Ansicht der Patientin, daß ein externales Ereignis ihr Problem beenden wird. Dies ist gewöhnlich ein Bestandteil der Leugnung der Patientinnen, daß ihr Verhalten innere, emotionale Wurzeln hat.

Der Therapeut kann den Einfluß des Magischen Denkens reduzieren, indem er die Patientin fragt, welche in der Vergangenheit gesetzten Ziele sie schon erreicht hat. Vielleicht hatte sie schon einmal das Gefühl, daß „Sobald ich aus dem Haus meiner Eltern ziehe, werde ich in der Lage sein, mit den Freßanfällen aufzuhören." Der Therapeut kann sie mit der Tatsache konfrontieren, daß sie nun in ihrem eigenen Appartment wohnt und immer noch Freßanfälle hat. Bulimische Frauen finden es unerfreulich zu hören, daß andere Frauen immer noch an ihrer Eßstörung leiden, wenn sie ihren Collegeabschluß haben, heiraten und schwanger werden. Diejenigen, die ihre Bulimie überwinden, tun dies, indem sie mit den zugrundeliegenden emotionalen Zwängen, die zu diesem Verhalten geführt haben, umzugehen lernen. Der Therapeut kann und wird der Patientin in diesem Bereich behilflich sein.

Wie behandelt man die Angst vor dem Dickwerden?

Ein Grund dafür, warum es für die Frau so schwer ist, ihre Bulimie aufzugeben, ist ihre Angst, sie würde enorm dick werden, wenn sie aufhört, Kalorien aus ihrem Körper zu beseitigen. Vor ihrem geistigen Auge sieht sie, wie sie dann aussehen würde und konstruiert Szenen, in denen sie sich lächerlich macht und sie Ablehnung erfährt. Wenn sie in der Vergangenheit übergewichtig war, wie es bei vielen dieser Frauen der Fall ist, sind dieses Bild und die Erinnerungen akkurate Rekonstruktionen von früheren Erlebnissen.

Die Rationalität dieser Angst zu bestreiten ist zwecklos. Wenn der Therapeut dies tut, stimmt die Frau wahrscheinlich auf einer kognitiven, intellektuellen Ebene mit ihm/ihr überein, wird die Angst aber auf emotionaler Ebene beibehalten. Es mag bei der Beratung hilfreich sein, die Frau ehrlich darüber zu informieren, daß eine geringe Gewichtszunahme von knapp drei bis fünf

Pfund durch die Beendigung des Abführens stattfinden wird. Diese Gewichtszunahme tritt primär deshalb auf, weil sich die Frau durch das Erbrechen, die Laxantien oder Diuretika in einen dehydrierten Zustand versetzt hat. Eine Rückschlags-Retention von Flüssigkeiten findet statt, bei der der Körper ein höheres Niveau an Wasser hält, um zu versuchen, eine Dehydration zu vermeiden (Bo-Lynn, Santa-Ana, Morawsky & Fordtran, 1983). Die Rückschlags-Retention von Flüssigkeiten verliert sich allmählich, wenn die Person ihre dehydrierenden Aktivitäten aufgibt.

Die Gewichtszunahme kann auch durch eine übermäßige Ausdehnung der Gedärme hervorgerufen werden, die aber nachläßt, wenn die chronische Verstopfung aufhört. Obwohl keiner dieser Faktoren eine Zunahme an Körperfett darstellt, kann die Gewichtszunahme als alarmierend angesehen werden. Versuchen Sie von der Patientin die Zustimmung zu erhalten, daß sie sich nicht mehr als einmal in der Woche wiegt. Versuchen Sie, sich auf eine akzeptable Gewichtsspanne von fünf Pfund zu einigen, und sich nicht auf eine bestimmte Figur festzulegen. Dies wird dabei helfen, Panik bei leichten Gewichtsschwankungen zu vermeiden. Manchmal möchte die Patientin ihre Waage ganz loswerden und läßt jemanden anderen ihr Gewicht aufzeichnen, um sicherzugehen, daß sie nicht sehr viel zunimmt.

Anfängliche Diskussionen, in denen versucht wird, die Patientin zu einer flexibleren Einstellung gegenüber einer Gewichtszunahme zu bringen, werden wahrscheinlich mit einer unerbittlichen Weigerung, ein höheres Gewicht in Betracht zu ziehen, entgegnet. Viele der Frauen wollen in Wirklichkeit vermutlich weniger wiegen. Im allgemeinen ist der Therapeut gut beraten, wenn er diese Frage nicht zu hartnäckig verfolgt. Wenn die Patientin das Gefühl hat, daß der Therapeut sie ermutigt zuzunehmen, gibt sie die Therapie möglicherweise auf. Wir haben festgestellt, daß auch diejenigen, die am unerbittlichsten im Hinblick auf das Gewichthalten oder Abnehmen waren, allmählich ihre Einstellung änderten und mäßige Gewichtszunahmen akzeptierten, die gewöhnlich auftreten. Dieser Wechsel tritt ein, wenn das Bedürfnis nach Anerkennung und Perfektion modifiziert und in der Therapie konfrontiert wird. Wenn diese Bedürfnisse nicht mehr so intensiv empfunden werden, ist auch das Bedürfnis, den „perfekten Körper" zu haben, nicht mehr so intensiv.

Kann der Therapeut bei der Planung von Kalorien und Mahlzeiten helfen?

Viele Frauen mit einer Bulimie haben keine Vorstellung davon, wie eine normalgroße Mahlzeit aussieht oder welche Anzahl von Kalorien sie konsumieren können, um ihr momentanes Körpergewicht zu halten. Viele unterschätzen die Nahrungsmenge, die sie essen dürfen sehr und befürchten, ständigen Hunger und Deprivation auf sich nehmen zu müssen, wenn sie das Abführen aufgeben. Viele von ihnen gingen diesen Weg, wenn sie den Hunger oder die strengen Diäten, die sie gemacht hatten, nicht mehr ertragen konnten.

Der Therapeut kennt die Eßgewohnheiten, die Kalorienaufnahme und die Mahlzeitenplanung, die von bulimischen Frauen praktiziert wird. Um der Patientin zu helfen, arbeitet der Therapeut im allgemeinen mit einem klinischen Diätassistenten zusammen, der Mitglied des Teams von Spezialisten (Mediziner, Diätassistent und Therapeut) wird, die die Klientin unterstützen. Der Therapeut überweist die Patientin im allgemeinen an einen Diätassistenten, der ihr Informationen und Anleitungen über die Planung von Mahlzeiten gibt und ihr einen realistischen Ernährungsplan anbietet. Genau wie der Arzt muß der Diätassistent mit den Fragen und Problemen einer Person, die eine Eßstörung hat, vertraut sein. Der Therapeut wird sich von der Patientin gegenüber dem Diätassistenten von seiner Schweigepflicht entbinden lassen, so daß er Fragen und Fortschritte mit dem Diätassistenten besprechen kann. So arbeiten die Teammitglieder kooperativ, um der Patientin zu assistieren.

Zusammenfassung der fehladaptiven kognitiven Muster, die behandelt werden

Nachdem eine Arbeitsbeziehung hergestellt wurde, wendet sich der Kernpunkt der Therapie den fehladaptiven kognitiven Mustern zu, die charakteristisch sind für Frauen mit Bulimie. Das starke Bedürfnis, jederzeit Kontrolle auszuüben, wird angesprochen. Das rigide Denken der Patientin und die unvernünftigen Anforderungen, die sie an sich selbst stellt, müssen untersucht und modifiziert werden. Der Therapeut ermutigt die Patientin, einen Mittelweg zu wählen, wenn es um die Beurteilung von Dingen geht, anstatt alles, einschließlich sich selbst, entweder als „gut" oder „schlecht" zu definieren. Das Magische Denken wird vermindert, indem die Patientin durch die Therapie lernt, Verantwortung für ihr eigenes Verhalten zu übernehmen. Die Angst, fett zu werden ist bei Frauen mit einer Bulimie universell vorhanden und wird während der gesamten Beratungsinteraktion berücksichtigt und behandelt.

Das Lehren von Bewältigungsmechanismen

Welche Vorteile bieten Freßanfälle?

Für bulimische Frauen sind Freßanfälle eine sehr effektive Methode, um mit Streß umzugehen. Dies gilt besonders dann, wenn nach dem Freßanfall abgeführt wird. Frauen, die Freßanfälle und Abführen praktizieren, berichten, daß sie sich vor dem Beginn des Freßanfalls ängstlich fühlen und spüren, daß sie schon kurz davor sind, einen Freßanfall zu erleben. Oft ist etwas Traurigmachendes geschehen, wie ein Streit mit dem Freund oder den Eltern, eine Note, die schlechter war als erwartet, oder daß sie sich in einer sozialen Situation unbeholfen gefühlt haben. Während des Freßanfalls, der ein bis zwei Stunden dauern kann, sind sie völlig frei von Gedanken an ihre Probleme. Nichts existiert für sie außer dem Essen. Dem Freßanfall folgt, besonders wenn es zum Erbrechen kommt, eine emotionale Abgestumpftheit. Die Frauen fühlen sich nicht ruhig oder gleichgültig, sondern eher emotional betäubt. Die Patientinnen können Schuldgefühle und Depressionen haben, weil sie sich auf den Freßanfall eingelassen haben, die Angst ist jedoch verschwunden. Die Frauen sind dann oft auch sehr müde.

Welche Hauptziele hat die Therapie und warum?

Eines der Hauptziele der Therapie muß die Aneignung alternativer Bewältigungsmechanismen im Umgang mit Streß und Angst sein. Der Patientin sollte bewußt werden, daß die Gewohnheitsstärke des Eßverhaltens sehr groß ist. Die Bewältigungsstrategien müssen anfangs als zusätzliche Fertigkeiten eingeführt werden, und nicht als Alternativen, die die Freßanfälle ersetzen. Dies ist wichtig, denn wenn sie als Alternativen dargestellt

werden, vermeidet die Frau entweder die neuen Bewältigungsstrategien gänzlich oder sie hat ein starkes Versagensgefühl, weil
sie die Freßanfälle nicht dadurch ersetzen kann. Allmählich,
wenn die zusätzlichen Bewältigungsstrategien häufiger praktiziert werden, wird das Bedürfnis zu essen geringer. Eventuell
werden die Spannungen, die zum Bedürfnis zu essen führen,
dadurch gelöst, daß Streß in anderen Bereichen gemindert wird.
Diese Bewältigungsmechanismen haben sich als nützlich heraus-
gestellt: Gedankenstop, Entspannungstraining, Tagebuchfüh-
ren, Selbstsicherheitstraining, körperliche Betätigung und das
Anrufen eines Freundes. Wir haben das Gefühl, daß körperliche
Betätigung so wichtig ist, daß wir diesem Thema ein separates
Kapitel gewidmet haben.

Wie wird „Gedankenstop" gelehrt?

Wie wir bereits erwähnt haben, erwarten Frauen mit einer
Bulimie von sich selbst perfekt und sehr leistungsfähig zu sein.
Wenn etwas geschieht, daß das Erreichen ihrer Ziele verhindert,
grübeln sie oft über ihre „Unzulänglichkeit". Dies kann zu einem
wiederholten, geistigen Durchspielen einer Szene führen, in der
sie sich selbst aufzeigen, wie „dumm" oder „unzulänglich" sie
dabei ausgesehen haben. Sie erinnern sich oft an Zeiten, wo sie
sich ähnlich gefühlt haben und sie „katastrophieren" dann, daß
sie wahrscheinlich in ihrem ganzen Leben nicht in der Lage sein
werden, irgendetwas richtig zu machen. Man kann daran sehen,
wie aufgrund eines Ereignisses, schlechte Gefühle und Angst in
größerem Ausmaß eskalieren.

*Das Ziel des Gedankenstops ist es, diese Eskalation zu unter-
brechen und den ständigen Druck zu lindern.*

Elaine beschreibt ihr Denkmuster: „Wenn etwas nicht richtig
läuft, wie z. B. wenn ich eine Frage in der Klasse stelle, und es
scheint, daß der Professor und die anderen Studenten sie dumm
finden, dann lege ich sofort meine ‚Mach-dich-zur-Sau-Platte'
auf. Es ist die Stimme, meines Vaters, die mir sagt, daß ich nichts
weiter als ein totaler Versager bin. Ich war nie zu etwas gut,
und werde es auch nie sein. Ich bin nichts weiter als eine faule
Sau. Ich tue nie etwas richtig. Ich bin ein totaler Versager."
Dieser internale Dialog wird fortgesetzt und baut Angst und

Schuldgefühle auf, bis Elaine ihn mit einem Freß- und Abführ-
anfall beruhigt. Manchmal ist es nötig, einige Male in schneller
Folge zu fressen und abzuführen, bevor sie in der Lage ist, die
„Mach-dich-zur-Sau-Platte" abzustellen.

Folgendes Verfahren wird vorgeschlagen, um die Technik des
Gedankenstops zu lehren: „Vieles von dem, was Sie fühlen wird
dadurch bestimmt, über was Sie nachdenken. Negative Gedanken führen zu negativen Gefühlen. Wenn Sie sich jetzt
depressiv fühlen wollten, wie würden Sie es tun?" Die Patientin
muß gewöhnlich nicht lange nachdenken, um auf ein Thema zu
kommen, über das sie grübeln kann und das zu negativen
Gefühlen führt. Nachdem sie das getan hat, kann der Therapeut
darauf hinweisen, daß sie sich jetzt ein wenig schlecht fühlt, nur
weil sie sich einige Minuten auf dieses Thema konzentriert hat.

Dann kann der Therapeut sagen „Lassen Sie uns nun einige
Dinge zusammentragen, über die Sie nachdenken können, die
neutral sind." Das Suchen von „neutralen" Gedanken scheint
besser zu funktionieren, das heißt, die Gedanken haben weder
positive noch negative Konnotationen. Das Denken von „glück-
lichen" Gedanken hat eine Art „Hosianna" Charakter, der es
schwierig macht, sie als Ersatz zu verwenden, wenn die Person
bereits etwas depressiv oder ängstlich ist. Wenn die Patientin
Schwierigkeiten hat, neutrale Gedanken zu entwickeln, kann der
Therapeut Dinge vorschlagen, die die Patientin kennt oder schon
getan hat, zum Beispiel Haustiere, Lieblingshobbies, Fernseh-
shows, Filme oder Bücher. Die zugrundeliegende Absicht ist,
daß man schon etwas kennen sollte, das man einsetzen kann,
wenn die negativen Gedanken beginnen. Wenn eine Person sich
bereits im negativen Zyklus befindet, ist es schwierig ein neutrales
Thema zu entwickeln, deshalb kann es wirklich hilfreich sein,
wenn man ein Thema parat hat.

Daraufhin sagt der Therapeut z. B.: „Wenn Sie merken, daß
Sie sich selbst wieder runtermachen und daß Sie über negative
Ereignisse grübeln, möchte ich, daß Sie innerlich ‚STOP!'
schreien. Wenn Sie alleine sind, können Sie es auch laut schreien.
Stellen Sie sich bildlich ein großes rotes STOP-Schild vor, dann
wenden Sie Ihre Gedanken absichtlich einem der neutralen
Themen zu, die Sie gerade erdacht haben. Dies mag leicht
erscheinen, aber es ist nicht so leicht, wie es sich anhört. Es wird
mit zunehmender Übung leichter werden."

Wie bei jedem neuen Verhalten, hat man beim Gedankenstop
anfangs ein merkwürdiges Gefühl. Es mag der Patientin helfen,

wenn sie es einige Male in der Sitzung üben kann. Die Patientin muß sich einen deprimierenden Gedanken ins Gedächtnis rufen, dann das Wort „STOP" benutzen und das mentale Bild des STOP-Schilds, und dann den neutralen Gedanken einsetzen.

Entspannungstraining

Parallel zum Erlernen von Techniken, die helfen, mit selbstabwertenden und streßerzeugenden Gedanken umzugehen, mag es hilfreich sein, einige Methoden der allgemeinen Streßreduktion zu lernen. Eine der hilfreichsten Techniken ist das Entspannungstraining. Das Buch „Die Entspannungsreaktion" (1976) von Benson und Klipper ist eine exzellente Anweisung, die von der Patientin gelesen und befolgt werden kann. Es sind viele gute Tonbänder erhältlich, wie man Entspannung erlernen kann, oder der Therapeut kann selbst ein Tonband aufnehmen, das auf die persönlichen Bedürfnisse der Patientin zugeschnitten ist.

Eine der Möglichkeiten, wie der Therapeut der Patientin die Notwendigkeit des Entspannugstrainings erklären kann, wäre zu sagen: „Ihr Körper ist bereits darauf konditioniert, auf eine Reihe von Stimuli mit Anspannung zu reagieren. Schlechtere Noten als erwartet, nicht so gut wie möglich auszusehen, eine kritische Bemerkung von jemandem, dies sind alles Dinge, die Spannungen aufbauen. Sie werden Ihren Körper nun lehren, auf Kommando zu entspannen. Sie können nicht gleichzeitig angespannt und entspannt sein. Dies gibt Ihnen mehr Entscheidungsmöglichkeiten und Kontrolle."

Das folgende Entspannungsskript ist besonders gut geeignet für Patientinnen mit Bulimie, weil es betont, daß der eigene Körper das Ausmaß und die Tiefe der Entspannung bestimmt. Die Wortwahl ähnelt dem, was der Therapeut sagen würde, um die Patientin beim Entspannen zu unterstützen. Diese Instruktionen können vom Therapeuten auf Band aufgenommen werden, damit die Patientin sie zwischen den Sitzungen benutzen kann.

Entspannungsübung:

„Such dir eine bequeme Haltung aus und bereite dich auf einen kurzen Urlaub von deinen Sorgen, die in deinem täglichen Leben weitergehen, vor. Um den Entspannungsprozeß zu beginnen, möchte ich, daß du dich auf einige Empfindungen konzentrierst. Achte darauf, wie es sich anfühlt, wenn dein Kopf auf der Stuhllehne ruht. Achte darauf, daß deine Haare leicht deine Stirn berühren. Die Luft fühlt sich kühl an, an deinem Hals, wo deine Bluse offen ist. Achte auf den Stoff der Bluse über deinen Schultern (Machen Sie entlang des Körpers weiter mit den Empfindungen der Hände auf der Sessellehne, Schmuck an Handgelenken oder Fingern, dem Druck des Körpers auf den Sessel, das Gefühl, Schuhe an den Füßen zu tragen).

Laß dir nun von deinem Körper helfen, dich tiefer zu entspannen, ich möchte, daß du dich einige Minuten auf den „stillen Punkt" konzentrierst. Diese ruhige Zeit, nachdem du deinen Atem herausläßt und bevor du den nächsten Atemzug einatmest. Eine Pause, wenn deine Lungen und deine Brustkorbmuskulatur sich ausruhen. Achte jedes Mal darauf, wenn dein Körper am „stillen Punkt" eine Pause macht, allmählich mehr und mehr zu entspannen. (Der Patientin wird eine Minute Zeit gelassen, sich auf ihr Atmen zu konzentrieren).

Nun möchte ich, daß du eine geistige Reise durch deinen Körper machst, bei der du alle Bereiche suchst, die angespannt und verkrampft sind. Wenn du auf die Spannung triffst, möchte ich, daß du deinem Körper erlaubst, die Spannung mit der Luft, die du ausatmest, herausfließen zu lassen, so daß dein eigener natürlicher Atemrhythmus dir hilft und dich zu einer tieferen Entspannung führt. Beginnend mit deinem Kopf und deinem Gesicht, achte auf jeden angespannten Bereich um deine Augen, deinen Kiefer, entlang deiner Stirn. Achte darauf, wie diese Bereiche sich entspannen, wenn du die Anspannung aus deinem Körper ausatmest. Laß die Anspannung mit der Luft sanft hinwegfließen. Geh nun in Gedanken hinunter zu deinem Nacken und Schultern. Achte auf jede Anspannung in diesen Muskeln und erlaube, daß sie hinausfließt. Du wirst vielleicht bemerken, wie deine Schultern leicht sinken, wenn du die Muskeln entspannst. Gehe nun weiter zu deinen Oberarmen, deinen Unterarmen, deinen Händen, bis hinunter zu deinen Fingerspitzen. Fühle, wie sich die Entspannung in deinen Armen ausbreitet, wenn jede Anspannung mit der Luft hinausfließt, wenn du ausatmest.

(Der Therapeut fährt fort, indem er jedes Körperteil erwähnt und dabei Zeit läßt, damit das Atmen die Anspannung hinausträgt.) (Der Therapeut führt dann das Atmen in Verbindung mit einem Hinweisreiz ein). Du bist jetzt sehr entspannt und fühlst dich wohl. Ich gebe dir nun einen Hinweis, so daß sich dein Körper daran erinnert und in diesen Zustand der Entspannung zurückgeht, wenn du in einer für dich streßreichen Situation bist. Achte darauf, daß die Luft beim Einatmen in deiner Nase und deinem Hals kühl ist; wenn du ausatmest, ist die Luft warm. Konzentriere dich auf die Empfindungen . . . kühle Luft ein . . . warme Luft aus . . . Behalte diese Empfindungen in Erinnerung zusammen mit den guten Gefühlen der Ruhe und Entspannung, die du jetzt erlebst. Das nächste Mal, wenn du dich auf das Kühle und das Warme konzentrierst, erinnert sich dein Körper und reagiert mit Entspannung und Ruhe. Verbring nun einige Minuten damit, dich auf das Kühle und Warme zu konzentrieren und genieße die Entspannung (einige Minuten Stille). Wenn du bereit bist, dann kehre langsam zurück in das Hier und Jetzt, du wirst wach und erholt sein, du wirst aber die Gefühle der Entspannung für den Rest des Tages in dir tragen.

Es ist wichtig die Entspannungsübung dann zu praktizieren, wenn die Person nicht unter Streß steht. Es wird wenig nutzen, wenn die Patientin versucht sich zu entspannen, wenn der Drang zu essen bereits sehr stark ist. Idealerweise sollte die Entspannungssequenz zweimal am Tag für je 15 Minuten geübt werden. Die Patientin mag zuerst Schwierigkeiten haben, die Entspannung solange aufrechtzuerhalten und wird vielleicht darauf hinarbeiten müssen. Nach einigen Wochen Übung kann die Patientin gewöhnlich durch einmaliges Üben am Tag die Entspannungsreaktion beibehalten.

Einige Patientinnen reagieren gut auf eine Kombination von Bildern mit der Entspannungssequenz. Neben dem Aufnehmen der Entspannungsinstruktionen, kann der Therapeut der Patientin eine Aufzeichnung eines Imaginations-Tonbands geben, das der Patientin helfen wird, sich im Geiste an einen bestimmten Platz zu begeben. Die Wortwahl auf dem Band, das vom Therapeuten besprochen wird, kann der folgenden ähneln:

Imaginationsübung:

„Während du in diesem entspannten und friedlichen Zustand bist, möchte ich, daß du einen kurzen Urlaub nimmst. Ich möchte, daß du im Geist an einen besonderen Ort gehst. Es kann ein Ort sein, der in deinem jetzigen Leben existiert oder an den du dich aus der Vergangenheit erinnerst. Es kann sogar ein Ort sein, den du völlig aus deiner Vorstellung erfindest. In jedem Fall wird es ein Ort sein, mit dem gute Gefühle verbunden sind, Gefühle des Wohlbefindens, der Entspannung und des Glücks.

Geh dahin und schau dich richtig um. Achte auf die Farben und die Formen um dich herum. Das Licht kann hell oder dunkel sein. Sieh die Dinge um dich herum, achte auf die Details an deinem besonderen Ort. Wenn du dich an deinem besonderen Ort umsiehst, achte auch auf seine Beschaffenheit. Sind die Dinge um dich herum rauh oder sanft, hart oder weich? Wenn du möchtest, streck im Geiste die Hand aus und berühre etwas und fühl seine Beschaffenheit.

Achte auf die Lufttemperatur. Ist sie warm oder kühl? Wenn es irgendwelche Geräusche gibt, die du mit deinem besonderen Ort in Verbindung bringst, bezieh sie in dein Erleben ein. Hör und achte auf die kleinen Geräusche und die lauteren Geräusche. Laß sie wieder in dein Bewußtsein treten, so daß dein besonderer Ort vollständig ist.

Wenn es etwas gibt, das du gerne tun möchtest, während du hier bist, fühl dich frei es im Geiste zu tun. Wenn nicht, fahre einfach fort, deinen besonderen Ort einige weitere Minuten zu genießen. Wenn du in das Hier und Jetzt zurückkehrst, wirst du die ruhigen, entspannten Gefühle, die du nun hast, mitnehmen und sie werden bei dir bleiben, wenn du tust, was immer der Tag auch von dir verlangt."

Wenn der Therapeut einen besonderen Ort ausfindig gemacht hat, bevor er dieses Band aufnimmt, kann er/sie die Instruktionen sogar noch spezifischer gestalten. Zum Beispiel, wenn der Lieblingsort der Patientin der Strand ist, kann der Therapeut Hinweise auf das Geräusch der Wellen und der Möwen, den Geruch des Salzwassers, das Gefühl der Brise und des Sands unter den Füßen einbeziehen. Eine Patientin, Ruth, hatte als besonderen Ort einen Garten, in dem sie als Kind spielte. Ruth hatte ein hochentwickeltes visuelles Empfinden, sie war in der Tat eine talentierte Künstlerin. Deswegen bezogen wir viele visuelle Hinweise auf die Farben der Dinge im Garten ein, das Gras, die Steine, den Himmel, die Rosen, die dort blühten, und so weiter. Ruth berichtete, daß für sie die schwierigste Zeit des Tages das Heimkehren nach der Arbeit war. Sie sei zu müde und fühle sich zu gehetzt, um mit dem Abendessen zu beginnen. Dies war auch eine sehr schwere Zeit für sie, da häufig Freß-anfälle auftraten. Sie fing an, das Tonband dazu zu benutzen, sich am Ende des Arbeitstages zu entspannen und den Übergang zu den häuslichen Pflichten zu erleichtern. Sie stellte fest, daß sie an den Tagen, an denen sie sich entspannte, weniger Freßanfälle mit anschließendem Erbrechen hatte.

Wenn die Patientin bei der Entspannungsübung geübter wird, mag es eine hilfreiche Methode sein, sie das Atmen in Verbindung mit Hinweisreizen und die Imagination mehrere Male am Tag üben zu lassen. Dies hilft ihr dabei, das allmähliche Aufbauen von Anspannung im Laufe des Tages zu bekämpfen. Viele Frauen mit einer Bulimie sind sich ihrer Körperempfindungen nicht bewußt und bemerken das Aufbauen von Spannungen nicht, bis es auf einem hohen Niveau ist. Kathy drückte das so aus: „Plötzlich bemerke ich, daß ich meine Fäuste balle und meinen Kiefer aufeinanderpresse und daß meine Schultermuskeln wirklich wehtun. Bevor es diesen Punkt erreicht hat, bemerke ich es nicht." Neben der Spannungsreduktion hilft das Entspannungstraining dabei, das Körperbewußtsein der Frau zu steigern.

Der Fall Jill

Viele Frauen mit einer Bulimie haben das Gefühl, daß ihr Leben ziellos sei. Ihnen fehlt es oft an klaren Berufszielen, auch wenn sie in einem College eingeschrieben, Vollzeitbeschäftigte sind oder eine Berufsschule besuchen. Ihrem Leben fehlt definitiv jeder Sinn und Zweck. Teilweise kann echte Verwirrung der Grund hierfür sein. Sie verhalten sich vielleicht deshalb so, weil sie immer das tun, was von ihnen gewünscht wird, so daß sie Schwierigkeiten dabei haben, eigene Ziele zu formulieren. Sie haben auch Schwierigkeiten, Entscheidungen zu treffen.

Dies wurde von Jill so ausgedrückt, „Ich ging zum College, weil es das war, was die Kinder in meiner Familie taten. Ich machte meinen Abschluß in Chemie, vermutlich weil meine Eltern beide Chemiker sind. Dann wechselte ich zu Geologie, was mein Freund studierte. Nach dem College kam ich nach Hause und wechselte von einem Job zum anderen. Ich war nicht mehr mit meinem Freund zusammen, also konnte ich ihm auch nicht länger nacheifern. Ich fühle mich wie ein totaler Versager, weil ich nicht das war, was jeder von mir wollte, obwohl ich sowieso nie ganz sicher wußte, was das war. Ich versuche jetzt erst mit 23 Jahren herauszufinden, was ich mit meinem Leben tun will, und das ist wirklich schwierig. Ich ertappe mich dabei, eine Menge Leute zu fragen, was sie glauben, daß ich tun soll. Ich habe nie Übung darin gehabt, meine eigenen Entscheidungen zu treffen. Es ist nicht so, daß meine Eltern mich unterdrückt hätten, sie waren nur immer in der Lage, mir auf subtile Art zu sagen, daß das, was ich vorgeschlagen habe, nicht das ist, was sie wollten. Zum Beispiel fragten sie dauernd: ‚Bist du sicher, daß es das ist, was du tun willst?'''

Jills Eltern fragten so lange weiter, bis sie, voll von Zweifeln, ihre Entscheidung revidierte. Dieses Muster folgte fast allen Entscheidungen, angefangen von „Ich glaube, ich möchte zurück zur Schule, um einen Abschluß zu machen," bis hin zu „Ich hätte wirklich gern ein Kätzchen." Nach einigen Monaten Beratung gelang es Jill, entgegen vieler Widerstände, aus der Wohnung der Familie auszuziehen und ein eigenes Appartment zu mieten. Um sich selbst dabei zu helfen, über einige Ziele in ihrem Leben zu entscheiden, nahm sie eine Reihe von Teilzeitjobs an, die ihr zu Erfahrungen in sie interessierenden Bereichen verhalfen. Sie schrieb sich auch in zwei Graduierten-Kursen ein, was ihr das Vertrauen gab, die Abschlußarbeiten bewältigen zu können und dadurch erfüllte sie auch die erforderlichen Zulassungsvoraussetzungen für eines der Fachgebiete, die sie interessierten. Zusammen untersuchten die Patientin und der Berater Abschlußprogramme, die Jills Bedürfnissen entsprachen. Jill wählte eines aus, das in einer Stadt angeboten wurde, in der sich einige ihrer Collegefreunde niedergelassen hatten. Sie bewarb sich und wurde angenommen. Sie bat darum, daß der Berater anwesend war, als sie es ihrer Mutter sagte. Eine gemeiname Sitzung wurde arrangiert.

Bei der gemeinsamen Beratungssitzung mit ihrer Mutter, wurde das Szenario voll ausgespielt. Jill informierte ihre Mutter über ihre Entscheidung. Die Reaktion der Mutter war typisch. Sie fragte Jill wiederholt, ob sie sicher sei. Wenn Jill ihr versicherte, daß sie viel darüber nachgedacht hatte, begann die Mutter ihr die verschiedenen Möglichkeiten aufzuzeigen, wie es schiefgehen könnte, einschließlich der Tatsache, daß „Wenn du in einem anderen Staat bist, gibt es für deinen Vater und mich keine Möglichkeit, wie wir dir aus der Patsche helfen können, wenn du in Schwierigkeiten geraten bist." Als dies kein Schwanken in ihrer Entscheidung herbeiführte, begann die Mutter damit, Jill an alle Dinge zu erinnern, bei denen sie in der Vergangenheit „versagt" hatte, und wie viele Male sie schon ihren Vater enttäuscht hatte. (Der Vater war bei der Sitzung nicht anwesend.) Dieser letzte Angriff führte dazu, daß die Patientin weinte und verwirrt war, aber sie hielt an ihrer Entscheidung fest. Während der gesamten Sitzung hatte sie häufigen Blickkontakt zum Therapeuten, um sich Rückversicherung zu holen. Der Therapeut mußte mehrmals in der Sitzung eingreifen, um die Patientin zu unterstützen. Der Mutter wurde gesagt, daß ihre Aussagen zeigen, daß sie „ehrlich besorgt um ihre Tochter sei, aber nicht berücksichtige, wie erwachsen die Tochter schon ist". Der Mutter wurde versichert, daß Jill das College besucht und mit Professoren ihres gewählten Fachgebiets gesprochen habe. Diese hatten ihre Aufzeichnungen gelesen und sie ermutigt, sich zu bewerben. Jill hatte sogar überprüft, ob Therapiegruppen vorhanden seien, die ihr bei ihrer Bulimie weiterhelfen könnten. Die Rückversicherung tröstete die Mutter wenig, die sich darauf beschränkte, alle ihre vorherigen Aussagen darüber zu wiederholen, warum Jills Entscheidungen nicht funktionieren würden. Sie fuhr fort mit ihren Versuchen, die Kontrolle über das Leben ihrer Tochter wiederzugewinnen, in den wenigen Wochen, die noch blieben, bevor Jill wegging. Sie fand sich allmählich damit ab, daß Jill wegging, ließ sie aber wissen, „sie könne immer heimkommen, wenn sie versagte."

Wie kann der Therapeut die Patientin lehren, Entscheidungen zu treffen?

Wenn der Therapeut dabei hilft, Fertigkeiten zu entwickeln, wie Entscheidungen getroffen werden, muß er sich des starken Bedürfnisses der Patientin, die „richtige" Entscheidung zu treffen, bewußt sein. Sogar wegen kleiner Entscheidungen kann sie sich quälen oder sie wird Entscheidungen vollkommen vermeiden. Der Therapeut wird betonen müssen, daß „Sich zu entscheiden, sich nicht zu entscheiden, selbst schon eine Entscheidung ist." Er/sie kann darauf hinweisen, daß Entscheidungen selten in „Zement gegossen werden" und daß kleine Entscheidungen oft geändert werden dürfen, wobei dabei wenig zu verlieren ist, außer Zeit. Der Therapeut wird darauf hinweisen, daß man aus jeder Entscheidung lernt, ungeachtet ihres Resultats. Zum Beispiel, als sich Jill Kurse aussuchte, die ihr bei der Auswahl einer Berufslaufbahn helfen sollten, stellte sie fest, daß sie wertvolle Informationen erhielt, als sie Bereiche in Betracht zog, von denen sie glaubte, daß sie sie interessierten, auch wenn sie nach näherer Betrachtung entdeckte, daß sie dieses Fachgebiet haßte. Durch die Entscheidung, welche Kurse sie belegen sollte, erhielt sie wertvolle Informationen, die erforderlich waren, um die größere Entscheidung über ihre Berufslaufbahn zu treffen.

Manchmal wird die Entscheidung erleichtert, indem man in Betracht zieht „Was ist das Schlimmste, was kann passieren, wenn es nicht funktioniert?" und „Was geschieht, wenn du überhaupt keine Entscheidung triffst?" Oft sorgt sich die Person am meisten darüber, wie ein Narr auzusehen oder zu versagen. So wurde wahrscheinlich in ihrer Familie auf „falsche" Entscheidungen reagiert, als sie noch ein Kind war. Sie braucht vielleicht Hilfe dabei, sich klar zu machen, daß sie nun erwachsen ist und sich nicht länger nach der familiären Definition einer „richtigen" Entscheidung richten muß. Standardtechniken, wie das Niederschreiben und Werten von Alternativen, sollten vorgestellt werden. Oft versucht die Person den Prozeß vollkommen in ihrem Kopf abzuwickeln, was zu Grübelei und Angst führen kann.

Einen anderen Faktor, der zur Unfähigkeit, Entscheidungen zu treffen beiträgt, könnte man als „Krüppel-Mentalität" bezeichnen. Frauen, die eine Bulimie haben, versagen sich viele Chancen, weil sie das Gefühl haben, „Ich kann dies nicht tun, weil ich bulimisch bin." Der Berater muß diese Schlußfolgerungen angehen und betonen, daß sie sich besser fühlen wird, bevor die Bulimie aufhört. Zum Beispiel im Fall Jill, der zuvor erwähnt wurde, waren ihre Entscheidungen ein eigenes Appartment zu finden, Abschlußkurse zu belegen, Jobs zu wechseln und vielleicht ihren Magistertitel zu erreichen, positive Schritte in Richtung auf die Genesung von der Eßstörung. Bei der Annäherung an jede Entscheidung nahmen die Freßanfälle und das Abführen anfänglich zu, als das Angstniveau stieg. Die Angst vor dem Versagen führte dazu, daß sie Entscheidungen fast gänzlich vermied. Das Treffen von Entscheidungen mußte mit kleinen Angelegenheiten von geringer Bedeutung beginnen. Diese kleinen Entscheidungen waren notwendig, weil sie wenig bedrohlich waren und Jill halfen, Vertrauen aufzubauen. Jedesmal nachdem sie eine Entscheidung getroffen hatte, fühlte sie sich ermutigt und war stolz auf sich selbst. Der Drang zu essen und abzuführen reduzierte sich deutlich, und das Gefühl, wirklich Kontrolle über ihr eigenes Leben zu haben, entwickelte sich.

Sie war nicht vollkommen frei von der Bulimie, als sie die Stadt verließ, sie hatte aber beträchtliche Fortschritte in ihrer Genesung gemcht. Ihr Gefühl der Ziellosigkeit, und deshalb auch der Wertlosigkeit, hatte sich verringert und wurde ersetzt durch neues Vertrauen und dem Gefühl, etwas Sinnvolles zu tun.

Manchmal merkt der Therapeut vielleicht, daß die Patientin einen Nutzen daraus zieht, weiterhin „falsche" Entscheidungen zu treffen. In Jills Fall, zum Beispiel, machte ihre Mutter unverblümte Aussagen darüber, daß ihre Sorgen durch Jill's Bedürfnis, von ihr Hilfe zu bekommen, bedingt waren. Obwohl die Klientin auf intellektueller Ebene der Wichtigkeit von unabhängigem Denken zustimmen mag, kann ein emotionales Bedürfnis, abhängig zu bleiben, bestehen. Auch der unausgesprochene Gedanke „Wenn ich inkompetent bleibe, erwartet niemand etwas von mir" kann mit dem Treffen von Entscheidungen interferieren.

In einer der letzten Beratungssitzungen bevor Jill wegen ihrer Ausbildung wegzog, bat der Therapeut sie darum, sie solle alle Möglichkeiten auflisten, wie sie ihren Erfolg in der Schule sabotieren könne, wenn sie sich entscheiden sollte, dies zu tun (die Betonung liegt natürlich darauf, daß es eine Entscheidung ist). Sie listete Möglichkeiten auf wie „Ich könnte sehr einsam sein und wirklich darüber grübeln, wie sehr ich meine Familie und meine Freunde vermisse." „Ich könnte depressiv werden und damit aufhören, die Kurse zu besuchen." „Ich könnte so viel Angst vor dem Versagen haben, daß ich es vermeiden könnte, Ideen für meine Dissertation zu formulieren." Der Therapeut half ihr dabei, für jede dieser Aussagen einen Weg zu entwickeln, wie sie sich selbst dabei helfen könnte, diese Möglichkeit zu vermeiden. Die Liste wurde für sie aufgeschrieben, damit sie sie mitnehmen konnte.

Wie hilft das Tagebuchführen?

Patientinnen mit einer Bulimie haben Schwierigkeiten damit, etwas zuzugeben, was sie gut gemacht haben oder weswegen sie sich gut gefühlt haben. Der Berater muß betonen, wie wichtig es ist, zu entdecken, was sie richtig machen, bei welchen Tätigkeiten nach dem Handeln ein positives Gefühl entsteht, und was sie depressiv macht.

Indem die Ereignisse und Gefühle des Tages aufgeschrieben werden, beginnt die Patientin vielleicht, wiederholt vorkommende Verhaltensweisen zu unterscheiden, die sie traurig machen. Zum Beispiel bemerkte Laura, daß sie sich depressiv fühlte, wenn immer sie im Kleiderschrank nachschaute und sich fragte, was sie tragen solle. Viele ihrer Kleider waren noch aus einer Zeit, als sie eine lange Krankheit hatte, und ihr Gewicht deshalb neun Kilo unter ihrem momentanen, gesunden Gewicht lag. Einige Male in der Woche probierte sie Kleider an, von denen sie wußte, daß sie ihr nicht passen würden und fühlte sich dann depressiv. Laura entschloß, völlig selbständig, daß sie einen Garagenverkauf abhalten und alles loswerden würde, was ihr nicht paßte. Dieses Thema bot auch die Gelegenheit ihr „magisches Denken" zu diskutieren, daß „Sobald ich abnehme und diese Kleider wieder tragen kann, wird alles wunderbar sein und ich werde keine Bulimie mehr haben."

Das Tagebuch kann auch nützlich sein, indem es die Patientin an Dinge erinnert, die ihr in der Vergangenheit geholfen haben. Rückschläge treten üblicherweise im Verlauf der Therapie auf. Es kann sehr hilfreich sein, wenn man in der Lage ist, zurückzugehen und nachzulesen, wie man sich das letzte Mal, als man sich schlecht gefühlt hat, geholfen hat.

Kann Selbstsicherheitstraining helfen?

Bulimische Patientinnen tun oft sehr viel dafür, damit sie gemocht und geschätzt werden. Sie haben wenig Erfahrung damit, um das zu bitten, was sie wollen oder brauchen. Sie können innerlich brodeln, wenn jemand sie übervorteilt, aber sie werden sich kaum darüber beklagen. Standardprinzipien des Selbstsicherheitstrainings können sehr hilfreich sein. Es ist wichtig der Patientin zu helfen, zwischen bestimmtem und aggressivem Verhalten zu unterscheiden. Die Hauptbotschaft ist, „Du bist eine wertvolle Person, es ist angemessen, wenn du darum bittest, daß deine Bedürfnisse erfüllt werden. Du mußt andere nicht ständig besänftigen, um gemocht zu werden." Zu diesem Thema sind viele Bücher erhältlich. Zwei, die helfen können, heißen „Why do I feel guilty when I say No?" (Warum fühle ich mich schuldig, wenn ich nein sage?) von Manuel Smith und „Your Perfect Right" (Dein perfektes Recht) von Alberti und Emmons.

Ist es zu empfehlen, mit Freunden zu reden?

Bulimische Frauen haben oft Schwierigkeiten, sich eine verbreitete Bewältigungsmöglichkeit, nämlich mit einem Freund zu
sprechen oder ihn anzurufen, zunutze zu machen. Weil sie ihre
Eßgewohnheit „abscheulich" finden, fürchten sie oft die Ablehnung anderer, falls dies bekannt würde. Diese Furcht wurde
von einer Patientin so ausgedrückt „Wenn ich jemanden wirklich
kennenzulernen beginne, dann ziehe ich mich zurück. Ich habe
Angst, daß sie mein Geheimnis herausfinden und denken ich sei
verrückt oder abscheulich."
   Obwohl viele Patientinnen sich selbst als jemanden beschreiben, der viele Freunde hat, zeigt die nähere Betrachtung, daß
einige Leute ihnen ihre Probleme erzählen und Unterstützung
von ihnen möchten, daß sie selbst jedoch selten, wenn überhaupt,
Anteilnahme beanspruchen. Weil sie keine Informationen über
sich selbst mitteilen können, wenden sich häufig Personen, die
sich mit ihnen anfreunden wollen ab und denken, „Ich lerne sie
nie richtig kennen." Diejenigen, die bleiben, sind häufig ab-
hängige Personen, die einen Vorteil aus dem Bedürfnis der
Patientinnen ziehen, Anerkennung dadurch zu bekommen, daß
sie anderen etwas geben. Das Resultat ist, daß die Frauen das
Gefühl bekommen „Freunde sind Leute, die dich übervorteilen."
Sie verzichten vielleicht völlig darauf, Freunde zu haben. Sie
fühlen sich deswegen isoliert und können sehr einsam sein.
   Der Therapeut kann der Patientin helfen, ihre Gefühle gegenüber verschiedenen Freunden und deren Persönlichkeit, so wie
die Patientin sie sieht, zu explorieren. Sie kann erforschen, wem
sie was über sich selbst mitteilen möchte. Der Therapeut wird
ihr helfen zu lernen, wie man sich mitteilt und zu erkennen,
welchen Nutzen man daraus ziehen kann. Mit Freunden zu reden
erfordert Selbstsicherheit, daher mag es eine Vorbedingung sein,
Techniken zu lernen, die Selbstsicherheit vermitteln. Eine der
besten Möglichkeiten, diese Form der Interaktion zu lernen, ist
die Gruppentherapie mit anderen bulimischen Frauen.

Kapitel 9

Körperliche Betätigung:
Eine Komponente der Behandlung

Innerhalb des Behandlungsprogramms dient körperliche Betätigung zwei Zielen: erstens als Möglichkeit, den Patientinnen dabei zu helfen, mit Streß umzugehen und zweitens, als Hilfe bei der Gewichtskontrolle. Wir ermutigen viele unserer Patientinnen ungeachtet ihrer anderen Probleme dazu, mit einem Trainingsprogramm zu beginnen, wenn Streß und Anspannung aufkommen, und sie körperlich dazu in der Lage sind. Wir haben festgestellt, daß körperliche Betätigung ein einfaches und effektives Mittel der Streßreduktion ist. Streß kann sowohl anhaltend und chronisch sein, wenn man zum Beispiel einen fordernden Chef hat, oder auch situationsbedingt, wie bei einer Auseinandersetzung mit dem Ehepartner. Wir haben beobachtet, daß ein regelmäßiges Trainingsprogramm — neben der Erholung und der Senkung des Anspannungsniveaus — dabei hilft, Depressionen zu lindern.

Wieviel Training wird empfohlen?

Es ist für Patientinnen schwierig ein regelmäßiges Trainingsprogramm durchzuhalten, besonders wenn sie gerade erst damit anfangen. Unglücklicherweise hören viele Leute aus einer Vielzahl von Gründen mit dem Training auf. Wenn die Patientin ermutigt werden kann, sechs Monate lang ein Trainingsprogramm durchzuhalten, ist es wahrscheinlich, daß das Training zu ihrem Tagesablauf gehören wird. Das bedeutet, daß der Therapeut ihr beim Suchen von für sie erfreulichen Beschäftigungsmöglichkeiten helfen (zumindest in einem gewissen Ausmaß) und in ihren Tagesablaufplan einfügen kann, und daß er sie nicht immer zu etwas antreiben muß. Wir empfehlen, daß das Training, für das sie sich entschieden hat, mindestens dreimal in der Woche für 20 Minuten durchgeführt werden sollte. Man kann der Patientin sagen, daß es sogar besser wäre, fünfmal in der Woche zu trainieren.

Welche Art von körperlicher Betätigung ist empfehlenswert?

Aktivitäten, die wir als Möglichkeiten vorschlagen, sind
1. ein schneller Spaziergang,
2. Jogging,
3. Schwimmen,
4. Radfahren,
5. Aerobic-Tanz oder
6. ein Sport wie Tennis oder Handball.

In das Trainingsprogramm sollten Aufwärm- und Stretching-übungen eingebaut sein, um der Patientin zu helfen, gelenkig zu bleiben und Verletzungen durch die anstrengenderen Übungen zu vermeiden.

Hilft körperliche Betätigung bei der Gewichtskontrolle?

Während wir von der Effektivität körperlicher Betätigung als Technik der Streß- und Depressionsbekämpfung überzeugt sind, stellt uns der Einsatz von körperlicher Betätigung als Hilfe bei der Gewichtsabnahme vor ein anderes Problem. Wie wir in diesem Buch betont haben, ist eine sehr restriktive Diät für Leute, die sich über ihr vermeintliches Übergewicht Sorgen machen, kein permanenter und gesunder Weg abzunehmen. Dies führt natürlich zu der Frage, was eine Person, die sich Sorgen um ihr Gewicht macht, abgesehen von der Reorientierung ihrer Einstellung im Hinblick auf ein angemessenes Gewicht, noch tun kann. Wir kennen nichts, das Leuten helfen könnte, den unrealistischen Maßstäben der Gesellschaft, die in den Medien präsentiert werden, zu entsprechen. Ein angemessenes Trainings-programm jedoch birgt für viele übergewichtige und normalge-wichtige Personen, die gerne weniger wiegen würden, eine gewisse Hoffnung. Ein Trainingsprogramm funktioniert natürlich nur in dem Ausmaß, wie es mit dem biologischen Potential der betreffenden Person im Einklang steht. Es gibt Hinweise dafür, daß körperliche Betätigung, wenn sie klug eingesetzt wird, in einem gewissen Maß den Set-point des Körpers wiederherstellen kann.

Die Menge an Körperfett einer Person ungeachtet ihres Geschlechts oder ihres Alters, wird signifikant durch ein vorgeschriebenes Trainingsprogramm beeinflußt. Leute, die mit dem Training aufhören, oder ihre körperliche Aktivität reduzieren, stellen fest, daß ihr Körperfett zunimmt, auch wenn sie ihre Nahrungsmenge reduzieren. Miller und Sims (1981) stellten fest, daß körperliche Betätigung den Patienten ihres Programms, die viel abgenommen hatten, dabei half, ihr Gewicht unten zu halten. Brownell (1982) gab fünf Gründe an, warum körperliche Betätigung eine wichtige Hilfe beim Abnehmen darstellt:

1. der Energieverbrauch wird gesteigert,
2. die schädlichen Auswirkungen von Adipositas werden bekämpft,
3. der Appetit wird gesenkt,
4. der Grundumsatz wird erhöht und
5. die Abnahme der mageren Zellmasse wird minimiert.

Brownells Schlußfolgerungen werden durch eine Vielzahl von Untersuchungen über die Auswirkungen von körperlicher Betätigung auf das Körpergewicht unterstützt. Thompson, Jarvie, Lahey und Cureton (1982) zitieren zum Beispiel Untersuchungen, die zeigen, daß körperliche Betätigung ein Ansteigen des Grundumsatzes verursacht, der die eigentliche Dauer des Trainings übersteigt. Das heißt, die Person verbraucht nicht nur während des Trainings Energie, seine/ihre metabolische Rate bleibt auch noch 48 Stunden nach anstrengender körperlicher Betätigung ungefähr 10% über der Basalrate. Die Menge der mageren Körpermasse ist ein Faktor, der eine Beziehung herstellt zwischen dem Grundumsatz und dem Energieverbrauch einer Person. Ein regelmäßiges Trainingsprogramm kann die magere Körpermasse einer Person erhöhen. Dies ist für die Gewichtsreduktion deshalb wichtig, weil die magere Körpermasse annähernd dreimal mehr metabolisch aktiv ist als Fettzellen (Thompson, et al., 1982).

Das praktischste und wirkungsvollste Vorgehen, um aus dieser Tatsache einen Vorteil zu ziehen, ist ein Programm mit mittelmäßig anstrengender körperlicher Betätigung, das 15 bis 20 Minuten lang 4 bis 5 Mal in der Woche durchgeführt wird (Sharkey, 1975). Sharkey stellte fest, daß dieses Aktivitätsprogramm nicht nur eine beträchtliche Energie verbrauchte, sondern auch die Nahrungsaufnahme signifikant reduzierte. Wenn das Ausmaß an Training auf zwei Stunden am Tag gesteigert wird, steigt die Nahrungsaufnahme der Person auf ein Niveau, das zu der Zeit vorlag, als die Person eine sitzende Tätigkeit ausübte. Bei noch längeren Trainingsperioden (2 bis 6 Stunden) steigt die Nahrungsaufnahme auf ein Niveau, das das Gewicht konstant hält. Die Auswirkungen von körperlicher Betätigung und ihre Grenzen müssen bei Patientinnen mit einer Bulimie wieder und wieder betont werden, weil viele von ihnen zu glauben scheinen, wenn wenig gut ist, ist viel sogar noch besser. In ihrem Streben nach Perfektion, treiben sie sich an und wenn niemand ihr Verhalten überwacht, könnten sie so viel trainieren, daß sie ihren eigenen Interessen zuwiderhandeln.

Thompson et al. (1982) faßten die Auswirkungen körperlicher Betätigung wie folgt zusammen:

1. Adipöse Personen, die trainierten, nahmen signifikant mehr ab als nicht-trainierende Adipöse und trainierende oder nicht-trainierende Kontrollgruppen.
2. Es wurde eine höhere Gewichtsabnahme bei denjenigen gefunden, die 4 bis 5 Mal in der Woche trainierten im Vergleich zu denen, die weniger häufig trainierten.
3. Es bestanden signifikante Differenzen in der Fettabnahme zwischen trainierenden und Kontrollgruppen. Übergewichtige Personen verloren signifikant mehr Fett als dünne Personen.

Wardle und Beinart (1981) stimmten mit den vorangehenden Aussagen überein und fügten hinzu, daß körperliche Betätigung zu einer ebenso großen Gewichtsabnahme führt wie Diäthalten, und daß eine Kombination dieser beiden Faktoren sogar noch effektiver ist. Diese beiden Autoren warnen davor, bei einer Person, die eine lange Zeit Freßanfälle hatte, eine Diät einzuplanen, vermuten aber, daß eine Veränderung des Eßmusters stattfinden kann, ohne daß zusätzliche Probleme verursacht werden.

Mayer, Roy und Mitra (1956) stellten fest, daß körperliche Betätigung auch das Ausmaß an Energie ändert, das bei der Nahrungsaufnahme und der Verdauung verbraucht wird. Das heißt, zusätzlich zur Erhöhung des Grundumsatzes durch das Training, tritt auch eine Steigerung des Stoffwechsels nach dem Essen ein. Dies wird als thermischer Effekt bezeichnet. Bei normalgewichtigen Personen erhöht Training die thermische Reaktion auf Nahrung um 17%. Bei adipösen Personen treten nach dem Training keine ähnlichen Effekte auf. Dies läßt vermuten, daß adipöse Personen nicht nur einen niedrigeren Grundumsatz haben, sondern auch eine geringere trainings-induzierte thermische Reaktion zeigen. Der Leser sollte sich erinnern, daß bei normalgewichtigen Personen diese Reaktion auf körperliche Betätigung vorhanden ist und daß, trotz gegen-teiliger Ansicht, auch Frauen mit einer Bulimie, die sich für stark übergewichtig halten, oft gut innerhalb der Grenzen des Normal-gewichts für ihre Größe liegen.

Was spricht für körperliche Betätigung bei bulimischen Frauen?

Wir gehen davon aus, daß körperliche Betätigung bei Patien-tinnen mit einer Bulimie vorsichtig eingesetzt werden muß. Der Therapeut muß sich des Perfektionismus der Patientin und ihrer Tendenz, Verhalten zu ritualisieren, bewußt sein. Eine Patientin, Sally, die eine Leistungssportlerin war, entschied sich so: „Ich muß mindestens 20 Minuten am Tag trainieren." Es wurden keine Ausnahmen erlaubt, und wenn die Umstände sie daran hinderten an einem Tag zu trainieren, hatte sie „versagt". Dieses „Versagen" führte zu einer Reihe von selbstabwertenden Ge-danken, die von einem Freßanfall gefolgt wurden und lösten sich auf in dem Gedanken „Versuch es von nun an stärker". Eines Tages, kündigte sie an, daß sie sich für einen Triathlon-Wettbewerb angemeldet hätte. Dies beinhaltete ein Rennen, das sich aus einer Kombination von Laufen, Kanufahren und Radfahren über insgesamt 100 Meilen zusammensetzte. Sie hatte all ihren Freunden davon erzählt, daß sie sich angemeldet hatte. Dies war verbunden mit der Erwartung, daß dieser Druck sie veranlassen würde, ihre Trainingsaktivitäten aufrechtzuerhalten, um die Beschämung, wenn sie allen sagen müßte, daß sie aufgegeben habe, zu vermeiden. Sie hatte Schwierigkeiten zu-zugeben, daß sie sich in eine selbstzerstörerische Bindung bege-ben hatte.

Bei diesen Patientinnen ist auch eine Tendenz, einen Wett-bewerb mit sich selbst zu beginnen, vorhanden. Wenn sie am Tag zwei Meilen laufen und sich selbst zu zweieinhalb Meilen antreiben, dann wird zweieinhalb Meilen der Standard und zwei

Meilen sind nie mehr gut genug. Eine Patientin, Laura, maß ihre sportliche Kondition, indem sie ihren Ruhepuls nahm. Mit den Fortschritten in ihrem Training, nahm die Pulsrate ab. Sie nahm jeden Morgen den Puls und ihr Tag war ruiniert, wenn der Puls höher war als die niedrigste vorherige Ablesung. Sie war sehr glücklich, wenn sie eine neue niedrige Ablesung vorgenommen hatte, schien sich aber nicht darüber bewußt zu sein, daß es eine physiologische Grenze gibt, wie tief der Puls sinken kann. Der einzige Weg, wie sie diesen Wettbewerb gewinnen könnte, wäre, daß ihr Herz vollkommen zu schlagen aufhört.

Trotz dieser Nachteile kann körperliche Betätigung eingesetzt werden, um diesen Patientinnen zu helfen. Es muß betont werden, daß sie sich mäßigen müssen und sowohl die Patientin als auch der Therapeut müssen die Neigung der Patientin, mit sich selbst in einen Wettbewerb zu treten, überwachen. Flexibilität beim Einteilen des Trainings ist wichtig, die Patientin hat jedoch die Tendenz, den Planungsaspekt zu beachten und die Flexibilität, die so wichtig ist, zu vernachlässigen. Dreimal in der Woche ist gut, fünfmal kann besser sein, wenn sie aber noch mehr trainiert, bringt dies keinen bedeutenden Nutzen. Um den größten Nutzen zu erzielen, sollten die Trainingsphasen über die Woche verteilt sein und nicht alle am Wochenende eingeplant werden. Die Glaubwürdigkeit des Therapeuten wird bestärkt, wenn er/sie praktiziert, was er/sie empfiehlt. Die Patientin wird den Therapeuten oft fragen, ob er/sie trainiert. Der Therapeut muß sich mit Wanderwegen, Turnhallen und Schwimmbädern in der Gegend auskennen. Jede Information, die der Therapeut anbieten kann, um den Start leichter zu machen, macht es wahrscheinlicher, daß die Patientin sich körperlich betätigt.

Zusammenfassung

Einige abschließende Gedanken zum Einsatz von körperlicher Betätigung bei Patientinnen mit einer Bulimie:

1. Katch und McArdle (1977) vermuten, daß ein Trainingsprogramm, das vor der jugendlichen Wachstumsperiode begonnen wird, bei der Prävention der Entstehung von Fettzellen helfen kann.

2. Auch wenn Leute gute Gründe haben, in einem Trainingsprogramm zu bleiben, hören ungefähr 50% auf. Der Therapeut

muß sich der Schwierigkeit der Patientin, in einem Trainingsprogramm zu bleiben, bewußt sein. Es ist eine Heraus-
forderung, ein akzeptabeles und sinnvolles Trainingsprogramm zu erstellen und der Patientin zu helfen, Möglichkeiten
zu finden, wie sie dieses Programm beibehalten kann.

3. Es genügt nicht, die Patientin zu bitten, daß sie trainiert. Die
Patientinnen brauchen wahrscheinlich detaillierte Instruk-
tionen, wie sie bestimmte Aktivitäten durchführen sollen.
Diese Informationen sollten vermutlich sowohl schriftlich als
auch mündlich gegeben werden, und wenn möglich durch
Demonstration (Thompson, et al., 1982).

4. Wenn er mit bulimischen Personen arbeitet, sollte sich der
Therapeut unsere vorherige Warnung merken, daß diese
Frauen, mehr als andere Patienten, aufgrund ihrer Tendenz,
perfekt zu sein, einer Überwachung ihrer Aktivitäten be-
dürfen. Dieser Perfektionismus kann zu einer Entmutigung
der Patientin führen, wenn die Dinge nicht so funktionieren,
wie sie möchte und kann eine Intensivierung des bulimischen
Verhaltens nach sich ziehen.

Kapitel 10

Die Gruppentherapie

Die Gruppentherapie kann für Frauen mit einer Bulimie äußerst hilfreich sein. Die Gruppentherapie ist kein Ersatz für Einzeltherapie, kann aber die Arbeit in den Einzelsitzungen fördern oder erweitern. Sie kann parallel zur Einzeltherapie eingesetzt, zusätzlich durchgeführt werden, wenn die Patientin durch die Einzeltherapie darauf vorbereitet worden ist, oder die einzige Behandlungskomponente sein, wenn die Einzelarbeit ausgeschlossen wird. Die Gruppe kann ein wertvolles Unterstützungssystem bieten, sowie ein Ort sein, an dem man Probleme mit anderen Betroffenen diskutieren kann. Die Patientin mit einer Bulimie verhält sich oft so, als würde sie ein Stigma tragen, mit anderen Worten, sie würde von anderen abgelehnt, wenn diese über ihr Geheimnis wüßten. Dieses unglückliche Gefühl, stigmatisiert zu sein, teilt sie mit anderen Gruppen unserer Gesellschaft, wie z. B. den Homosexuellen, den Herpesbefallenen und ehemaligen Patienten einer Nervenklinik. Weil alle Mitglieder der Gruppe eine Bulimie haben, besteht keine Notwendigkeit, das „Geheimnis" ihres Eßverhaltens zu bewahren. Die Gruppenmitglieder drücken dieses Gefühl oft folgendermaßen aus: „Dies ist der einzige Platz, wo ich hingehen und wirklich ich selbst sein kann." Zunächst betrachten wir die Faktoren, die berücksichtigt werden müssen, um eine Therapie- oder Selbsthilfegruppe für Frauen mit einer Bulimie zu gründen. Im Anschluß daran werden die Gruppeninteraktionen besprochen, um dem Leser ein Bild zu vermitteln, welche Themen in der Gruppe behandelt werden.

Wer ist qualifiziert, eine Gruppentherapie zu leiten?

Die Therapiesitzungen sollten von einem Therapeuten geleitet werden, der eine Ausbildung hat, die es ihm ermöglicht, Grup-

penprozesse zu verstehen und zu fördern. Obwohl auch Selbst-
hilfegruppen, die von Laien geleitet werden, einige Aspekte der
Unterstützung und Gemeinschaftlichkeit gewährleisten können,
haben sie möglicherweise gravierende Nachteile. Ohne eine
gewisse Führung, kann in diesen Gruppen die Tendenz bestehen,
bei überflüssigen Diskussionen über Eßverhalten zu verharren.
Dies schafft wenig Abhilfe im Bezug auf die zugrundeliegenden
emotionalen Probleme, die so dringend angesprochen werden
müssen. Wenn Erfahrungen von hoch-emotionalem Charakter
enthüllt werden, wie Kindsmißbrauch, Inzest oder sexuelle
Themen, haben der Laientherapeut und die anderen Gruppenmitglieder vielleicht nicht die adäquaten Fertigkeiten, um der
Frau zu helfen, für einige von ihr gezeigten Gefühle eine Lösung
zu erarbeiten. Dies ist besonders dann schwierig, wenn der
Laientherapeut eine Frau ist, die gerade selbst von der Bulimie
genesen ist, aber immer noch mit einigen der gleichen Themen
zu kämpfen hat. Das Risiko einzugehen, diese Themen zu
enthüllen und sie dann ohne eine Lösung des Problems wieder
fallenzulassen, kann sich auf die Patientin, die diese Gefühle
enthüllt hat, sowie auf die anderen Gruppenmitglieder zerstöre-
risch auswirken.

Die Auswahl der Gruppenmitglieder

Derjenige, der die Gruppe gründet, sollte alle potentiellen
Gruppenmitglieder in einer Einzelsitzung auswählen, bevor er
sie zur Gruppe zuläßt.

Werden Frauen mit Anorexie zur Gruppe zugelassen?

Frauen mit aktiven Symptomen einer Anorexie sollten aus der
Gruppe ausgeschlossen und in Einzelsitzungen betreut werden.
Der Hauptgrund für diesen Ausschluß ist das Konkurrenzver-
halten, das von Frauen mit Anorexie gezeigt wird. Die Ausein-
andersetzung mit einer Person, die als dünner als man selbst
wahrgenommmen wird, führt oft zu einem intensiven Wunsch,
Diät zu halten. Dies kann zu einem Wettbewerb nach dem Motto
„Mein niedrigstes Gewicht ist niedriger als dein niedrigstes
Gewicht" führen, der katastrophal sein kann. Einer der beiden

Autoren machte in der Tat diese Erfahrung, als sich zwei Patientinnen mit Anorexie im Wartezimmer trafen. Sie verbrachten einige unangenehme Momente damit, sich gegenseitig zu betrachten, und als sie sich trennten, schwörte sich jede von ihnen, ihre Nahrungsaufnahme in Zukunft noch strenger einzuschränken. Eine der Frauen sagte, „Als ich sah, wie dünn sie war, dünner als ich, war ich so eifersüchtig. Ich wußte, du machst dir vermutlich mehr Sorgen um sie als um mich. Ich war zornig und depressiv und ging heim, entschlossen, eine noch strengere Diät einzuhalten."

Wird Vertraulichkeit während des Auswahlverfahrens diskutiert?

In der Screening-Sitzung müssen einige Themen mit dem potentiellen Mitglied besprochen werden. Ein wichtiger Punkt ist, daß nichts, was in der Gruppe gesagt wird, nach außen getragen werden soll. Diese Regel der Vertraulichkeit richtet sich an eine der Hauptsorgen des neuen Mitglieds. „Was passiert, wenn ich in der Gruppe jemanden treffe, den ich kenne?" Viele Patientinnen haben die Angst, daß Informationen über ihre Bulimie irgendwie an ihre Chefs, Freunde und Bekannten weitergegeben werden, wo sie doch so hart daran gearbeitet haben, diese zu täuschen. Sie antizipieren, daß man in einer beschämenden und verunglimpfenden Art und Weise über sie reden wird. Der Therapeut wird darauf hinweisen, „Auch wenn du jemanden aus der Gruppe kennst, sie wird genauso besorgt sein wie du, die Vertraulichkeit zu wahren. Diese Frauen werden dein Bedürfnis, Informationen in der Gruppe zu lassen, vollkommen verstehen."

Sind Frauen, die nicht abführen, zur Gruppe zugelassen?

Wenn potentielle Mitglieder befragt werden, wird dem Abführen keine besondere Bedeutung beigemessen. Einige Therapeuten und einige Patientinnen sorgen sich, daß diese Frauen die Praktiken von anderen Gruppenmitgliedern übernehmen. Dies scheint aus zwei Gründen nicht der Fall zu sein. Erstens, die meisten Frauen mit einer Bulimie, die nicht erbrechen, haben sich vermutlich schon damit beschäftigt und es auch versucht.

Der Würgreflex ist bei ihnen entweder schwer auszulösen, oder die Praktik ist so aversiv für sie, daß sie damit nicht fortfahren. Zweitens, wenn eine Frau, die nicht abführt, dieses Verhalten ausprobieren will, üben die anderen Gruppenmitglieder großen Druck auf sie aus, daß sie damit aufhören soll.

Ist die Verpflichtung, mehr als eine Sitzung zu besuchen, wichtig?

Wenn sich das Mitglied einer laufenden Therapiegruppe anschließt, muß sie dazu verpflichtet werden, mindestens drei Sitzungen zu besuchen, bevor sie sich dazu entschließt, die Gruppe zu verlassen. Wenn eine Person nur eine Sitzung besucht und dann ausfällt, stört dies die anderen Gruppenmitglieder. Die Person kann sich in nur einer Sitzung auch kein genaues Bild von der Gruppe machen. Manchmal ist die Gruppe sehr intensiv und ernst, und ein anderes Mal kann es viel Gelächter und Spaß geben. Wenn die erste Sitzung eines neuen Mitglieds sehr ernst ist, kann es sich durch die Intensität bedroht fühlen. Es muß im voraus die Erlaubnis erhalten, daß es nur in einem Ausmaß, bei dem es sich wohlfühlt, partizipieren soll. Einige Patienten sind schockiert, wenn in ihrer ersten Sitzung viele Witze gemacht werden, besonders wenn diese Witze sich auf bulimisches Verhalten beziehen. Eine Patientin drückte das Gefühl so aus, „Ich war schockiert zu hören, daß jeder lacht und Witze über das Essen macht. Ich war über diesen Teil von mir so beschämt, daß ich nicht wußte, wie ich reagieren sollte. In gewisser Weise war es eine Erleichterung, es nicht zu ernst zu nehmen, aber ich war nicht ganz sicher, wie ich reagieren sollte."

Wie ermutigt der Therapeut neue Mitglieder, sich der Gruppe anzuschließen?

Es kann oft helfen, wenn man die Ambivalenz, sich der Gruppe anzuschließen, direkt anspricht. Der Therapeut könnte sagen: „Ich weiß, daß Sie viele Zweifel haben, zu der Gruppe zu gehören. Fast alle Mitglieder der Gruppe haben berichtet, daß sie hundertmal umkehren wollten, als sie auf dem Weg zur ersten Sitzung waren. Ich glaube, die ersten paar Male müssen Sie mir einfach glauben, daß die Gruppe eine positve Erfahrung sein wird."

Es ist für die Gruppe, und oft auch für die Patientin ein leichterer Übergang, wenn mehrere neue Mitglieder sich gleichzeitig der Gruppe anschließen. Der Therapeut kann die Gruppenmitglieder so auswählen, daß zwei oder mehrere zusammen in die laufende Therapiegruppe eintreten. Die neuen Mitglieder können davon profitieren, was die Gruppe schon erreicht hat und die Gruppenmitglieder können sich die Ansätze der neuen Mitglieder zunutze machen.

Das Strukturieren der Gruppe

Welche Rolle hat der Gruppenleiter?

Es ist eine gute Idee, wenn der Therapeut zur Rolle des Gruppenleiters einige Erklärungen abgibt. Der Therapeut kann folgende Feststellung treffen „Es wird euch überraschen, daß ich in der Gruppe nicht viel sprechen werde. Das Hauptziel wird es sein, daß die Mitglieder sich einander mitteilen und einander helfen. Ich werde da sein und helfen, daß die Gruppe in ihrer Arbeit beim Thema bleibt. Wenn jemand über ein Thema redet, das für sie sehr emotional ist, werde ich ihr helfen das Thema zu explorieren, so daß sie nicht das Gefühl hat, nicht damit fertig geworden zu sein, wenn sie die Sitzung verläßt. Ich werde mich auch einschalten, um jemanden zu schützen, der von anderen Gruppenmitgliedern gedrängt wird, mehr von ihren Gefühlen preiszugeben, als für sie angenehm ist." Es tritt sehr selten auf, daß von anderen Gruppenmitgliedern Druck ausgeübt wird; die neu hinzukommenden Mitglieder sorgen sich jedoch oft deswegen.

Sind Einzelsitzungen mit Gruppensitzungen verflochten?

Der Therapeut ist gut beraten, wenn er ein System aufstellt, in dem die Gruppenmitglieder Einzelsitzungen nach Bedarf mit ihm arrangieren können, wenn sie nicht ohnehin in einer Einzeltherapie betreut werden. Dies kann man „Therapeut nach Bedarfs"-Plan nennen, bei dem eine Einzelsitzung nur nach Bedarf arrangiert wird. Es ist wichtig, daß die Patientin die Möglichkeit hat, den Therapeuten zwischen den Sitzungen zu sehen, weil in den Gruppensitzungen Themen mit intensivem emotionalen Einfluß aufkommen können. Obwohl die Person das Thema in der Gruppe aufgearbeitet hat, kann es nach einigen Tagen wieder auftauchen, was zu intensiven depressiven und zornigen Gefühlen führen kann. Man sollte die Patientin nicht mit dem Problem bis zur nächsten Sitzung kämpfen lassen, sondern sie zwischen den Sitzungen sehen. Dies scheint die Gruppe nicht ihrer Impulse und ihrer Kohäsion zu berauben, und wenn man die Möglichkeit einer schweren Depression in Betracht zieht, ist dies die Zeit des Therapeuten wohl wert.

Werden neue Mitglieder mit den Gruppenmitgliedern paarweise zusammengebracht?

Wenn einer Gruppe neue Mitglieder zugeteilt werden, ist es hilfreich, diese neuen mit erfahreneren Mitgliedern, die als „Sponsor" oder „große Schwester" fungieren, in Paaren zusammenzubringen. Das neue Mitglied hat dann einen Ansprechpartner, an den es sich wenden kann und dies verringert die Versuchung, die Gruppe zu verlassen.

Vorteile der Gruppentherapie

Welche Vorteile hat es, sich einer Gruppe anzuschließen?

In der Gruppentherapie können einige Dinge erreicht werden, die in einer Einzeltherapie nicht praktikabel sind. Allein die Begegnung mit anderen Leuten, die das gleiche Problem haben, kann therapeutisch sehr wirksam sein. Trotz vieler Artikel in Zeitungen und Magazinen können Frauen mit einer Bulimie noch das Gefühl haben, daß sie die einzige Personen sind, die dieses „schreckliche Verhalten" ausüben. Ein Teenager wurde gefragt, ob sie Angst davor habe, einige Gruppenmitglieder zu kennen und entgegnete, „Nicht wirklich. Keiner von den Leuten, die ich kenne, würde so etwas tun." Sie war erstaunt, zwei Klassenkameradinnen von der Highschool in der Gruppe zu treffen. „Ich hätte nie geraten, daß ihr zwei eine Bulimie habt. Es scheint immer so, als hättet ihr alles im Griff." Andere Frauen zu treffen, die das gleiche Problem haben, kann sehr normalisierend wirken. Der Gedanke entsteht, „Sie scheint nicht so verrückt zu sein. Vielleicht bin ich doch nicht so schlecht, wie ich dachte."

Wie zuvor erwähnt, neigen bulimische Frauen dazu, enge Beziehungen zu vermeiden, weil sie fürchten, daß ihr „Geheimnis" entdeckt wird. Diese Furcht wird in der Gruppe durch das Wissen umgangen, daß jeder dort das gleiche Problem hat. Dies läßt einen Weg offen für die Gruppenmitglieder, untereinander intensive Bindungen einzugehen. Ein wichtiger Schritt in Richtung der Genesung scheint vollzogen zu werden, wenn ein Gruppenmitglied sich erlaubt, die Hand nach anderen Gruppenmitgliedern auszustrecken und ihre Hilfe anzunehmen. Die meisten Mitglieder sind sehr eifrig, wenn es darum geht, anderen zu helfen. Schließlich ist ein wichtiger Teil ihrer Identität oft ihre Rolle als „Helfer". Eine Frau mit einer Bulimie hat mehr Schwierigkeiten damit, jemandem zu erlauben, ihr zu helfen.

Eine laufende Therapiegruppe, in die neue Mitglieder aufgenommen werden und in der andere gerade die Therapie beenden, wenn sie genesen, hat den entscheidenden Vorteil, daß Mitglieder der verschiedensten Genesungsstadien in der Gruppe präsent sind. Es gibt den Frauen Zuversicht, die damit kämpfen ihre Freßanfall/Abführepisoden unter Kontrolle zu bringen, daß andere Frauen mit den gleichen Gefühlen umgehen mußten. „Ich hatte wirklich Angst, ich würde auch zunehmen. Ich habe zuerst ein paar Pfund zugenommen, aber nun bin ich wieder genauso wie vorher." „Ich war wirklich böse auf mich, als ich wieder rückfällig wurde und mich vollfraß, nachdem ich es zwei Wochen nicht mehr getan hatte. Ich mußte mich daran erinnern, daß ich in den letzten vier Jahren nicht länger als zwei Tage ohne einen Freßanfall auskam, und konzentrierte mich darauf, was ich erreicht hatte, und nicht darauf, daß ich gerade ‚versagt' habe."

Das magische Denken ist ein anderer Bereich, bei dem die Gruppe sehr hilfreich sein kann, indem sie es widerlegt. „Du machst dir selbst etwas vor, wenn du denkst, daß der richtige Mann deine Probleme lösen wird. Ich bin mit einem tollen Kerl verheiratet und habe immer noch eine Bulimie. Ich kann neben ihm im Bett liegen, und mich trotzdem noch verdammt alleine fühlen." „Ich habe so hart gearbeitet, um einen 4,0-Durchschnitt im College zu halten. Nun, da ich den Abschluß gemacht habe, weiß es keiner oder es kümmert keinen und ich habe immer noch eine Bulimie, obwohl ich den Job bekam, für den ich so hart gearbeitet habe."

Die Gruppentherapie bietet einige Vorteile, die der Einzeltherapie dienlich sind. Sie ist kein Ersatz für Einzelarbeit, enthält aber Aspekte, die in der Person-zu-Person Beratung unmöglich zu erreichen sind. Frei zu sein in der Interaktion, ohne ein „beschämendes Geheimnis" hüten zu müssen, erlaubt es, daß sich Freundschaften entwickeln. Sich zu erlauben, Unterstützung, Fürsorge und Ermutigung von andern anzunehmen und zu geben, ist eine positive Erfahrung. Es kann einen heilenden Einfluß haben, intensive Gefühle gegenüber den Eltern oder Ereignisse in der Vergangenheit mit anderen zu teilen, die das verstehen. Gina drückte dieses Gefühl so aus: „Vor einem Jahr, als ich bei einem anderen Berater in Therapie war, hatte ich das Gefühl, daß die einzige Person, mit der ich über mein Leben wirklich reden konnte und die mich verstand, jemand war, den ich dafür bezahlte, daß er mir zuhörte. Ich hatte immer das Gefühl, daß er mir auch nicht zugehört hätte, wenn ich ihn nicht bezahlt hätte. Mit der Gruppe habe ich nun sechs andere Leute, die sich interessieren und mich verstehen und die mich anfeuern, damit ich gesund werde."

Diese Unterstützung und Anteilnahme, die unter Gruppenmitgliedern gezeigt wird, ist hilfreich, wenn die Frau beginnt, sich den emotionalen Themen ihres Lebens und den zugrundeliegenden Kausalfaktoren zu stellen. Die Art von Unterstützung und Anteilnahme, die ihr von Gruppenmitgliedern entgegengebracht wird, mag für die Frau anfangs schwer zu akzeptieren sein. Die Rolle der Unterstützenden ist ihr vertrauter und angenehmer. Der Gründer der Gruppe wird sie vielleicht ermutigen müssen, die entgegengebrachte Anteilnahme anzunehmen, ohne mißtrauisch zu sein, daß „die etwas von mir wollen."

Selbstkritik

Ist Selbstkritik verbreitet?

In einer neuen Gruppe wird die erste Sitzung meist damit zugebracht, das Verhalten „einzugestehen". Dies kann dazu führen, daß „Kriegsgeschichten" erzählt werden. „Wenn du denkst, das sei schlimm gewesen, dann laß mich von der Zeit erzählen, in der ich . . ." Dies ist in gewissem Ausmaß hilfreich,

um ein Gemeinschaftsgefühl in der Gruppe aufkommen zu
lassen; der Gründer der Gruppe muß die Mitglieder jedoch dazu
anleiten, über die dem Verhalten zugrundeliegenden Themen zu
diskutieren. Wenn die Zaghaftigkeit abnimmt und das Material,
das enthüllt wird, auf eine intimere Ebene geht, werden oft
negative Gefühle gegenüber dem eigenen Körper vorgebracht.
Oft sind die anderen überrascht, wenn sich ein Gruppenmitglied
als „zu fett" beschreibt, oder sagt, daß sie riesige Oberschenkel
hätte. Kommentare, die diese Selbstbeschreibung bestreiten,
werden von der Frau, die die Beschwerden vorbringt, meist
mißachtet. Der Therapeut muß darauf hinweisen und sagen, daß
sie gegenüber sich selbst viel kritischer als anderen gegenüber
sind. Dies kann zu der wichtigeren Diskussion darüber führen,
„Warum ist es so wichtig, den ‚perfekten' Körper zu haben?"
und „Welche Konsequenzen hat es, daß man sich ständig schlecht
macht, weil der eigene Körper nicht perfekt ist?"

Ist es schwierig, Komplimente zu akzeptieren?

Das Gefühl, wertlos zu sein und die Unfähigkeit, Zufriedenheit
über Leistungen zu empfinden, werden thematisiert. Die Frauen
in der Gruppe versuchen vielleicht einem anderen Mitglied
positive Rückmeldung zu geben, um dann festzustellen, daß die
Komplimente verneint werden. Ein Mitglied brachte einige
Aquarelle von Wildblumen mit, die sie gemalt hatte. Als die
Mitglieder diese bewunderten, wies sie darauf hin, wie diese
„hätten besser gemacht werden können", und daß sie „schon
bessere gemalt habe." Schließlich wies der Gruppenleiter sie
darauf hin, „Ruth, Sharon hat dir gerade ein Kompliment
gemacht. Kannst du solange damit aufhören dich zu kritisieren,
um das akzeptieren zu können?" Sharon wies darauf hin, daß
sie etwas verärgert war und sich abgelehnt fühlte, weil Ruth ihre
Bemerkungen ignorierte. Dieses Ignorieren von Komplimenten
ist verbreitet und muß vorsichtig aufgearbeitet werden.

Kann die Gruppe dabei helfen,
das Leugnen eigener Erfolge zu überwinden?

Wenn die Gruppe Fortschritte macht, beginnen die Mitglieder
zu erkennen, daß sie dazu neigen, Erfolge abzuwerten. Elaine

sagte zum Beispiel, „Hier stehe ich nun, gerade dabei, meinen Abschluß vom College zu machen. Ich wurde auf der Universität bereits in dem Fachbereich, den ich wirklich studieren möchte, angenommen. Ich bekomme von meinen Professoren viel positive Rückmeldung über meine Arbeit. Dennoch kann ich nur über Dinge nachdenken, die ich hätte besser machen können, und darüber, wie ich es mir vermutlich an der Universität versaue." Die alte Parabel, ob ein Glas Wasser halb voll oder halb leer ist, scheint auf diese Art des Denkens anwendbar zu sein. Die Person sieht das Glas als halbleer an, mit anderen Worten, sie konzentriert sich nur auf das, was fehlt oder nicht da ist und ignoriert das, was vorhanden ist. An diesem Punkt bringt die Diskussion „Was ist so bedrohlich daran sich zu erlauben, sich als erfolgreich anzusehen?" oft die Angst zum Vorschein, „Wenn ich mir je erlaube, mich zu erholen und das anzuerkennen, was ich gut gemacht habe, könnte ich das Arbeiten völlig aufgeben? Es ist nur dieses ständige Nagen meiner verinnerlichten Kritik, das mich weitermachen läßt." Der Therapeut kann den Gruppenmitgliedern helfen, diese Leugnung eigener Erfolge durchzuarbeiten. In der Gruppentherapie kann dies bei Frauen mit einer Bulimie oft besser geleistet werden als in Einzelsitzungen.

Persönliche Fragen

Werden Probleme mit Eltern und Geschwistern diskutiert?

Wenn sich die Gruppenmitglieder so wohl fühlen, daß sie in der Gruppe etwas wagen können, ist es ihnen möglich, negative Gefühle gegenüber den Eltern auszudrücken. Ein Teenager namens Cindi bemerkte, „Ich komme gerne in die Gruppe und spreche über meine Gefühle, denn wenn ich zuhause mit meinen Eltern darüber rede, habe ich immer irgendwie Unrecht und sie haben Recht. Meine Mutter hat eine ‚vorgefertigte Botschaft‘ zu jedem Thema. Das macht mich wahnsinnig."

Elaine sagte, „Ich konnte meinem Vater nie etwas gut genug machen. Er hatte immer eine Kritik auf Lager für alles, was ich je geleistet habe. Es ist wirklich seine Stimme, die ich höre, wenn ich die Dinge, die ich gut gemacht habe, auseinanderpflücke." Möglicherweise wird der Zorn, den die Frauen gegenüber den

Eltern empfinden, weil diese zu viel erwartet haben, zum Ausdruck gebracht werden. Clair merkte an, „Ich war die Älteste. Ich kaufte den jüngeren Kindern Kleider und bereitete die meisten Mahlzeiten für sie zu. Ich war diejenige, die ihnen bei den Hausaufgaben half. Wo war meine Mutter? Ich weiß es wirklich nicht. Ich weiß nur, wenn ich es nicht getan hätte, wäre es nicht gemacht worden. Ich möchte nie Kinder haben. Ich habe das Gefühl, bereits eine Familie großgezogen zu haben."

Wenn über das Thema „Eltern" diskutiert wird, werden auch häufig körperlicher und emotionaler Mißbrauch erwähnt. Sharon erinnert sich, „Meine zwei Brüder und ich steckten ständig in Schwierigkeiten. Zurückblickend muß ich sagen, haben wir nichts anderes getan als andere Kinder unseres Alters, aber mein Vater hatte so ein schlimmes Temperament. Wir wurden mindestens einmal in der Woche mit dem Gürtel geschlagen. Man wollte immer der Erste sein, wenn wir geschlagen wurden. Auf diese Weise mußte man nicht mitansehen, wie die anderen bestraft wurden. Wenn einer von ihnen zu entwischen versuchte, machte das Papa noch böser, und er war beim Nächsten schlimmer. Bevor ich zur Therapie ging, wußte ich nicht, daß andere Kinder keine Angst vor ihren Vätern hatten. Obwohl ich mich erinnerte, daß ich wünschte, einige der Eltern meiner Freunde seien meine Eltern. Ich kämpfe nun wirklich mit diesem Thema. Ich habe einige sehr zornige Gefühle gegenüber beiden Eltern, weil meine Mutter dem hätte ein Ende machen können, aber sie hat es nicht einmal versucht. Ich fühle mich auch schuldig wegen der negativen Gefühle ihr gegenüber."

Kathy, ein anderes Mitglied fügte hinzu, „Meine Mutter hat uns nie geschlagen. Tagelang sprach sie nicht mit uns. Sie ging zu ihrem grünen Sessel ins Hinterzimmer und weinte oder starrte ins Leere. Dies ging so weiter, bis derjenige, auf den sie böse war, zu ihr ging und sich entschuldigte. Es wäre mir lieber gewesen, sie hätte uns geschlagen und es wäre damit vorbei gewesen. Ich kann mich daran erinnern, daß ich tagelang Bauchweh hatte, wenn sie so war. Ich wachte morgens auf und fühlte mich schrecklich und ich brauchte einige Minuten, um zu wissen, warum sich mein Magen wie ein Knoten anfühlte. Nach einer Weile, entschuldigte ich mich für alles, ob es falsch war oder nicht, nur um die Stille zu beenden."

Viele Mitglieder können Geschichten über emotionale und körperliche Mißhandlung aus eigener Erfahrung erzählen. Dies hilft dem Opfer sehr dabei zu erkennen, daß nichts, was sie hätte tun können, diese Art von Bestrafung gerechtfertigt hätte. Dies lindert das Gefühl „Ich muß schlecht gewesen sein, daß ich so behandelt wurde."

Sexuelle Traumen

Kann Gruppentherapie bei sexuellen Traumen helfen?

Manchmal enthüllt ein Mitglied ein sexuelles Trauma in der Gruppe. Gina eröffnete der Gruppe folgendes, „Als ich neun Jahre alt war, vergewaltigte mich mein Großvater. Wir waren alle unten am Fluß zum Schwimmen. Als wir im Wasser waren, zog er meinen Badeanzug herunter und tat es mit mir. Ich wußte nicht, was er tat, bis er es getan hatte. Ich fühlte mich so schmutzig. Ich erzählte es meiner Mutter. Alles was sie sagte war, daß sie sich darum kümmern würde. So weit ich weiß, ist nie etwas geschehen. Wir gingen noch dahin, wie wir es immer getan hatten. Er hatte nie mehr Verkehr mit mir, aber es kam oft zu Gefummel und ich hatte immer Angst. Ich versuchte mein Bestes, um dafür zu sorgen, daß er nie mit meiner kleinen Schwester alleine war."

Ginas Aussagen öffneten Tür und Tor für Cindi, so daß sie die Enthüllung wagen konnte, daß sie mit achtzehn vergewaltigt wurde. „Ich mietete ein Appartment, von dem ich später erfuhr, daß es vorher von einem Drogen-Dealer gemietet worden war. Eines Nachts brachen zwei Männer ein und suchten nach ihm und nach Drogen. Als sie herausfanden, daß er nicht da war, waren sie sehr wütend. Sie vergewaltigten mich und gingen weg."

Wie man sich vorstellen kann, sind Enthüllungen über elterlichen Mißbrauch, Inzest und sexuelle Übergriffe von starken Emotionen und Tränen begleitet. An diesem Punkt muß der Gruppengründer der Frau helfen, ihre Gefühle voll auszudrükken. Die Gruppe neigt sehr dazu, der Sprecherin voreilig Sicherheit geben und sie trösten zu wollen und wehrt damit das Ausdrücken ihrer Schmerzen ab. Dies kann durch den ehrlichen Wunsch, Mitgefühl zu zeigen, motiviert sein, aber auch dadurch, daß das Thema ihren eigenen, innersten Geheimnissen zu nahe kommt und großes Unbehagen verursacht. Der Gruppenleiter muß besondere Aufmerksamkeit auf jeden in der Gruppe richten, der mit besonders starker Intensität auf die Enthüllung reagiert und sie ermutigen, ihre Gefühle auch auszudrücken.

Gruppenunterstützung

Wie leisten Gruppenmitglieder Unterstützung?

Die Gruppe gibt einem Mitglied, das schmerzliche Informationen enthüllt, durchweg Unterstützung. Es muß oft viel Anteilnahme und Verständnis gezeigt werden, bis die Schmerzen und die Schuld etwas gelindert werden. Cindi erzählte „Ich war nach der Vergewaltigung nie in der Lage, darüber zu sprechen. Meine Eltern wußten es, aber es war für sie offensichtlich so schmerzlich, daß ich sie nie mit dem Ansprechen dieses Themas verletzen wollte. Ich habe die polizeiliche Untersuchung über mich ergehen lassen, aber sie fanden nie etwas. Ich fühlte mich schmutzig und elend, nachdem es passierte. Ich hatte immer die Angst, daß Leute mich ablehnen würden, wenn sie es wüßten. Mein damaliger Freund konnte nicht damit umgehen und verließ mich." Die Gruppe gab ihr viel Rückendeckung und versicherte ihr, daß sie nicht beschädigt oder schmutzig sei, und daß sie sich sehr um sie sorgten. In späteren Sitzungen erzählte sie der Gruppe, daß ihr die Unterstützung den Mut gegeben habe, ihrem Verlobten von der Vergewaltigung zu erzählen. Sie hatte das Gefühl, daß das Verheimlichen der Vergewaltigung eine Schranke zwischen ihr und ihrem Verlobten errichtet hätte, sie hatte aber zu viel Angst vor Ablehnung, als daß sie das Risiko hätte auf sich nehmen wollen. Er reagierte auf sehr einfühlsame und verständnisvolle Weise, was sie sogar noch näher zusammenbrachte. Aufgrund der positiven Reaktionen von anderen, nahmen Cindis negative Gefühle gegenüber ihrem Körper ab und ihre Bulimie begann sich zu bessern.

Die Gruppe war auch sehr unterstützend, als Gina den inzestuösen Übergriff ihres Großvaters eröffnete. Neben ihrer Unterstützung und Fürsorge, ermutigte die Gruppe Gina, ihre Mutter mit ihrer scheinbaren Gleichgültigkeit gegenüber dem Vorfall zu konfrontieren und diese zu fragen, warum sie nicht mehr dagegen getan hätte. Gina verbrachte einige Zeit damit, darüber nachzudenken und mit der Gruppe verschiedene Möglichkeiten zu diskutieren, wie sie an ihre Mutter herankommen könnte. Gina berichtete der Gruppe, „Ich fragte meine Mutter, ob sie sich daran erinnern könne, was ich ihr über Großvater erzählt hatte. Zuerst leugnete sie jede Erinnerung daran und versuchte das Thema zu wechseln. Als ich darauf bestand, wurde sie ärgerlich und sagte: „Du denkst, du hättest es so schlecht gehabt. Mit dir geschah es nur einmal. Ich mußte wieder und wieder damit fertig werden. Ich versuchte sicher zu gehen, daß du nie mit ihm alleine warst, aber ich schaffte es nicht immer." Sie weigerte sich dann, weiter darüber zu diskutieren und verließ den Raum."

Zuerst war Gina durch diese Unterredung niedergeschmettert, aber allmählich begann sie, daran zu arbeiten. „Mir wurden endlich verschiedene Dinge, die meine Mutter betrafen, klar; daß sie auch ein Opfer war, warum sie so kalt gegenüber meinem Vater war, warum sie uns als Kinder nicht oft berührte. All diese Dinge begannen einen Sinn zu ergeben. Ich bin immer noch ärgerlich, daß sie mich nicht geschützt hat, besonders da sie wußte, daß er so war. Ich werde mir nun auch darüber bewußt, daß ich die Freundlichkeit und das Verständnis, nach dem ich all die Jahre ein Verlangen hatte, nie von meiner Mutter bekommen werde. Sie ist nicht in der Lage, das zu geben. Ich habe mein Bestes getan, aber es hat nicht funktioniert."

Gina entschloß sich dann, mit der Schwester ihrer Mutter zu sprechen, um zu versuchen, ihre verbleibenden Fragen zu beantworten. „Ich habe Tante Louise nie sehr gut gekannt, aber ich beschloß, daß ich dies auch noch riskieren könnte, wenn ich schon so weit gegangen war. Es war interessant, sie schien zu wissen, weswegen ich gekommen bin, bevor ich etwas sagte. Sie wußte, daß ich nach Informationen suchte, um meine Mutter besser zu verstehen. Als ich ihr von der Vergewaltigung erzählte, zeigte sie die Reaktion, die ich von meiner Mutter erhofft hätte. Sie legte die Arme um mich und sagte, „Wie schrecklich muß das für dich gewesen sein." Wir redeten fünf Stunden lang, und als ich ging, verstand ich sowohl meine Mutter als auch meinen Vater besser. Ich habe mich von meinem Vater wegen seines Trinkens immer entfremdet gefühlt, aber nun verstehe ich, warum er ein Alkoholproblem hatte. Ich werde mir nun auch darüber bewußt, daß sich meine Mutter zwischen Papa und uns Kinder stellte, vermutlich wegen ihrem eigenen Vater, ich glaube ich bin fast bereit, als Nächstes mit meinem Vater zu sprechen."

Wie kann der Therapeut dabei helfen, daß die Unterstützung der Gruppe akzeptiert wird?

Auch wenn die Gruppe sehr unterstützend und fürsorglich ist, muß der Gruppenleiter sich dessen bewußt sein, daß sich das Mitglied, das sich mitgeteilt hat, noch Gedanken darüber macht,

einen solch persönlichen Teil von sich preisgegeben zu haben.
An diesem Punkt wird der Therapeut vermutlich eine Einzelsitzung innerhalb der nächsten Tage anbieten. Unmittelbar nach
der Sitzung sollte der Therapeut mit der Frau auch einige
Minuten alleine verbringen, um sie wissen zu lassen, daß er
erkennt, wie verletzlich sie sich fühlt und daß sie daran denkt,
die Gruppe zu verlassen, wenn man über etwas so Intimes
gesprochen hat. Die Patientin muß darin bestärkt werden, daß
es wichtig für sie ist, zur nächsten Sitzung zu kommen und daß
sie, wenn sie dies tut, sehen kann, wie ihre Enthüllung von den
anderen akzeptiert wurde und daß die Enthüllung nicht dazu
benutzt wird, sie zu verletzen. Eine Frau mit einer Bulimie hat
Schwierigkeiten, anderen zu vertrauen und daran zu glauben,
daß sie vertrauliche Informationen nicht mißbrauchen. Oft kann
das Vertrauen nur über einen langen Zeitraum aufgebaut werden.
Es braucht Zeit, Vertrauen entstehen zu lassen, damit sich die
Frau mit dem Bewußtsein wohlfühlen kann, daß andere so
persönliche Dinge über sie wissen.

Die Stadien der Öffnung sollten nicht beschleunigt werden,
und der Therapeut muß sich vergewissern, daß die Gruppe eine
Patientin nicht zwingt, zu viel zu früh preiszugeben. Das
Entstehen von Akzeptanz und einem Bewußtsein der Intimität
und der Unterstützung der Gruppe ist entscheidend, damit sich
die Person nicht verletzt fühlt, wenn sie persönliche Informationen anbietet und private Gefühle mitteilt.

Werden Mitglieder in der Gruppe auch entmutigt?

Im Verlauf der Gruppentherapie kommt es zu einer Phase, in
der von Entmutigung gesprochen wird. „Ich komme nun seit
acht Wochen und ich habe wirklich das Gefühl, daß ich es
versuche, aber ich habe immer noch Freßanfälle." Das ist der
Punkt, an dem sich die Gruppe mit der Vorstellung auseinandersetzen muß, daß die Therapie schon für ihre Genesung sorgt.
Wenn die Mitglieder sich diesen Wunsch eingestehen, scheinen
sie wirklich mehr Verantwortung für ihr eigenes Verhalten
übernehmen zu können.

Wenn diese Verantwortung akzeptiert ist, können weitere
Fortschritte erreicht werden, aber sowohl der Therapeut als auch
die Patientin müssen erkennen, daß der Fortschritt langsam
eintreten wird.

Unterstützen sich Gruppenmitglieder gegenseitig durch Telefonanrufe?

In jeder Gruppe tritt ein Punkt auf, an dem die Mitglieder spontan ihre Telefonnummern austauschen und ihre Absicht bekunden, daß sie ‚jemanden anrufen, wenn sie eine schwere Zeit haben und einen Freund brauchen.' Durchweg berichtet ein Gruppenmitglied in der nächsten Sitzung, daß sie während der Woche eine schwierige Zeit hatte. Die anderen Mitglieder sagen im Chor, „Warum hast du nicht eine von uns angerufen?" Nach einigen Wochen beginnen die Mitglieder einander anzurufen, aber nur, wenn sie sich gut fühlen. Der Gruppenleiter muß darauf hinweisen und betonen, „Wenn ihr euch schlecht fühlt und essen möchtet, ruft eines der anderen Gruppenmitglieder an. Wenn ihr, nachdem ihr jemand angerufen habt, immer noch essen müßt, dann tut es." Die Gruppenmitglieder bringen oft zum Ausdruck, daß sie nach einem Anruf nicht essen könnten, oder daß dies dann bedeuten würde, daß sie versagt hätten. Es ist wichtig jedem Gruppenmitglied zu erlauben, alternative Bewältigungstrategien auszuprobieren, ohne ihnen das Gefühl zu geben, daß diese die Freßanfälle ersetzen müssen. Die Frauen können so das Gefühl haben, die Kontrolle zu bewahren und sie nicht durch die Telefonate zu verlieren.

Nehmen soziale Kontakte als Folge der Gruppentherapie zu?

Soziale Kontakte zwischen den Mitgliedern außerhalb der Gruppensitzungen werden gefördert. Die Mitglieder können sich einigen, gemeinsam ein Trainingsprogramm zu beginnen. Einen Freund zu haben, mit dem man schwimmen oder wandern kann, macht es wahrscheinlicher, daß diese Aktivität fortgesetzt wird. Oft gehen die Mitglieder nach dem Gruppentreffen auch aus, um miteinander zu essen. Dies ist sehr hilfreich, um den Prozeß des Essens zu normalisieren, und hilft manchen Mitgliedern bei der Überwindung ihrer Schwierigkeit, in der Öffentlichkeit zu essen. Gelegentlich entsteht bei zwei Mitgliedern die Angewohnheit, gemeinsam Freßanfälle zu haben. Dies kann schädlich sein, weil der eine Partner, der essen möchte, den anderen dazu überreden kann, obwohl der momentan gar nicht in der Stimmung dazu ist. Dies sollte natürlich strengstens verhindert werden.

Helfen die Mitglieder einander, etwas auszuprobieren und Alternativen zu erforschen?

Die Gruppenmitglieder ermutigen sich oft gegenseitig, Risiken auf sich zu nehmen und Veränderungen in ihrem Leben zu vollziehen. Diane, eine Sozialarbeiterin, hatte eine Stelle, wo sie nur mit Krebspatienten im Terminalstadium arbeitete. Sie bemerkte, daß sie jeden Tag von der Arbeit kam und sich depressiv fühlte. Ihre Freßanfälle fanden gewöhnlich sofort nach ihrer Rückkehr von der Arbeit statt. Sie hatte wenig Energie, ein soziales Leben aufzunehmen, und hatte die meisten Aktivitäten aufgegeben, die ihr Freude bereiteten, wie Jogging oder Nähen. Die Gruppe half ihr dabei, ihre Versagensgefühle, die sie bei Aufgabe ihrer Arbeit hätte, und ihre Schuldgefühle, die Patienten und die Mitarbeiter zu verlassen, zu explorieren. Sie halfen ihr auch ihre Hemmungen davor zu überwinden, sich auf andere Stellen zu bewerben. Angst davor, daß „niemand mich wollen wird", hatte sie bislang davon abgehalten. Diane schickte Bewerbungen weg und fand eine Stelle in einer anderen Stadt, wo sie mit Adoptionen zu tun haben würde. Wenn ein Mitglied mit seinen Problemen arbeitet, fördert es oft die Diskussion über die Versagensängste und das Vermeiden von Risiken bei den anderen Gruppenmitgliedern.

Zusammenfassung

Die Gruppentherapie kann eine wertvolle Komponente bei der Behandlung der Bulimie sein. Man sollte berücksichtigen, daß neue Mitglieder gut ausgewählt sein müssen. Der Gruppenleiter muß seine/ihre Rolle in der Gruppeninteraktion klar definieren.

Die Gruppe bietet die Möglichkeit, daß die Mitglieder ein Unterstützungssystem von Personen bilden, die ähnliche Gefühle und Probleme mit ihnen teilen. Die Teilnahme an einer Gruppe ist eine lohnende Erfahrung für die Patienten und auch für den Therapeuten.

Kapitel 11

Familiäre Themen in der Therapie

Liebe Mama, lieber Papa

Ich sitze in der Küche und frage mich, wie lange Ihr noch böse auf mich sein werdet. Ich kann es nicht mehr länger aushalten. Es tut so weh, daß ich die Tränen in meinem Hals fühle.

Warum redet Ihr nicht mit mir? Warum habe ich das Gefühl, ich müßte mich entschuldigen, damit Ihr auch nur ein wenig von Eurer Feindseligkeit herauslaßt? Ich bin so verbittert. Ich werde mich nicht entschuldigen, weil ich immer die Schuld zu tragen scheine. Ich werde das auch nicht zurücknehmen, was ich letzte Nacht gesagt habe. Warum habe ich nicht die Erlaubnis, zu fühlen und meine Verletztheit und meinen Zorn auszudrücken? Warum könnt Ihr mich nicht lieben und Mitleid mit mir haben. Es tut mir so weh; ich weine, jetzt. Wird dies je enden? Werde ich je wieder fühlen, von Euch geliebt werden? Wie konnte dies mit uns geschehen? Ich möchte glücklich sein. Ich möchte, daß Ihr glücklich seid. Ich liebe Euch und brauche Eure Liebe. Ich habe solche Angst. Ich weiß nicht, wie ich meine Liebe ausdrükken soll. Ja, ich bin zornig, nur weil ich mich wie ein Versager fühle und weil ich möchte, daß Ihr mir zeigt, daß ich keiner bin. Ich muß das morgen wissen, oder bald, ich werde Euch keine Last sein. Ich möchte eine Freude für Euch sein und kein Sorgenkind.

Werdet Ihr alle bitte damit aufhören, meine Verletztheit zu ignorieren und mir helfen!?! Ich schaffe das selbst nicht. Werdet Ihr bitte anerkennen, daß Ihr Teil des Problems seid, so daß wir uns beeilen und es lösen können, damit ich morgens nicht mehr aufwachen muß um festzustellen, daß ich es hasse, aufzuwachen.

Erkennt Ihr, wie sehr ich bedaure, Euch Kummer zu bereiten? Ich möchte das Gefühl haben, daß ich eines Tages endlich glücklich sein kann. Es war die Hölle so zu tun, als ob, es war die Hölle sich zu ärgern, es war die Hölle zu suchen und zu suchen, aber nie Anerkennung zu finden. Bitte liebt mich und laßt mich wissen, daß ihr mir die Gefühle, die ich für Euch habe, und die Schmerzen, die ich fühle, nicht vorhaltet. Hört damit auf, mich fühlen zu lassen, ich wäre schwach und andersartig, daß ich ein Problem habe und daß ich mich nur selbst mehr zu lieben bräuchte. Ich möchte, daß Ihr sagt, daß ich verletzt worden bin, ob es absichtlich war oder nicht, und daß Ihr mich liebt, trotz meiner Unvollkommenheit, meinen Einstellungen und Gefühlen.

Laßt mich fühlen. Nehmt dies nicht zum Anlaß mich fühlen zu lassen, daß ich der Grund meines Unglücks bin. Gebt mir nicht das Gefühl, daß ich all dies selbst über mich gebracht hätte.

Ich möchte so sehr, daß Ihr alle stolz auf mich seid, aber ich fühle mich nur wie ein Problem, auf das Ihr Euch nicht einlassen könnt oder wollt. Ich bin müde und sehr, sehr traurig.

Eure Tochter

Kathy

Es gibt selten eine Patientin mit einer Eßstörung, die keine konfliktgeladene Beziehung mit mindestens einem Elternteil hat. Dieser Brief, geschrieben von einer 17 Jahre alten Patientin mit einer Bulimie, drückt die Verzweifelung und den Schmerz aus, den diese jungen Frauen empfinden. Die bulimische Frau hat das intensive Bedürfnis, geliebt und Angst davor, abgelehnt zu werden, wenn sie zeigt, wer sie „wirklich" ist.

Kathys Familie ist typisch für die Familien von bulimischen Frauen. Ihr Vater ist Arzt und ihre Mutter ist Hausfrau. Sie ist das älteste weibliche Kind, hat drei ältere Brüder und eine jüngere Schwester. Religion ist ein zentraler Punkt im Leben der Familie. Den Kindern wird wenig persönlicher Freiraum gestattet. Wenn sie mit den Eltern nicht übereinstimmen, sind sie „respektlos". Die Mutter neigt dazu, nach einer Meinungsverschiedenheit nicht mehr zu sprechen, manchmal mehrere Tage lang. Der Vater ist an der Erziehung der Kinder nur peripher beteiligt.

Als Kathy gebeten wurde, die Rollen, die jedes Kind in der Familie innehat, zu beschreiben, sagte sie, „Mein ältester Bruder ist das „Hirn". Er hatte in der Schule immer glatte Einsen und wird wahrscheinlich eine medizinische Schule besuchen. Mein zweiter Bruder ist der „Sportler". Er gewann Auszeichnungen beim Basketball und Fußball und hätte das College aufgrund eines Sportstipendiums besuchen können. Mein nächster Bruder ist der „Clown". Jeder liebt ihn, weil er so komisch ist. Meine Schwester ist perfekt. Sie bekommt nicht nur glatte Einsen, sondern ist auch Cheerleader und sehr beliebt in der Schule."

Als sie gedrängt wurde, ihre eigene Rolle zu definieren, hatte Kathy mehr Schwierigkeiten. „Ich bin nicht sicher, wo ich hineinpasse. Ich bin nicht so intelligent wie die anderen, oder so komisch und ich bin kein Sportler. Um ehrlich zu sein, ich hatte nie das Gefühl, in diese Familie zu passen ." Im Verlauf der Diskussion wurde klar, daß eine von Kathys Rollen die des „Zuhörers" war. „Mama hat immer mit mir über die anderen Kinder und ihre Probleme geredet. Ich habe kürzlich heraus-gefunden, daß sie mit den anderen so nicht redet." Ihre andere Rolle war der „Besänftiger". Wenn immer Meinungsverschieden-heiten zwischen anderen Familienmitgliedern auftraten, war Kathy da, um die Dinge zu glätten.

Familienmerkmale

Kathy's Fallgeschichte zeigt die Wichtigkeit von Familienfragen, derer sich der Berater bewußt sein muß, ob die Familie am Therapieprozeß beteiligt ist oder nicht. Diese können sowohl in Einzel-, als auch in Gruppensitzungen wiederholt auftreten. Bevor wir zur Erörterung der Familienintervention kommen, betrachten wir, aus welcher Art von Familie diese jungen Frauen kommen. Nicht alle hier beschriebenen Merkmale existieren bei allen Familien, die meisten Familien werden aber einige dieser Merkmale aufweisen.

Die Familien scheinen beide Enden des Kontinuums für Nähe zu repräsentieren. In Kathys Familie herrscht das häufigste Verhaltensmuster und weist die Merkmale Überkontrolle und Verstrickung auf. Einige Familien sind jedoch am anderen Ende des Kontinuums anzusiedeln, sie sind chaotisch, zeigen wenig offensichtliche Anteilnahme oder wenig Interaktionen der Fami-lienmitglieder.

Welche Merkmale kennzeichnen die verstrickte Familie?

Der oberflächliche Anschein dieser Familie ist der der typischen, intakten Zwei-Eltern-Familie. Wenn man sie jedoch genauer betrachtet, scheint die Harmonie oberflächlich und irreführend zu sein. Die Familie nimmt übermäßigen Anteil am Leben jedes Familienmitglieds, besonders die Mutter im Bezug auf die Kinder. Den Kindern wird sehr wenig Privatheit zugestanden und die normale Loslösung, die erwartungsgemäß in der Adoleszenz eintritt, wird unterdrückt.

Sharon beschrieb zum Beispiel die Situation in ihrer Familie, „Ich lebe immer noch zuhause und bin nun 23 Jahre alt. Wenn das Telefon klingelt, wollen meine Eltern wissen, mit wem ich rede und was derjenige wollte. Ich kann das Haus nie verlassen, ohne daß ich ihnen sage, wo ich hingehe und wann ich zurück bin. Ich weiß, daß sie in der Vergangenheit meine Post geöffnet und mein Zimmer durchsucht haben. Ich wäre nicht überrascht, wenn sie es immer noch tun würden."

Kathy sagte, „Keines unserer Schlafzimmer hat ein Schloß. Wenn wir in unser Zimmer gehen und die Tür schließen, kann man darauf zählen, daß es klopft und Mama oder Papa fragen, was los ist." Ein anderes Mal sagte Kathy, „Meine Eltern wollen immer genau wissen, was in unserem Leben vorgeht. Sie versuchen jeden von uns dazu zu bringen, sie über die anderen zu informieren."

Wie kann die Mutter einer verstrickten Familie charakterisiert werden?

Cindi bemerkte, „Meiner Meinung nach denkt meine Mutter, ich werde eine jugendliche Straftäterin, wenn sie mich nicht jede Minute beobachtet. Es ist so, als stünde man ständig unter Verdacht. Wenn du dann etwas Falsches tust, bestätigt dies ihre schlimmsten Befürchtungen. Es wird so schlimm, daß ich manchmal denke, ich kann kaum atmen."

Die Mutter in diesen Familien ist wahrscheinlich nur Hausfrau, zumindest in der Zeit, in der die Kinder klein sind. Sie hat oft eine starke Bindung zu ihren Kindern. In vielen Fällen ist diese Bindung zu eng und verstrickt. Die Patientinnen fühlen sich oft verantwortlich für das Wohlbefinden ihrer Mutter. Manchmal resultiert dies aus dem Bewußtsein, daß Kinder eine unwillkommene Last für die Mutter sind. Gina beschrieb dies so, „Ich glaube nicht, daß meine Mutter Kinder wirklich mag. Sie hätte vermutlich keine, wenn der soziale Druck, eine Familie zu haben, nicht so stark wäre. Ich glaube sie bekam fünf weitere Kinder, um sich und anderen zu beweisen, daß sie Kinder mag."

Jill redete über ihre Mutter, „Meine Mutter verließ die Universität, um meinen Vater zu heiraten. Der Doktor sagte ihr, sie könne keine Kinder haben, aber sie wurde fast direkt danach schwanger. Ich wurde gerade 10 Monate nach meiner Schwester geboren und war bestimmt nicht erwünscht. Ich weiß nicht, warum sie meinen Bruder drei Jahre später bekam. In den letzten paar Jahren, nachdem sie endlich wieder zur Universität zurückging, ist meine Mutter glücklicher als je zuvor."

Kathy berichtete, daß ihre Mutter ihr gesagt hat, „Als christliche Frau werde ich danach beurteilt, wie gut meine Kinder geraten. Ich fühle mich nicht wie eine sehr gute Christin, wenn ich daran denke, daß du eine Bulimie hast."

Wie verhält sich der Vater in der verstrickten Familie?

Der Vater in diesen Familien ist oft berufstätig; ein Ingenieur, Arzt, Geschäftsmann, und so weiter. Wenn die Patientin gebeten wird, ihren Vater zu beschreiben, sieht sie ihn gewöhnlich als periphere Person im Vergleich zum Kern der Familie. Er widmet sich sehr stark seinem Beruf und überläßt die Kindererziehung hauptsächlich der Mutter. Er beteiligt sich daran, die Leistungen der Kinder zu kommentieren und sie zu ermutigen, nach noch höheren Leistungen zu streben, aber er ist kein Bestandteil ihres täglichen Lebens. Die Frauen kommentieren das oft so, „Ich kenne meinen Vater nicht wirklich. Die einzige Zeit, in der wir länger zusammen sind, ist der alljährliche Familienurlaub. Wir haben zwei Wochen lang eine wirklich wundervolle Zeit, aber dann verschwindet er wieder zurück zu seiner Arbeit, und ich sehe ihn nie. Ich weiß nicht, was ich von ihm will, oder was ich zu ihm sagen muß, aber etwas fehlt."

Welche Erwartungen werden an die Kinder in verstrickten Familien übertragen?

In diesen Familien wird von den Kindern erwartet, daß sie Leistungen bringen und Ergebnisse vorweisen können. Eine sechzehn Jahre alte Schülerin, die die Abschlußklasse der Highschool besuchte, war zu ängstlich, um ihr Zeugnis mit nach Hause zu bringen. Sie erwartete, nur Einser und Zweier zu bekommen, aber „Nichts, was ich je tat, war gut genug für sie.

Ich weiß, was sie sagen werden. ‚Das ist ja ganz schön, Liebes, aber hättest du in diesem Fach nicht besser sein können, wenn du dich mehr angestrengt hättest?‘ Sie finden immer etwas, was hätte besser sein können, wenn ich mich mehr angestrengt hätte."

Obwohl in diesen Familien viele Botschaften von hohen Erwartungen an die Kinder weitergegeben werden, werden auch Zweifel übertragen, daß sie diese je erreichen werden. Die Tochter eines Pfarrers beklagte sich, „Meine Mutter ist so besorgt, wie die Dinge auf die Gemeinde wirken. ‚Was werden die Leute denken?‘, ist ihre ständige Sorge. Der einzige Weg, wie ich sie immer zufriedenstellen könnte, wäre jederzeit perfekt zu sein. Ich habe das immer sehr versucht, aber nun möchte ich es einfach aufgeben."

Die Entscheidungen, die die jungen Frauen treffen, werden häufig hinterfragt. Was wäre wenn . . . (du verletzt wirst, krank wirst, es nicht schaffst?) Die ständige Implikation ist, „Du wirst vermutlich versagen." Gina sagte: „Ich denke meine Mutter versuchte mir zu sagen, daß sie sich um mich sorgt, aber was sie wirklich sagte war etwas ähnliches wie, ‚Du hast dir wirklich sehr viel Belastung aufgeladen; du warst immer zu emotional und sensibel. Sei nicht zu enttäuscht, wenn das mit der Justizschule nicht funktioniert. In der Justizschule zu versagen, ist nichts, wofür man sich schämen müßte.‘ Nachdem sie eine Weile überlegt hatte, bemerkte Gina, „Meine Mutter belegte Kurse, als ich noch klein war und legte sich dabei total ins Zeug. Sie mußte immer die Beste sein. Irgendwie denke ich, daß sie möchte, daß ich Erfolg habe, daß ich aber nicht die Beste sein soll. Nur sie kann die Beste sein."

Donna beschrieb die Reaktion ihres Vater auf ihre Suche nach einem neuen Job. „Du solltest bei deinem alten Job bleiben. Du verdienst gutes Geld. Es gibt da draußen viele Leute, die haben überhaupt keinen Job." Als Donna sich für eine neue Stelle bewarb und das Gefühl hatte, sie hätte das Vorstellungsgespräch gut gemeistert, war der einzige Kommentar ihres Vaters, „Mach dir keine Hoffnungen."

Welche Merkmale kennzeichnen die chaotischen Familie?

In der chaotischen Familie wird von den Kindern sehr wenig Notiz genommen. Sally berichtete zum Beispiel, „Nachdem mein Vater starb, wurde meine Mutter wirklich merkwürdig. Sie ging mit Männern aus, die 20 Jahre jünger waren als sie und zog sich an wie ein Teenager. Meinen Bruder und mich ignorierte sie fast völlig. Wenn meine ältere Schwester (die auch eine Bulimie hatte) nicht gewesen wäre, hätten wir keine Mahlzeiten bekommen und keine Kleider gehabt. Mutter machte nie das Haus sauber oder tat irgendwelche normalen Dinge, die Mütter tun sollen."

Lois sagte, „Meine Mutter mochte die Rolle als Ehefrau und Mutter nie. Sie hörte damit auf, die Mahlzeiten zuzubereiten, als ich elf war. Wenn man hungrig war, aß man, was immer im Kühlschrank war. Es gab keine Ausgangssperre und wir alle kamen und gingen wie wir wollten. Ich versuchte, es für die Jüngeren besser zu machen, aber ich war selbst noch ein Kind."

Was sind „ungewöhnliche Leute"?
Wie verletzen sie Frauen mit einer Bulimie?

Viele Eltern von Frauen mit einer Bulimie sind „ungewöhnliche Leute". Dieses Konzept beruht auf einem Buch und einem Tonband von Joyce Landorf (1982) mit dem Titel: „Ungewöhnliche Leute". Auf dem Umschlag des Buches beschreibt Landorf diese Art von Personen. „Ungewöhnliche Leute sind Leute, die die Angewohnheit haben, dich jedesmal zu verletzen, wenn sie dich sehen. Sie sagen die falschen Dinge, sie ruinieren deinen Tag, sie bringen deine Gefühle ständig in Aufruhr. Und eine ungewöhnliche Person ist jemand, dem du nicht entkommst, gewöhnlich ein naher Verwandter wie Mutter oder Vater, Ehemann, Ehefrau, Bruder, Schwester oder Schwägerin. Ungewöhnliche Leute haben ähnliche Persönlichkeitsmerkmale. Man kann mit ihnen nicht argumentieren, kann sich nicht auf sie verlassen und kann keine wirkliche Unterstützung von ihnen erwarten."

Im Buch beschreibt Landorf ungewöhnliche Leute als solche, die eine besondere Art von Behinderung haben. Sie sind emotional blind und taub, aber nur bei bestimmten Leuten. Sie können in ihrer Interaktion mit anderen ganz normal sein, und sind dennoch blind bei einigen Leuten, die ihnen am nächsten stehen. Diese Blindheit führt zu unangemessenen und verletzenden Reaktionen während der Interaktion, besonders wenn es sich um eine emotionale Interaktion handelt. Man kann verstehen, inwiefern dies ein Problem in der Interaktion von Müttern mit Töchtern ist. Wir werden jetzt einige Beispiele von der Sorte ungewöhnlicher Leute geben, die oft Eltern von Patientinnen mit einer Bulimie sind.

Sally, eine 23 Jahre alte Frau, die sich von einer Bulimie erholte, wurde von ihrem Frauenarzt gesagt, daß die Probe von ihrem Gebärmutterabstrich zurückgekommen sei, und daß „verdächtige Zellen" gefunden wurden. Sie ging zu ihrer Mutter und erzählte ihr, „Mama, ich werde nächste Woche ins Krankenhaus gehen und am Gebärmutterhals operiert werden, um diese verdächtigen Zellen entfernen zu lassen. Ich habe wirklich Angst, ich könnte Krebs haben." Ihre Mutter entgegnete, „Das ist zu schade, Liebes, oh, und erinnere mich daran, ich muß nächste Woche das Auto zum Ölwechsel bringen." Sally war niedergeschmettert aufgrund der mangelnden Unterstützung ihrer Mutter, es wurde ihr aber später bewußt: „Ich hätte wirklich nichts anderes erwarten sollen. Sie war nie anders." Sie fuhr fort, „Was wirklich weh tut ist, daß die Kinder, die meine Mutter in der Highschool unterrichtet, sie einfach lieben. Als ich in der Highschool war, sagten mir die Kinder immer, wieviel Glück ich hätte, sie zur Mutter zu haben." Das Konzept der ungewöhnlichen Leute half Sally, sich zu vergegenwärtigen, daß ihre Mutter eine „Behinderung" hatte. Sally mußte erfahren, daß sie nicht abgelehnt wurde, weil etwas mit ihr nicht in Ordnung war.

Eine andere Patientin, Terry, zeigte ihrer Mutter Bilder von dem jungen Mann, mit dem sie sich gerade verlobt hatte. Ihre Mutter bemerkte, „Das sind wirklich häßliche Bilder. Zu schade, daß er sich keine anständigen hat machen lassen." Als Terry sich durch die Bemerkung beleidigt fühlte, konnte ihre Mutter ihre Gefühle nicht verstehen und antwortete, „Ich war nur ehrlich. Wäre es dir lieber, wenn ich lüge?" Eines der wichtigsten Merkmale der ungewöhnlichen Leute wird durch diese Interaktion illustriert. Die ungewöhnliche Person gibt niemals zu, daß er/sie in irgendeiner Weise verantwortlich für die negativen Gefühle in der Beziehung war. Ihre Erklärung ist, daß die andere Person „es falsch aufgefaßt" hat.

Manchmal machen Leute sich auch einen Spaß aus dem Verhalten der ungewöhnlichen Person. Gina erinnert sich, „Jeden Samstag ging meine Mutter in die Stadt zum Lebensmitteleinkauf. Während sie weg war, machten meine Schwester und ich das Haus von oben bis unten sauber. Wir strengten uns so sehr an, aber meine Mutter fand durchweg etwas, was noch fehlte. Sie gab nie einen Kommentar darüber ab, wie hart wir gearbeitet hatten und wie schön alles aussah, nur über die Sachen, die wir ausgelassen hatten. Das tat wirklich weh, aber nach einer Weile schlossen meine Schwester und ich Wetten ab, wie lange es dauern würde, bis sie etwas gefunden hätte. Ich wettete, es würde weniger als fünf Minuten dauern. Lisa sagte, es würde zehn Minuten dauern, weil sie die Lebensmittel hereintragen müßte. Ich gewann."

Lob spricht eine ungewöhnliche Person entweder gar nicht oder nur bedingt aus. „Du hast deine Sache gut gemacht, aber ..." Diese Art zu loben, und das Lob dann wieder zurückzunehmen, übermittelt die implizite Botschaft, „Wenn du es nur ein wenig mehr versuchst, vielleicht findest du dann beim nächsten Mal meine volle Anerkennung." Es ist nicht schwer zu sehen, wie dies die Entstehung von Perfektionismus und das hohe Anerkennungsbedürfnis bei diesen jungen Frauen fördert.

Eine der Hauptaussagen im Buch von Landorf ist, daß sich die ungewöhnliche Person nie verändert. Man kann die Art, wie man mit der ungewöhnlichen Person umgeht ändern, er/sie wird aber wahrscheinlich keine Verantwortung für Schwierigkeiten in der Beziehung übernehmen und sich deshalb nicht ändern. Die Patientinnen tun sich schwer, die Hoffnung aufzugeben: „Eines Tages wird meine Mutter (mein Vater) mich endlich beachten und mir die Anerkennung geben, nach der ich so hungrig bin." Die Geschichte von Sherry illustriert diesen Punkt. Sherry kam wegen eines Herzproblems in ein Krankenhaus, das mit der Bulimie nichts zu tun hatte. Ihre Mutter rief sie im Krankenhaus an und nachdem sie eine Weile geredet hatten, sagte sie, daß ihr Vater mit ihr sprechen wollte. Sherrys Vater hatte seit über zwei Jahren nicht mehr mit ihr am Telefon gesprochen. Er hörte immer am Nebenanschluß zu, sagte aber nie ein einziges Wort. Als Sherry hörte, daß ihr Vater mit ihr sprechen wollte, dachte sie, „Joyce Landorf, du bist im Unrecht. Ungewöhnliche Leute können sich ändern. Mein Vater liebt mich schließlich doch und daß er mit mir reden möchte, beweist es." Als ihr Vater an den Hörer kam, hatte er nur eine Sache zu sagen, „Nun, Sherry, ich glaube, das bedeutet, daß du diesen Platz auf dem Friedhof vor mir brauchen wirst." Sherry berichtete später, „Ich war einfach erschüttert wegen diesem Kommentar, aber was du zu mir gesagt hast, ist endlich zu mir durchgedrungen. Er wird mir nie die Zuneigung geben, die ich von ihm möchte. Er wird sich nicht ändern. Ich fühle mich deswegen traurig, aber ich erkenne, daß ich es endlich aufgeben kann, ihm hinterherzulaufen. Obwohl ich seit über zehn Jahren

nicht mehr zuhause wohne, erkenne ich, wieviel ich in meinem
Leben danach ausgerichtet habe, ob Vater es billigen würde oder
nicht. Es interessiert mich jetzt nicht mehr. Er wird es nie billigen,
also kann ich zur Abwechslung genauso gut das tun, was ich
möchte."

Wenn die Patientin davon abläßt, nach Anerkennung eines
Elternteils zu streben, kann dies ein Hauptschritt zur Genesung
von einer Bulimie sein. Es ist auch eine verwirrende Zeit für die
Patientinnen. Ihre Entscheidungen waren solange von der inter-
nalisierten Version der elterlichen Anforderungen abhängig, daß
sie oft keine Vorstellung davon haben, was sie selbst wollen.
Der Therapeut muß sorgfältig verhindern, daß er Hinweise
darauf gibt, was er für angemessen hält. Anderenfalls kann die
Patientin von ihm abhängig werden.

Es ist selten nützlich, der ungewöhnlichen Person das Buch
oder das Tonband von Joyce Landorf in der Hoffnung zu geben,
daß sie sich selbst darin sieht und sich ändert. Eine Patientin
gab das Band ihren Eltern, ohne sich mit dem Therapeuten
darüber zu beraten. Die Eltern, die mitten in einem erbitterten
Scheidungsprozeß waren, hörten sich das Band an. Jeder zeigte
auf den anderen und rief, „Siehst du, du bist für die Schwierigkeiten unserer Tochter verantwortlich. Wenn du ein besserer
Vater (Mutter) gewesen wärst, hätte das nicht passieren können."
In Wahrheit waren beide ungewöhnliche Leute für ihre Tochter,
konnten das Verhalten aber nur beim anderen Elternteil erkennen.

Kann das Buch oder das Tonband von Joyce Landorf in der Therapie hilfreich sein?

Wir als Therapeuten haben das Tonband bei Patientinnen mit
einer Bulimie als besonders nützlich empfunden. Das Buch ist
auch hilfreich, und weil es eine starke Betonung auf den
christlichen Glauben legt, kann es für Patientinnen mit einem
starken christlichen Glauben sehr bedeutsam sein. Anderen
Patientinnen, die diese religiöse Überzeugung nicht teilen, hilft
das Tonband wahrscheinlich eher, das sich einige Male auf den
christlichen Glauben bezieht, aber in viel geringerem Ausmaß
als das Buch. Der Therapeut ist gut beraten, wenn er dies
gegenüber der Patientin erwähnt, bevor sie sich das Tonband
anhört, damit sie nicht das Gefühl hat, der Therapeut fördere

eine bestimmte religiöse Ansicht. Wir haben das Tonband in Gruppensitzungen eingesetzt und fanden das Resultat sehr beeindruckend. Beim Anhören des Tonbandes kommt es oft zu Tränen und zum Entladen von Emotionen. Oft kann es sehr hilfreich sein, dieses Verhalten benennen zu können und zu wissen, daß man nicht der einzige Mensch ist, der mit einer ungewöhnlichen Person zu kämpfen hatte.

Familienintervention

Die meisten Familien, die sich einer Therapie unterziehen, sind verstrickte Familien. Unglücklicherweise weigern sich chaotische Familien häufig, an der Beratung zu teilzunehmen. Die meisten Frauen, die wir aus chaotischen Familien betreut haben, sind schon älter und haben die Beratung von selbst gesucht, manchmal viele Jahre nachdem sie ihr Zuhause verlassen hatten.

Wann werden Eltern mit in die Beratungssitzung gebracht?

Der Therapeut muß entscheiden, wann er mit Familiensitzungen beginnt. Wenn die betreute Patientin älter als 16 Jahre ist, wird dem Therapeuten geraten, zunächst einige Einzelsitzungen zu vereinbaren. Patientinnen in diesem Alter sind an einem Punkt, an dem sie sich psychisch von den Eltern lösen und weigern sich oft, die Eltern an der Beratung teilnehmen zu lassen. Der Patientin muß versichert werden, daß nichts von dem was sie sagt, an ihre Eltern weitergegeben wird. Der Therapeut muß ihr erklären, daß er zuerst alles mit ihr durchgehen wird, was er den Eltern möglicherweise mitteilen muß.

Warum haben Jugendliche Angst vor dem Therapeuten?

Jugendliche kommen oft zu der Ansicht, daß der Therapeut mit ihren Eltern zusammenarbeitet oder es tun wird, um sie wieder „auf Vordermann zu bringen". Dies gilt besonders dann, wenn die Eltern das Abführverhalten entdeckt und die junge Frau zur Therapie gezwungen haben. Das Aufsuchen eines „Seelenklempners" wurde manchmal als Drohung eingesetzt. Ein anderes Mal wurde der Patientin vermittelt, daß es eine Schande für die Familie und eine Form von Versagen ist, einen Therapeuten aufzusuchen.

Was geschieht, wenn die Eltern für Familiensitzungen nicht zur Verfügung stehen?

Oft haben die Frauen, die Behandlung aufgrund ihrer Bulimie suchen, sich vor vielen Jahren von ihrer Ursprungsfamilie getrennt. Die Eltern können in einer anderen Stadt leben oder schon verstorben sein. In diesen Fällen kann es für den Therapeuten wichtig sein, sich zu vergegenwärtigen, daß Familienprobleme immer noch angegangen und bearbeitet werden müssen. Bei Patientinnen, deren Eltern nicht zur Verfügung stehen, können Techniken, wie das Ausdrücken von Gefühlen, so eingesetzt werden, daß man sich die Eltern auf einem leeren Stuhl anwesend vorstellt. Es ist auch möglich, von den Patientinnen Briefe schreiben zu lassen, die nicht abgesendet werden. In ihnen werden die Verletzungen und die zornigen Gefühle über Ereignisse, die in der Kindheit geschehen sind, detailliert beschrieben.

Haben Eltern gemischte Gefühle hinsichtlich der Teilnahme an den Beratungssitzungen?

Ja, Eltern haben oft gemischte Gefühle, ein Teil des Therapieprozesses zu werden. Sie sind oft über die Probleme ihrer Tochter besorgt und wünschen nur, ihr helfen zu können, sich wieder zu erholen. Gleichzeitig haben sie durchweg einen enormen, inneren Konflikt wegen der Rolle, die sie als Eltern bei der Entwicklung der Eßstörung gespielt haben. Oft haben die Eltern die Vorstellung, daß der Therapeut mit dem Finger auf sie zeigt und sie anklagt, der Grund der Probleme ihrer Tochter zu sein. Andere Eltern haben vielleicht die Einstellung, daß sie an den Beratungssitzungen teilnehmen, um dem Therapeuten zu helfen, die Tochter zu ändern.

Wenn man die Widerstände der Eltern und auch der bulimischen Frauen, mit dem Problem offen umzugehen, in Betracht zieht, ist es nicht verwunderlich, daß sie es ablehnen, Hilfe zu suchen und verständlicherweise warten viele lange Zeit, bevor sie sich um Hilfe bemühen. Unglücklicherweise kann die junge Person schon einige Jahre bulimisches Verhalten aktiv praktiziert haben, bevor die Familie das Problem erkennt und mit einem Arzt oder Psychologen darüber spricht. Viele der jungen Frauen haben sich sehr angestrengt, um dieses Verhalten zu verbergen und werden lügen, wenn sie danach gefragt werden. Andere, wie Maxine, haben ihr Eltern erzählt, daß sie sich nach dem Essen erbrechen. Die Antwort ihrer Mutter war, „Das ist schrecklich! Laß es uns wissen, wenn du je mit jemandem darüber zu reden gedenkst." Das Thema wurde von den Eltern nie mehr angesprochen und Maxine brachte nie mehr den Mut auf, ein zweites Mal mit ihrer Mißbilligung konfrontiert zu werden. In anderen Familien, wie in Sharons, waren die Eltern erleichtert, daß ein Therapeut mit ihnen Kontakt aufnahm, um Familiensitzungen zu vereinbaren. Sie sagten, „Wir wissen seit zwei Jahren, was Sharon tut, hatten aber keine Ahnung, was wir tun sollten. Jedes Mal wenn wir uns deswegen mit ihr auseinandersetzen wollten, wurde sie sehr zornig und wir hatten Angst, wir könnten es noch schlimmer machen. Es endete damit, daß wir nichts mehr sagten und uns die ganze Zeit Sorgen machten."

Erste Themen, die der Therapeut in Familiensitzungen diskutiert

Ein Thema, das in der ersten Sitzung und wiederholt behandelt werden muß, ist die Schuldfrage. Oft ist es der beste Ansatz, wenn der Therapeut diese Frage geradewegs an die Eltern richtet, indem er ihnen sagt, „Sie sind beide wahrscheinlich mit einigen Fragen über die Bulimie hierhergekommen. Bevor wir damit beginnen, lassen Sie uns eine Minute mit einer Frage verbringen, die Sie sich beide stellen, aber vermutlich nicht fragen werden. Meine Vermutung ist, daß Sie sich beide fragen, ob Sie beschuldigt werden, für Leslies (geben Sie den korrekten Namen der Person mit einer Bulimie an) Probleme verantwortlich zu sein. Lassen Sie mich ein wenig erzählen, wie ich die Entwicklung dieser Situation sehe. Wir haben eigentlich mit einer Kombination von zwei Faktoren zu tun. Erstens haben wir eine Familie, die einige Probleme im Umgang miteinander hat. Zweitens haben wir ein Kind in dieser Familie, das extrem sensibel und einfühlsam ist. Wenn diese Kombination zusammentrifft, kann sie zu Problemen führen, wie Leslie sie mit der Bulimie hat. Sie haben zweifellos ihr Bestes gegeben, um ihre Elternrolle so gut auszufüllen wie Sie können, und es kann sich bei ihren anderen Kindern bewährt haben. Für eine einfühlsame Persönlichkeit wie Leslie müssen wir zusammen eine andere Art der Erziehung finden, die ihr helfen kann, mit ihren Eßproblemen fertig zu werden und sich besser zu fühlen."

Den Eltern positive Intentionen zuzuschreiben ist wichtig, um sich ihrer Kooperation zu versichern, weil sie später in der Familientherapie gebeten werden, Veränderungen vorzunehmen. Trotz der Bemühungen des Therapeuten können starke Widerstände, sich zu ändern, immer noch vorhanden sein. Ein Vater sagte, „Ich bin 42 Jahre alt und werde mich nun nicht mehr ändern." Dieser Art von Widerstand muß mit der festen Behauptung begegnet werden, „Einige Personen, die das Problem ihrer Tochter haben, sterben an den Folgen. Zumindest verkürzen sie ihr Leben und schädigen ihren Körper. Was wollen sie tun und was wollen sie nicht tun, wenn es um Veränderungen geht, die einen großen Einfluß auf den Ausgang der Behandlung haben."

Ist die Einstellung der Familie im Bezug auf Nahrung und Essen Teil der Familientherapie?

Einer der ersten Bereiche, der besprochen werden muß, ist die Einstellung der Familie gegenüber Nahrung. Die verstrickten Familien haben eingefahrene Essensrituale. In einer Familie wies der Vater seine Kinder immer noch darauf hin, wann sie genug oder noch nicht genug auf ihrem Teller hatten. Von jedem wurde erwartet, daß er/sie alles auf seinem Teller aufißt, ob er/sie hungrig war oder nicht. Eine Patientin sagte „Eines Abends beeilte ich mich mit dem Essen, damit ich mit meiner Schwester einkaufen gehen konnte. Mein Papa schaute zu und sagte, ‚Das sind schrecklich große Bissen, junge Dame.' Ich begann ganz geziert, winzige Bissen zu essen und er wurde böse. Als meine Mutter mich fragte, was los sei, sagte ich, es mache mich ganz krank, daß Papa den ‚Essens-Aufseher' spielen würde. Sie sagte, ich sei respektlos und die Konversation war beendet."

In einer anderen Familie war die Mutter extrem ernährungsbewußt. Ihre Tochter kommentierte das so: „Ich mußte bei den Mahlzeiten immer etwas essen, ob ich hungrig war oder nicht. Ich mußte jeden Tag mindestens drei Gläser Milch trinken. Wenn ich meiner Mutter erzählte, daß ich gerade einen Freßanfall hatte, wollte sie wissen, was ich gegessen hatte und ob es nahrhaft gewesen sei."

Der Therapeut muß die Eltern zu Hilfe verpflichten, damit sie den Druck, den sie auf die Ernährung ausüben, wegnehmen. Sie müssen ermutigt werden, Kommentare über die Nahrungsmenge, und darüber wann und wie gegessen wird, zu vermeiden. Der Therapeut muß sagen, daß er/sie sich bewußt ist, wie schwierig das in manchen Zeiten ist. Eltern fragen oft „Wie soll ich damit umgehen, wenn ich feststelle, daß zwei Kilo Eiskrem fehlen. Ich möchte nicht, daß meine anderen Kinder das essen. Wie soll ich erklären, daß Mary die Eiskrem haben kann, aber daß die anderen sie nicht haben können. Das ist einfach nicht richtig."

Die Betonung dessen, was „richtig" ist, wird in den Familientherapiesitzungen wiederholt auftreten und ist ein integraler Bestandteil des Problems. Diese Eltern haben oft rigide definitive Maßstäbe darüber, was richtig ist. Die Verschwendung von Nahrungsmitteln, die bei der Bulimie auftritt, ist anstößig und „einfach nicht richtig". Oft hat es in der Vergangenheit zwischen Eltern und Kind Kämpfe rund um die Ernährung gegeben. Manchmal entsteht bei den Eltern die Angewohnheit, daß sie Essen kaufen und verstecken, so daß das Kind es nicht konsumiert und verschwendet. Dies kann in einem pathologischen Spiel resultieren, bei dem die Eltern Essen kaufen und verstecken, die Tochter durchsucht das Haus, findet das Essen und bekommt einen Freßanfall. Die Eltern können auch ins Extrem verfallen, die Schränke und den Kühlschrank abschließen, um zu versuchen, das Eßverhalten des Kindes zu kontrollieren.

Parallel zum Versuch der Eltern, die Ernährung des Kindes zu kontrollieren, lernt das Kind, sein Essen immer heimlicher zu konsumieren. Es nimmt große Anstrengungen auf sich, um Hinweise auf seine Eßgewohnheiten zu verbergen, wie zum Beispiel, daß es sich der Verpackungen von Essen und Abführmitteln entledigt, damit sie nicht gefunden werden. Es wird auch versuchen, die Entdeckung ihres Erbrechens zu verhindern. Eine Patientin, Ruth, beschrieb es so, „Meine Eltern fragten mich häufig, ob ich ,es' noch tat. Das ,es' war das Erbrechen. Ich wollte nicht, daß sie böse oder traurig werden, und ich sagte ,nein'. In Wirklichkeit ging ich in den Keller, erbrach in eine Papiertüte und warf diese hinterher in den Heizkessel. Du kannst dir die Bescherung vorstellen, nachdem sie dies nach einem Jahr herausfanden. Sogar dann schrien sie mich nur an und sagten mir, ich solle ‚damit aufhören'. Niemand dachte daran, daß ich eine Beratung brauchen könnte. Ich war erst elf, also wußte ich es auch nicht."

Ruths Erfahrungen illustrieren die bemerkenswerte Leugnung eines Problems, die in einigen dieser Familien auftreten kann. Ruths Eltern ignorierten nicht nur ihr Abführverhalten, sie waren auch nicht in der Lage, professionelle Hilfe aufzusuchen, als ihre Tochter nur noch 30 Kilo wog. Ruth ging von selbst zur Beratung, aber erst als sie im College war und sich schon 10 Jahre lang mit ihrer Bulimie herumgeschlagen hatte. Sogar dann hatte sie Schwierigkeiten, sich zur Therapie zu verpflichten, weil ihre Eltern ihr ein Stigma, was das Akzeptieren fremder Hilfe angeht, aufgezwungen hatten.

Offensichtlich treibt der Machtkampf zwischen Eltern und Kind, der wegen dem Essen stattfindet, das Freßanfall/Abführverhalten an. In vielen der verstrickten Familien ist die Struktur so rigide, daß die Nahrungsaufnahme das Einzige ist, bei dem die Jugendlichen gegen die elterliche Autorität rebellieren können, um internale Kontrolle zu erleben. Obwohl die Eltern sich vielleicht gegen den Gedanken wehren, ihre Anstrengungen hinsichtlich der Nahrungskontrolle aufzugeben, ist dies für den Genesungsprozeß unerläßlich. Der Therapeut muß darauf bestehen, daß sie alle Kommentare über das Eßverhalten ihrer Tochter und alle Versuche, ihre Nahrungsaufnahme zu kontrollieren, unterlassen. Der Therapeut muß auch darauf hinweisen: „Was Sie da tun, funktioniert nicht. Vielleicht ist es Zeit, einen anderen Ansatz zu versuchen."

Wird die Verantwortlichkeit, die die Patientin sich auferlegt, offen in der Familientherapie diskutiert?

Wie schon vorher beschrieben, ist die Tochter, die eine Bulimie bekommt, das verantwortliche Kind in der Familie. Der Therapeut muß konzentrierte Anstregungen unternehmen, um sie aus dieser Rolle zu befreien. Dies bedeutet, daß man der Familie hilft, sich auf angemessene Art umzustrukturieren. Dies kann schwierig sein und mit Widerstand begegnet werden. Schließlich hat es wirklich Vorteile, wenn man eine Tochter mit einer Bulimie hat, die die Verantwortlichkeiten anderer übernimmt, woran sich die Eltern und andere Familienmitglieder gewöhnt haben.

Manchmal ist die Familie sich des Problems schon bewußt. Sharons Vater kommentierte das so: „Niemand in dieser Familie hat die Erlaubnis, mit einem anderen zu streiten. Sobald eine Auseinandersetzung beginnt, ist Sharon schon mittendrin. Sie kann es nicht aushalten, jemanden wütend zu sehen, deshalb wird nie etwas ausgetragen. Ich sage ihr, daß es normal ist, daß Familien sich ab und zu streiten, aber sie kann es überhaupt nicht ertragen." Sharon bestätigte diese Aussage und fügte hinzu, „Ich kann es nicht aushalten, wenn jemand wütend auf mich ist. Ich entschuldige mich immmer bei der anderen Person, sogar wenn ich weiß, daß ich im Recht bin. Ich glaube, ich habe immer gedacht, daß sich jeder so schlecht fühlt, wie ich mich fühle, wenn jemand wütend auf mich ist. Deshalb versuche ich die Streitigkeiten immer zu beenden."

Wenn ein Elterteil oder beide zum Verantwortungsgefühl der Tochter beigetragen haben, indem sie sie als eine Vertraute benutzten, muß dieses Verhalten verhindert werden. Dies galt besonders für Sharon und ihre Mutter. In der Familientherapie war Sharon in der Lage, auszudrücken, wie sehr es sie belastet, wenn ihre Mutter ihr zu viel von ihren Sorgen erzählt. „Wenn du mir diese Dinge erzählst, habe ich das Gefühl, ich sollte sie in Ordnung bringen. Ich kann das wirklich nicht tun, deshalb versuche ich noch perfekter zu werden, damit ich nicht noch zu deinen Sorgen beitrage." Sharons Mutter entgegnete, daß sie immer sehr stolz gewesen seien, eine „offene" Familie zu sein, „Nun weiß ich nicht mehr, wie ich mit Sharon reden soll. Ich fühle mich nicht wohl, wenn ich etwas zu ihr sage. Ich habe das Gefühl, daß ich auf jedes Wort, das ich sage, aufpassen muß." Sharon wurde gebeten, ihrer Mutter zu helfen, eine Liste von den Dingen zu machen, bei denen sie sich am unwohlsten fühlt, wenn man sie ihr erzählt. Sie sagte, „Ich möchte nichts von euren Eheproblemen, finanziellen Problemen, oder deinen Sorgen über meine Brüder und Schwestern hören. Ich kann gegen diese Angelegenheiten nichts tun, und es macht mich nur traurig, das zu hören." Sharons Mutter war einverstanden zu versuchen, diese Themen zu vermeiden.

Gina wurde schon oft in die Auseinandersetzungen zwischen ihrer Mutter und ihrem Vater hineingezogen. Ihre Mutter drohte jahrelang damit, die Scheidung gegen ihren Vater einzuleiten. Sie verknüpfte ihre Aktionen immer mit etwas, das mit Ginas Leben zu tun hatte. Zum Beispiel war der Vater Klemptner, der viel Zeit damit verbrachte, für Gina und ihren Mann ein Haus zu bauen. Gina wurde gesagt, „Sobald dein Vater damit fertig ist, an deinem Haus zu arbeiten, werde ich die Scheidung einleiten." Als Gina ihrer Mutter erzählte, daß sie wegen der Behandlung ihrer Bulimie ins Krankenhaus gehen würde, sagte ihre Mutter, „Sobald du über diese Eßgeschichte hinweg bist, werde ich vermutlich mit der Scheidung beginnen." Gina brachte schließlich den Mut auf, ihrer Mutter zu sagen, daß sie aufhören soll, sie für das Scheitern oder das Fortbestehen der Ehe verantwortlich zu machen. Ihre Mutter war erstaunt, als Gina sie darauf hinwies, wie viele Male sie die Entscheidung über die Scheidung an Ereignisse im Leben ihrer Tochter geknüpft hatte.

Wird eine Schwester von den anderen Geschwistern in die verantwortliche Rolle gedrängt?

Manchmal lohnt es sich für die Geschwister, wenn sie eine Person in der Rolle des verantwortlichen Kindes belassen. In Sharons Familie wurde eine jüngere Schwester sieben Jahre nach den anderen Geschwistern geboren. Der Vater bemerkte, „Wir waren nie in der Lage, Tina richtig zu disziplinieren. Immer wenn sie etwas Falsches gemacht hatte, waren ihre Brüder und Schwestern zur Stelle, um es zu verdecken oder um einzuschreiten, wenn es zu einer Konfrontation kam." Als die Familientherapie stattfand, war Sharon die Einzige der älteren Geschwister, die noch zuhause lebte. Tina benutzte Sharons Angst vor den Wutausbrüchen des Vaters, um sie als Mittelsperson zu gebrauchen. Durch die Therapie sah Sharon, wie Tina sie benutzte, war aber nicht in der Lage, Tinas Manipulationen zu widerstehen. Letztendlich war es für Sharon die einzige Lösung, von zuhause weg und in ihr eigenes Appartment zu ziehen. Sogar dann, sagte Sharon, „habe ich das Gefühl, Tina und Mama im Stich gelassen zu haben. Ich werde mich furchtbar fühlen, wenn einer von beiden etwas Schreckliches passiert."

Bekommt ein anderes Familienmitglied ein Problem, wenn das Kind mit dem Symptom die Familie verläßt?

Es ist interessant, daß oft ein anderes Familienmitglied ein Problem bekommt, wenn das Kind mit dem bulimischen Symptom die Familie verläßt, sei es, daß es auszieht oder hospitalisiert wird. Die Familie scheint ein Problem zu brauchen, auf das sie sich konzentrieren kann, um Ehekonflikte zwischen den Eltern zu vermeiden. Zum Beispiel, als Janet sich von ihrer Bulimie zu erholen begann, widersetzte sich ihre Schwester ihren Eltern gegenüber offen und begann, die ganze Nacht von zuhause wegzubleiben. Als Sharon auf die Krankenstation für Eßstörungen kam, begann ihre Schwester zu trinken und die Schule zu schwänzen. Die Mutter dieser Familie bekam Panikanfälle und war nicht mehr in der Lage, als Mutter zu fungieren. Der Therapeut muß sich bewußt sein, daß dies möglicherweise eintritt und der Patientin mit einer Bulimie helfen, sich nicht dafür verantwortlich zu fühlen. Sie wird das starke Bedürfnis haben, „alles wieder in Ordnung zu bringen."

Wird der Therapeut bei Kommunikationsproblemen unter den Familienmitgliedern helfen?

Eine der größten Beschwerden von bulimischen Teenagern, die zuhause leben, ist folgende: „Meine Mutter (Vater) hört mir nie zu." Kathy sagte zum Beispiel, „Wenn ich meiner Mutter sage, daß ich die Schule wirklich hasse, ist die einzige Antwort, die ich bekomme, ‚Damit mußt du fertig werden'. Meine Eltern sind der Überzeugung, daß man alles überwinden kann, ‚wenn man sich nur am Riemen reißt'. Sie fragen nie, warum ich die Schule hasse."

Carrie beschrieb die Interaktion mit ihrer Mutter so: „Ich versuchte mit meiner Mutter über etwas zu reden, das mich wirklich belastete. Mittendrin als ich versuchte, es ihr zu erzählen, ließ sie wieder die große Lektion vom Stapel, wie schlecht es sei, Drogen zu nehmen und zu trinken. Es hatte wirklich nichts damit zu tun, was ich sagte. Ich hatte das Gefühl, ich hätte einen Knopf an einem Tonbandgerät gedrückt, und eine aufgezeichnete Botschaft über Trinken und Drogen würde abgespielt werden. Carrie fuhr fort: „Am Tag als die Schule begann, fragte sie mich, wie es denn gegangen sei. Ich erzählte ihr von einigen Dingen, die mir gefallen hatten, aber dann sagte ich ihr, daß ich nicht sicher sei, ob ich meinen Englischlehrer mögen würde. Sofort bekam ich die Tonbandversion davon zu hören, daß ich mir nicht darüber im Klaren sei, wieviel Glück ich doch hätte und wieviel schwerer die Dinge noch waren, als sie zur Schule ging. Ich habe das Gefühl, daß ich über gar nichts mit ihr reden kann, ohne eine dieser Lektionen zu hören, die vielleicht gar nicht mit dem gleichen Thema zu tun haben. Warum kann sie einfach nicht zuhören?"

In der Familiensitzung wurde klar, was Carrie meinte. Bei verschiedenen Anlässen ließ ihre Mutter eine ihrer Lektionen vom Stapel, sprach dabei in einem sehr autoritären Ton und zeigte mit dem Finger auf Carrie, um dies noch zu betonen. Die Therapeutin unterbrach sie und fragte, „Hören Sie, was Sie gerade tun? Welche Botschaft, glauben Sie, bekommt Ihre Tochter jetzt? Was möchten Sie wirklich mitteilen?" Verschiedentlich wurde die Mutter gebeten, in ihren eigenen Worten zu wiederholen, was ihre Tochter gesagt hatte. Der Mutter wurde allmählich klar, daß sie nicht zuhörte. Neben diesen Interventionen bemerkte die Therapeutin, wie sehr die Mutter sich anstrengte, und wie wichtig es für sie war, daß aus ihren Kindern etwas Richtiges wurde. Die Therapeutin machte klar, daß sie die helfenden Absichten der Mutter unterstützte, sie wies aber darauf hin, daß die Art und Weise, wie sie es versuchte, fehlschlagen könnte. „Wenn die Eltern auf große und kleine Sorgen mit starken Gefühlen und dem gleichem Nachdruck reagieren, lernt der Teenager bald, alles was diese Person sagt, auszublenden. Wenn sie das Gefühl hat, daß Sie nicht zuhören, wird sie allmählich völlig damit aufhören, mit Ihnen zu reden. Es ist ein viel besserer Ansatz, zuzuhören, die Kommunikationslinie offenzuhalten und Ihren Einfluß für die wirklich großen Probleme aufzusparen. Sie haben gute Arbeit geleistet, als Sie Ihre Tochter mit hohen moralischen Maßstäben und Zielen großgezogen haben. Es ist wirklich in Ordnung, wenn Sie sich nun ein wenig entspannen."

Zuhören und Handeln; kann der Therapeut helfen?

Während der Therapeut die Fähigkeit zuzuhören lehrt, muß er/sie gegenüber Eltern und Kindern betonen, daß die Person, die ein Problem erzählt, vom Zuhörer nicht notwendigerweise eine Handlung erwartet. Sowohl die Eltern als auch die Tochter verhalten sich wahrscheinlich so, daß sie sich sofort auf die Problemlösung oder in die Rettungsmission stürzen, um den Sprecher von seinem Problem zu erlösen. Häufig ist der wichtigste Faktor, einfach das Gefühl zu haben, daß einem jemand zuhört und einen versteht. Es ist oft eine Erleichterung für den

Zuhörer, wenn man den Druck von ihm nimmt, daß er etwas tun muß. Dies gestattet ihm, dem, was wirklich gesagt wird, mehr Aufmerksamkeit zu schenken.

Können Eltern lernen, effektiver zu loben?

Wenn der Therapeut die Eltern die Fähigkeit des Zuhörens lehrt, muß er gleichzeitig den Mitteln, mit denen Eltern Anerkennung und Lob spenden können, Aufmerksamkeit schenken. Dies kann am effektivsten in einer Sitzung geleistet werden, in der das Kind nicht anwesend ist. Wenn die Eltern schließlich ihr Verhaltensmuster beim Loben ändern, führt die Tochter das nicht auf den Therapeuten zurück. Der Therapeut könnte den Eltern gegenüber folgenden Kommentar abgeben, „Ich weiß, daß Lob und Anerkennung in Ihrer Familie oft ausgedrückt werden. Ich frage mich, ob Sie je über die Art und Weise, in der das Lob ausgedrückt wird, nachgedacht haben. Eine Form, die oft von Eltern gebraucht wird, ist folgende: „Das ist wirklich nett, Liebes, ich bin so stolz auf dich." Das hört sich gut an, nicht wahr? Lassen Sie uns eine andere Möglichkeit betrachten: „Das ist wirklich nett, Liebes, du mußt sehr stolz auf dich sein." Fühlen Sie den Unterschied? Ihre Tochter besitzt sehr wenig internale Selbstbestätigung. Sie ist fast völlig vom Input anderer abhängig, die bestimmen, wie sie sich selbst fühlt. Wenn Sie ihre Art zu loben ändern, kann es ihr dabei helfen, wichtige Selbstwertgefühle zu entwickeln. Üben Sie, Dinge zu sagen wie, ‚Du mußt froh darüber sein, wie du mit diesem Problem zurechtgekommen bist,' und ‚es muß ein gutes Gefühl sein, das erreicht zu haben.' Sie werden Ihre Anerkennung mitteilen und noch wichtiger, Sie werden ihr Selbstwertgefühl aufbauen."

Zusammenfassende Kommentare über Kommunikations-Fertigkeiten

Der Therapeut lehrt offensichtlich Basisfertigkeiten der Kommunikation. Hier wurde nur ein kurzer Ausblick auf das Lehren von aufmerksamem Zuhören und Loben gegeben. Wenn der Therpeut oder die Patientin dies weiter verfolgen möchte, gibt es einige gute Bücher, unter anderem: „Parent Effectiveness Training" von Gordon und McKay (1970).

Probleme in der Ehe/Partnerschaftsbeziehung Paartherapie

Einige Patientinnen, die wegen einer Bulimie betreut werden, sind verheiratet oder leben mit einem Partner. Obwohl wir uns hier, um uns die Formulierung zu erleichtern, auf den Ehepartner oder Gatten beziehen, sind die Aussagen auf nicht verheiratete Paare gleichermaßen anwendbar.

Wie gehen Paare miteinander um, wenn die Partnerin eine Bulimie hat?

Es ist interessant, wie vielfältig die Umgangsformen von Paaren sind, in denen die Frau eine Bulimie hat. In einigen Beziehungen wird die Bulimie sorgsam vor dem Ehegatten verborgen, oft über Jahre hinweg. Bei anderen ist sich der Partner des Freß- und Abführverhaltens vor der Heirat bewußt, hofft aber vielleicht, daß es nach der Heirat verschwinden wird. Die Reaktionen des Ehemanns auf die Bulimie variieren beträchtlich. Manche Partner ignorieren die Bulimie und geben selten einen Kommentar dazu ab. Andere mißbilligen die Bulimie und flüchten sich in angreifende und belustigende Bemerkungen. Einige wechseln zwischen diesen beiden Positionen hin und her. Eine kleinere Gruppe scheint die Genesungsversuche der Frau aktiv zu sabotieren. Diese Sabotage beruht oft auf der Angst, daß die Frau ihn verlassen wird, wenn sie sich wieder erholt. Die meisten Partner sind Willens, an der Beratung teilzunehmen, wenn sie helfen wird, sie betrachten die Bulimie jedoch als „das Problem der Frau".

Viele Partner haben versucht, ihrer Gattin dabei zu helfen, ihr Eßverhalten zu kontrollieren. Dies ist oft frustrierend und selten effektiv. Die Patientin schämt sich oft ihres Verhaltens und wird es vermeiden, mit dem Partner über dieses Thema zu sprechen.

Wie kann der Partner helfen?

Daß die Klientin lernt, dem Partner gegenüber klar auszudrükken, was sie von ihm braucht, ist ein Hauptziel der Therapie. Er braucht genaue Anweisungen darüber, welche seiner Bemühungen hilfreich und welche kontraindiziert sind. Es ist ein wichtiger Aspekt, ihr bei der Entscheidung darüber zu helfen, was ihren Bedürfnissen entspricht. Eine Frau sagte zum Beispiel, daß es ihr half, eine Mahlzeit bei sich zu behalten, wenn ihr Partner ihren Bauch sanft massierte und in ruhigen Worten zu ihr sprach. Eine andere Frau sagte, daß das Letzte was sie ertragen könnte, Berührungen — besonders an ihrem Bauch — seien, wenn sie sich nach dem Essen fett fühle. Jede Zuwendung oder Körperkontakt würden ihr Bedürfnis abzuführen dann beträchtlich erhöhen. Statt dessen mußte ihr gestattet werden, sich ruhig hinzusetzen und Musik oder ihre Entspannungskassette zu hören, bis das Gefühl des Fettseins vorbei war.

Andere Patientinnen haben eine Vielzahl von Möglichkeiten vorgeschlagen, wie der Ehegatte helfen könnte. Manchmal hilft es, wenn er eine Zeitlang die Zubereitung der Mahlzeiten übernimmt. Bei anderen Frauen ist die schwierigste Phase das Saubermachen und das Wegräumen der Lebensmittel nach dem Essen. Manchmal betrifft die Hilfe auch Probleme, die mit dem Essen nichts zu tun haben. Eine Patientin brauchte wirklich die Unterstützung und Ermutigung ihres Mannes, um einen Job zu kündigen, der gut bezahlt, aber sehr streßreich und wettbewerbsorientiert war. Eine andere bat ihren Partner, aufmerksamer zu ihr zu sein, wenn seine Verwandten zu Besuch kamen. Sie fühlte sich im Stich gelassen, wenn er mit seinen Cousins loszog und sie mit seiner Schwester und seiner Mutter alleine ließ.

Es ist gut möglich, daß die Frau in ihrer Ehe eine ähnliche Rolle übernommen hat wie in ihrer Ursprungsfamilie. Sie beschäftigt sich wahrscheinlich sehr häufig mit „Gedankenlesen", um die Bedürfnisse oder Wünsche des Partners zu antizipieren. Sie ist oft sehr unsicher, was ihre eigenen Bedürfnisse angeht und vermeidet offene Konflikte. Diese Probleme müssen in den Sitzungen mit dem Partner besprochen werden.

Kann der Therapeut dem Partner dabei helfen, das größere Problem — die emotionalen Themen — zu verstehen?

Dem Partner muß dabei geholfen werden zu verstehen, daß die Bulimie nicht ausschließlich ein Eßproblem ist. Wenn ihm einige zugrundeliegenden emotionale Themen erklärt werden, ist er oft beträchtlich verständnisvoller und leistet mehr Unterstützung. Es bringt ihm häufig merkliche Erleichterung, wenn die Themen offen diskutiert werden und er Fragen stellen kann.

Wird ein Treffen der Patientin, des Partners und der Kinder in der Paartherapie arrangiert?

Manchmal gibt es in der Familie der Patientin auch Kinder. Gloria hatte zwei Stiefkinder aus der früheren Ehe ihres Mannes. Sie erklärt es so, „Ich bin auf die zwei Kinder sehr eifersüchtig. Wenn sie bei uns sind und ich auf der Arbeit bin, fantasiere ich darüber, daß sie meine Lebensmittel essen. Ich hasse es, wenn Bob Tüten voll mit Junkfood heimbringt, kurz bevor sie zu Besuch kommen. Die Jüngste, Carol, bekommt ein ziemliches Gewichtsproblem und andere Kinder machen sich in der Schule deswegen über sie lustig. Immer wenn ich sie sehe, erinnere ich mich daran, daß ich in der Schule ein dickes Kind war, und ich bekomme all die alten Gefühle. Ich bin ganz verwirrt hinsichtlich meiner Gefühle für die Kinder und ich habe Angst, daß dies meiner Ehe wirklich schaden wird." Einige Familiensitzungen mit den Stiefkindern waren für Gloria und Bob ganz klar notwendig. Anfänglich war Bob gegenüber seinen Kindern sehr protektiv und weigerte sich, sie an der Beratung teilnehmen zu lassen. Als sich Gloria darum bemühte von der Bulimie zu genesen, verstand Bob allmählich, daß ihre Gefühle gegenüber den Kindern ihre Genesung verhinderten und zögernd erklärte er sich damit einverstanden, sie an der Beratung teilnehmen zu lassen.

Einige Sitzungen fanden statt, die zu einem wesentlich angenehmeren Verhältnis zwischen Gloria und den Kindern führten, was von einer weiteren Verbesserung ihres Eßverhaltens gefolgt war. Sarah hatte zwei Kinder im Teen-Alter, die sich über ihr Freß- und Abführverhalten nicht im Klaren waren. Ihre älteste Tochter, Jane, war sich dessen bewußt, daß ihre Mutter häufig versuchte, abzunehmen und daß sie eine kritische Einstellung zu ihrer Figur hatte. Wenn sie ihre Mutter beim Essen antraf, machte sie kritische Bemerkungen wie: „Bist du schon wieder am Essen?" „Solltest du das essen?" Diese Kritik war derjenigen ähnlich, die Sarahs Vater von sich gab, als sie noch klein war und sie verstärkten ihr Gefühl der Deprivation und Wertlosigkeit. Sarah reagierte darauf mit Freßorgien und fühlte sich später schuldig und hoffnungslos. In einer Familiensitzung wurden der Tochter Sarahs Probleme mit ihrer Bulimie erklärt. Jane verstand, wie ihre Kommentare negative Gefühle bei der Mutter auslösten und brachte ihrer Mutter viel mehr Unterstützung und Ermutigung entgegen.

Zusammenfassung

Die Einbeziehung der Familien von Frauen mit einer Bulimie ist ein wichtiger Bestandteil des Erholungsprozesses. Familiäre Probleme müssen in der Therapie angesprochen werden, ob die Familienmitglieder für die Sitzungen zur Verfügung stehen oder nicht. Wenn die Patientin jung ist und noch bei den Eltern lebt, kann es sehr hilfreich sein, die Eltern und manchmal auch die Geschwister einzubeziehen. Das Konzept der „Ungewöhnlichen Person" kann zu einem besseren Verständnis der destruktiven Beziehung führen, die viele dieser Frauen zu ihren Eltern haben. Wenn die Patientin verheiratet ist oder in einer festen Beziehung lebt, kann die Mitwirkung des Partners und möglicherweise auch ihrer Kinder hilfreich sein.

Kapitel 12
Die Genesung

Die Patientin mit einer Bulimie wartet oft ungeduldig auf ihre Genesung. Das Persönlichkeitsmerkmal Perfektionismus und das Bedürfnis nach Anerkennung beschleunigen oft ihren Wunsch, zu genesen und diesen Teil ihres Lebens hinter sich zu lassen. Die Patientin muß mehr Selbstsicherheit besitzen und andere Bewältigungsmechanismen entwickelt haben, bevor die Freßanfälle weichen können. Mit der Entstehung eines höheren Selbstwertgefühls und größerer Ich-Stärke, beginnt sie, die anderen Bewältigungsmechanismen statt des Freßanfalls einzusetzen, um mit Streß umzugehen. Wenn die Patientin beginnt, Essen weniger oft als Lösung gegen Streß einzusetzen, fängt sie an, sich als „geheilt" zu betrachten. Es ist wichtig, daß der Therapeut nicht vorschnell mit der Betreuung dieser Patientinnen aufhört. Oft kehrt die Bulimie mit gesteigerter Intensität zurück, wenn die Patientin sich als genesen erklärt.

Nachdem sich das Freß- und Abführverhalten vermindert hat oder verschwunden ist, wird wahrscheinlich eine Beratung darüber notwendig sein, wie in andereren Lebensbereichen Verbesserungen erzielt werden können, z. B. in der Beziehung, in der Sexualität und bei beruflichen Entscheidungen. In diesem Abschnitt erörtern wir verschiedene Themen, die gewöhnlich in der Erholungsphase auftreten. Dabei handelt es sich im besonderen um solche Themen wie das Bewußtsein, daß das bulimische Verhalten nicht mehr funktioniert, daß man Verantwortung übernimmt für die Nahrungsmenge, die man zu sich nimmt und daß man mit Rückfällen umzugehen lernt.

Worin besteht die Genesung?

Es ist schwierig zu definieren, was die Erholung bei einer Patientin mit einer Bulimie ausmacht. Einige Autoren verwenden die Reduktion oder das Nachlassen des Freß- und Abführverhaltens als Anzeichen für eine Genesung. Wir haben das Gefühl, daß das Nachlassen der Freßanfälle ein bedeutsamer Bestandteil des Kriteriums für Genesung ist, daß es jedoch nicht als vollständige Definition des Erfolges betrachtet werden kann, obwohl es ein Hauptziel ist. Wenn man in der Behandlung der Bulimie antidepressive Medikamente verschreibt und die Patientin als geheilt bezeichnet, wenn die Freßanfälle abnehmen oder aufhören, wäre dies analog zu den verfrühten Erfolgsmeldungen in der Behandlung von Anorexie aufgrund der Wiederherstellung des Körpergewichtes. Das identifizierende Symptom mag sich verändert haben, der psychologische Streß, der das Symptom verursacht hat, ist aber noch vorhanden.

Was geschieht, wenn die Freßanfälle nicht mehr ihren Zweck erfüllen?

An einem bestimmten Punkt im Genesungsprozeß kommt die Patientin zu der Überzeugung, daß das bulimische Verhalten nicht mehr „funktioniert". „Ich habe immer noch Freßanfälle, ich weiß aber wirklich nicht warum. Ich habe nicht mehr dasselbe erleichternde Gefühl, das ich immer hatte, wenn ich gegessen und abgeführt habe." Diese Erkenntnis kann bei der Frau dann zu Angst führen, wenn sie sich darüber bewußt wird, daß ihre, für lange Zeit verläßlichen Bewältigungsmechanismen nicht mehr länger helfen. Wenn dieses Thema bearbeitet wird, vergegenwärtigt sich die Patientin oft, daß sich die Intensität der Freßanfälle verändert hat. „Ich esse bei den Freßanfällen nicht mehr so viel, wie ich es immer getan hatte. Ich höre früher damit auf, weil mir nicht danach ist, noch mehr zu essen. Ich hatte gewöhnlich diese „Mega-Freßanfälle", wobei ich mehrmals essen und erbrechen konnte, aber die haben vollständig aufgehört. Was ich jetzt tue, kommt mir mehr als eine Gewohnheit vor wie irgend etwas sonst." Viele Patientinnen teilen die Auffassung, daß sie zwei Arten von Freßanfällen haben, und daß die daran beteiligten Gefühle sich etwas unterscheiden. Was wir als „Mega-Freßanfälle" bezeichnen, wird von intensiven Schuldgefühlen, Ärger, Depressionen und Unzulänglichkeit herbeigeführt. Der Freßanfall kann mehrere Stunden andauern und von Erbrechen unterbrochen werden, damit das Konsumieren weiterer Nahrung ermöglicht wird. Die andere Art von Freßanfall, die auftzutreten scheint, wenn die Genesung voranschreitet, ist eher ein „Gewohnheits-Freßanfall". Mit diesem Eßverhalten sind weniger intensive Gefühle wie Langeweile oder Frustration verbunden. Die Menge, die konsumiert wird, ist beträchtlich geringer. Die Person ist sogar überrascht, daß sie aufhört zu essen, bevor sie alles konsumierte, was sie zubereitet hat.

Welche anderen Emotionen treten auf, wenn das bulimische Eßverhalten weniger effektiv wird?

Die abnehmende Effizienz des bulimischen Eßverhaltens wird von der Patientin mit gemischten Gefühlen begrüßt. Sie erkennt, daß dies ein positives Zeichen der Genesung ist, sie ist aber gleichzeitig in Panik, weil sie die Fähigkeit verloren hat, Gefühle mit Essen auszublenden. Bei einigen Patientinnen führt das Abnehmen der Effektivität der Freßanfälle zu einer Steigerung der Angst, die wiederum zu einer Zunahme des Eßverhaltens führt, verbunden mit der Hoffnung, daß dessen Effektivität als Bewältigungsmechanismus wiederhergestellt wird. Dieses letzte Aufbäumen des Symptoms kann dazu führen, daß die Patientin entmutigt wird und das Gefühl bekommt, ihre Fortschritte seien verloren. Dies ist jedoch selten der Fall. Die erneute Intensität der Freßanfälle scheint ziemlich schnell wieder zu verschwinden und die Patientin kommt wieder besser zurecht.

Wie beeinflußt die Genesung das Bedürfnis zu essen?

Die Frau wird sich darüber bewußt werden, daß sie beim Essen eine Auswahl trifft. Zum Beispiel sagte Gina, „Wir sind ausgegangen und waren an meinen Lieblings-Schnellimbiss und ich fühlte mich nicht wirklich hungrig. Ich stellte fest, daß ich mir nur eine gebackene Kartoffel mit Käse bestellte, statt mir eine komplette Mahlzeit zu bestellen. Früher hätte ich gar nicht bemerkt, ob ich hungrig bin, ich hätte alles gegessen und danach erbrochen." Lisa sagte, „Ich stehe vor dem Kühlschrank und frage mich, worauf ich Lust habe, statt alles zu konsumieren, was in Sichtweite ist. Manchmal wird mir bewußt, daß es überhaupt nicht das Essen ist, was ich will. Ich kann nun besser zwischen richtigem Hunger und emotionalem Hunger unterscheiden."

Kann es während der Genesung ein Problem werden, die Nahrung im Magen zu behalten?

Wenn die Frau Anstrengungen unternimmt, ihre Freß- und Abführaktivitäten zu reduzieren, wird ihr manchmal klar, daß es schwierig ist, Nahrung im Magen zu behalten. Die häufige Umkehrung der normalen Vorwärtsbewegung des Magens kann zu einer verzögerten Magenentleerung führen. Es kann schwierig für sie werden, das Gefühl, Nahrung im Magen zu haben, für längere Zeit zu ertragen. Dieses Problem und seine Behandlung wird im Kapitel über „die medizinischen Aspekte der Bulimie" besprochen. Die Frau wird unter Umständen den Wunsch haben, mit mehreren kleinen Mahlzeiten am Tag zu experimentieren, um das Völlegefühl im Magen zu vermeiden.

Wie kann man die Patientin im Verlauf der Genesung zum Einsatz anderer Bewältigungsmechanismen ermutigen?

„Ich bin entschlossen, zu essen". Der Therapeut soll die Patientin zu anderen Umgangsformen mit Streß ermutigen. Man kann von der Patientin beispielsweise das Ausführen einer Aufgabe verlangen, bevor sie mit dem Essen beginnt. Der Therapeut könnte folgendes sagen, „Von nun an möchte ich, daß du den Satz ‚Ich bin entschlossen, zu essen' aufschreibst, wann immer du kurz davor bist, zu essen. Danach kannst du anfangen zu essen, wenn du mußt. Du brauchst mir die Sätze nicht zu bringen und sie nicht einmal für mich zu zählen. Ich möchte, daß du darauf achtest, wie du dich fühlst, wenn du diesen Satz schreibst. Was geht in deinem Leben vor, daß sich das Bedürfnis zu essen aufbaut?"

Die Patientinnen mögen diese Verpflichtung oft nicht. Sie weigern sich möglicherweise, die Verantwortung für ihr Eßverhalten zu übernehmen. Der Therapeut muß die Patientin darüber informieren, daß die Freßanfälle nicht einfach so passieren. Es gibt keine dunkle und mysteriöse Macht über ihnen, die sie dazu bringt, zu essen. Es ist für die Genesung wichtig, zu akzeptieren, daß es eine Entscheidung ist, zu essen. Diese Übung sollte nicht eingesetzt werden, bevor bei der Patientin Anzeichen für ihre Bereitschaft vorhanden sind, die Freßanfälle aufzugeben. Wenn man die Vereinbarung zu früh in der Therapie trifft, kann dies oft zu Versagensgefühlen und Hoffnungslosigkeit führen.

Viele Reaktionen wurden anläßlich dieser Vereinbarung gezeigt. Einige Frauen berichten, daß sie gar keinen Einfluß hat, andere zeigen sehr intensive Reaktionen. Cindy sagte, „Ich schrieb den Satz auf, schaute ihn an, und änderte ihn um in ‚Ich bin entschlossen, nicht zu essen.‘ Dann brach ich in Tränen aus. Mir wurde klar, daß ich traurig war wegen einer Note, die ich auf eine Arbeit bekommen hatte. Nachdem ich eine Weile geweint hatte, entschloß ich mich, daß ich überhaupt nicht zu essen brauchte." Lynn konnte sich selbst nicht dazu bringen, den Satz aufzuschreiben, bis nach dem Essen, wobei sie schrieb, „Ich hatte beschlossen zu essen." Einige Frauen können sich überhaupt nicht dazu zwingen, den Satz aufzuschreiben. Karen berichtete, „Ich wollte wirklich nicht zugeben, daß ich die Entscheidung traf. Ich fühlte mich sehr zornig, wenn immer ich dabei war, den Satz aufzuschreiben." Sharon erzählte der Gruppe im Scherz, „Ich habe es mit Schokoladenkeksen buchstabiert und dann gegessen!" Ungeachtet ihrer Wirkung auf die Patientin liefert diese Vereinbarung reichhaltiges Material für die Therapiesitzung.

Es ist auch hilfreich, wenn die Patientin alternative Bewältigungsmechanismen auflistet und die Liste dann an einem hervorstechenden Platz postiert. Diese Technik ist deshalb nützlich, weil die Frau Schwierigkeiten hat, an etwas anderes zu denken, wenn sich das Bedürfnis zu essen aufbaut. Die Liste kann verschiedene Aktivitäten beinhalten, wie zum Beispiel Jogging, einen Freund anrufen, und so weiter, oder sie kann beschreiben, was eine Patientin „Mein Rezept, um mich selbst aus dem Sumpf zu ziehen" nennt. Ihr Rezept beinhaltet: Aufhören, Süßigkeiten zu essen, sich zwingen soziale Aktivitäten aufrechtzuerhalten, auch wenn sie sich fett fühlt, Selbstmitleid und Selbstvorwürfe vermeiden, essen, wann immer sie hungrig ist, und nur wenn sie hungrig ist und nicht von der Arbeit zuhause bleiben.

Wie lernen Frauen mit einer Bulimie, ihre Nahrungsmenge zu kontrollieren?

Es ist schwierig für die Patientin, wenn sie in der Erholungsphase damit konfrontiert wird, daß sie damit aufhören muß, enorme

Nahrungsmengen zu konsumieren. Einige Frauen berichten, daß es ihnen großes Vergnügen bereitet, enorme Nahrungsmengen zu essen, und daß sie zögern, diese Angewohnheit aufzugeben. Andere haben wenig Freude am Geschmack des Essens, bei fast allen besteht aber die Angst, „Ich werde von fast nichts leben müssen, wenn ich das Abführen aufgebe." Diese Angst kann durch eine diätetische Beratung angegangen werden, wie im Kapitel über Ernährung bereits besprochen wurde. Die Patientin muß es aufgeben, je ihr Zielgewicht erreichen zu wollen, das generell unangemessen niedrig für ihre Größe und ihren Körperbau ist. Es wird leichter, dies zu akzeptieren, wenn die Person ein intrinsisches Selbstwertgefühl hat, und sich nicht einzig und allein durch andere oder die Gesellschaft definieren läßt.

Treten Rückfälle auf?

Rückfälle treten in der Erholungsphase häufig auf. Dies kann teilweise von dem Druck abhängig sein, den die Frau sich selbst auferlegt. Lynn stellte dies so dar: „Wenn ich einmal damit beginne, mein Verhalten zu kontrollieren, habe ich das Gefühl, daß ich es immer kontrollieren muß. Ich fühle mich schuldig, wenn ich versagt habe und dies führt dann zum nächsten Freßanfall." Lynn wurde darüber informiert, daß sie wieder danach strebte, perfekt zu sein und daß sie versuchte, ihre Bulimie zwanghaft zu kontrollieren. Genauso, als wenn sie eine Handvoll Sand zu fest drückt, verlor sie jetzt die Kontrolle, indem sie zu viel Druck ausübte.

Der Druck, den die Frau sich auferlegt, um ganz gesund zu werden, kann dazu führen, daß sie sich nicht an den Therapeuten oder die anderen Gruppenmitglieder wendet. Cindy berichtete: „Als ich euch einmal erzählte, daß ich mein Eßverhalten kontrolliere, hatte ich Angst, euch zu sagen, daß ich in Schwierigkeiten war. Ich wollte euch nicht enttäuschen. Schließlich ging es mir so schlecht, daß ich einen Freßanfall hatte."

Wenn die Frau das Gefühl hat, keine Bulimie mehr zu haben, setzt sie sich unter Druck, alle Dinge zu tun, die sie vorher nicht tun konnte. Dies ist ein weiterer Grund, warum es zu Rückfällen kommen kann. Cathy erklärte: „Nun, da ich keine Freßanfälle mehr hatte, bekam ich das Gefühl, alle Entscheidungen treffen zu müssen, die ich aufgeschoben hatte, bis ich mein Eßproblem losgeworden bin. Meine Karriere, meine Beziehung zu meinem Freund, meine gesamte Zukunft mußte jetzt entschieden werden. Ich geriet in Panik und begann wieder zu essen."

Bei einigen Frauen erstreckt sich das selbstzerstörerische Verhaltensmuster über einen so langen Zeitraum, daß sie Angst davor haben, davon abzulassen. Die Bulimie und die emotionale Aufregung, die damit verbunden ist, scheint ein Teil ihrer Identität geworden zu sein. Dieser Angst wurde von Cindi lebhaft Ausdruck verliehen: „Wenn ich von diesen Schmerzen loskomme und diese Veränderung vornehme, werde ich dann noch die sein, die ich jetzt bin? Ich habe Angst. Ich bin fast an einem Punkt angekommen, zu dem ich hin wollte und nun verderbe ich es. Das ist genau das, was ich jetzt tue. Ich komme um Haaresbreite damit in Berührung, wer ich bin und ich laufe davor weg."

Stören Bezugspersonen manchmal den Erholungsprozeß?

Bei einigen Frauen versuchen Bezugspersonen den Erholungsprozeß zu sabotieren. Amy hatte eine Bulimie, bevor sie heiratete. Ihr Ehemann, George, hatte ein erhebliches Alkoholproblem bekommen, als er Wehrdienst in Vietnam ableistete. Wenn sie Auseinandersetzungen hatten, machte George kritische Bemerkungen über Amys Eßverhalten und ihr Gewicht; Amy klagte George an, ein Alkoholiker zu sein. Als Amy Fortschritte bei der Reduktion ihres Eßverhaltens machte, versteckte er im ganzen Haus dort Essen, wo sie es wahrscheinlich entdecken würde. Wenn sie es erfolgreich vermied, dieses Essen zu sich zu nehmen, brachte George Schokoladenkuchen aus der Bäckerei mit nach Hause, eines von Amys Lieblingsgerichten während eines Freßanfalls, und stellte ihn auf die Küchentheke. Als Amy damit begann, zu den abendlichen Gruppensitzungen zu gehen, fand sie George immer besinnungslos auf der Couch vor. George leugnete jeden Versuch der Sabotage, weigerte sich, sein Alkoholproblem anzuerkennen und weigerte sich, mit Amy zur Paartherapie zu kommen.

Sally wurde bewußt: „Ich habe Angst davor, gesund zu werden. Meine Mutter beachtet mich nur, wenn ich krank bin. Ich muß immer noch kränker und depressiver werden, um ihre

Beachtung zu erhalten. Ich sehe dieses Verhaltensmuster jetzt, aber ein Teil von mir will weiterhin versuchen, ihre Aufmerksamkeit zu bekommen. Ich werde das aufgeben müssen, wenn ich die Bulimie aufgebe."

Ist das Verordnen eines Rückfalls eine effektive Technik?

Eine Möglichkeit, wie der Therapeut einen Rückfall umgehen kann, ist ihn zu verordnen. Wie das bereits genannte Verschreiben des Symptoms, hilft das Verschreiben des Rückfalls, Schuldgefühle zu lindern, wenn der Rückfall auftritt. Der Therapeut könnte etwa folgendes sagen: „Dies scheint zu gut, um wahr zu sein. Ich frage mich, ob Sie wirklich für all diese Fortschritte bereit sind. Sie werden vielleicht einen Rückfall brauchen, bevor es Ihnen wieder besser geht." Wenn der Rückfall nicht auftritt, wird die Patientin entzückt sein, dem Therapeuten zu beweisen, daß er im Unrecht war. Wenn er auftritt, wird der Einfluß auf die Patientin minimiert, und es wird ihr leichter fallen, dem Therapeuten davon zu erzählen. Schließlich war der Rückfall erwartet und sogar empfohlen!

Wird ein Freß/Abführanfall je als ein einzelnes Ereignis angesehen werden?

Ein entscheidender Schritt im Erholungsprozeß ist gemacht, wenn die Frau eine Freß- und Abführepisode als einzelnes Ereignis ansehen kann und nicht als „die erste in einer für den Rest meines Lebens nicht mehr endenden Reihe". Diese kognitive Verschiebung scheint den Druck und die Schuld, die mit dem Essen in Verbindung stehen, zu reduzieren. Der Frau muß gesagt werden, daß „Freßanfälle Ihr ganzes Leben lang auf Ihrer Liste der Möglichkeiten, mit Streß umzugehen, sein werden. Hoffentlich stehen viele andere Dinge auf Ihrer Liste, die Sie einsetzen können, so daß Sie selten an den Punkt eines Freßanfalls kommen. Wenn Sie in der Zukunft feststellen, daß Sie sich dem Essen zuwenden, um Ihre Probleme zu lösen, nehmen Sie das als ein Zeichen, um Ihr Leben zu untersuchen und zu bestimmen, was Sie tun müssen, um sich zu helfen oder womit Sie aufhören müssen, um Ihren Streß zu reduzieren".

Werden sich im Verlauf der Erholung die Ansichten über „normale" Leute und die eigene Person ändern?

Frauen mit einer Bulimie haben oft eine idealisierte Ansicht darüber, wie „normale" Leute ihr Leben führen. In Gruppen- und Einzelsitzungen werden dem Therapeuten oft Fragen gestellt, wie „normale" Leute auf bestimmte Situationen reagieren. Für die Patientin mit einer Bulimie sind normale Leute nie launisch oder depressiv. Sie zweifeln nie an sich selbst oder machen sich Sorgen um ihr Gewicht. Sie haben nie Schwierigkeiten in der Beziehung mit ihren Eltern oder sexuelle Probleme. In der Endphase der Therapie ist es ein wichtiger Schritt, die Maßstäbe zu überprüfen, mit denen die Patientin sich vergleicht, um ihre Erholung beurteilen zu können. Erinnern Sie sich daran, daß diese Frauen viel von der Mediendarstellung des „perfekten Menschen" für sich übernommen haben. Sie werden überrascht sein, zu erfahren, daß „normale" Leute auch eine Vielzahl von Problemen haben und daß der Hauptunterschied zwischen denen, die eine Therapie brauchen, und denen, die sie nicht brauchen, ihr Umgang mit den Problemen ihres Lebens ist.

Wird die Zeitspanne zwischen den Sitzungen größer, wenn die Genesung fortschreitet?

Wenn die Patientin den Punkt zu erreichen scheint, an dem sie die Therapie nicht länger braucht, ist es eine kluge Entscheidung, die Sitzungen ein um die andere Woche auszusetzen und sich dann nur noch einmal im Monat zu sehen. Auch wenn die Patientin keine regelmäßigen Sitzungen mehr nimmt, sollte ihr versichert werden, daß die Tür für weitere Sitzungen offen ist, wenn sie notwendig sein sollten. Es tritt häufig auf, daß die Patientin sechs Monate bis ein Jahr nach Beendigung der regulären Therapie einige unterstützende Sitzungen nimmt.

Die Beendigung der regulären Therapiesitzungen der Patientin ist sowohl eine glückliche als auch eine traurige Zeit für die Patientin und den Therapeuten. Sie haben über eine längere Zeitspanne oft als Team zusammengearbeitet. Die Themen, die sie angegangen sind, waren intensiv und emotional. Oft haben sich Bande der Freundschaft und der Fürsorge bis zu einem

Punkt entwickelt, an dem die Trennung von beiden zögerlich angegangen wird. Oft hält die Patientin für lange Zeit Kontakt zu anderen Gruppenmitgliedern und dem Therapeuten aufrecht. Es ist immer ein erfreuliches Ereignis, wenn man in der Post eine Nachricht über eine Heirat, einen neuen Job, den Abschluß an der Universität, ein Baby oder andere bedeutende Lebensereignisse findet. Es ist immer eine Freude, diese Frauen zu beobachten, wie sie wachsen und gedeihen, wenn sie die Bürde der Bulimie hinter sich lassen.

Eine der Frauen drückte ihre Gefühle, als sie die Therapie beendete, in einem Gedicht aus:

Die Dämmerung kam

Und die Dämmerung kam
Und es war warm
Das kleine Mädchen fühlte,
daß sie die Hand der Mutter losließ
Sie drehte sich wie ein Blatt
Bewegte sich mit der Brise
Doch fest mit dem Boden verwurzelt
Wärme sickerte durch ihr Hemd,
Durch ihren zitternden Körper,
Nährend, stärkend,
beruhigte sie, wo sie
schrie und bebte
Während sie so lange saß, allein,
In der Kälte der Nacht.
Und die Frau in ihr
Nahm sanft die Hand ihrer Mutter weg.
Sie wagte sich weiter
Zum Gipfel des Hügels
Und als sie ging
Fühlte sie eine Erneuerung, ein Strahlen.
Ihr Garten war gewachsen und
Er lag vor ihr,
Verschmolz mit den sich dahinziehenden Hügeln
Die sich ewig auszubreiten schienen
Jedes Blatt, jeder Baum stand,
In der ruhigen Reinheit,
In der Dämmerung.

Zusammenfassung

Einige Fragen werden typischerweise in der Erholungsphase der Therapie angegangen. Reaktionen auf Veränderungen im Verhalten und in der Einstellung zum Essen werden beachtet. Die Patientin wird Hilfe brauchen, um mit den neuen Anforderungen umzugehen, die sie sich selbst auferlegt, nun da sie „genesen" ist. Es muß ein Plan für den Umgang mit Rückfällen entwickelt werden. Die Definition der Patientin für das, was „normal" ist, muß verändert werden, um sie der Realität besser anzupassen. Eine allmähliche Unterbrechung der Therapiesitzungen mit der Erlaubnis für Nachfolgesitzungen sollte arrangiert werden.

Kapitel 13

Die Ernährung, die Gesundheit und der Diätassistent

Essen spielt eine bedeutende Rolle für unsere Lebensqualität und Lebensdauer. Wir haben bestimmte Einstellungen gegenüber der Nahrung, die unser Verhalten bei der Nahrungsaufnahme beeinflußen. Manchmal führt eine Kombination verschiedener Persönlichkeitsmerkmale und Lebensereignisse dazu, daß eine Person eine Eßstörung bekommt.

Befriedigt Nahrung soziale und emotionale Bedürfnisse gleichermaßen wie sie Ernährungsbedürfnisse befriedigt?

Unsere individuellen Reaktionen auf Nahrung sind verflochten mit unserer Einstellung zu den Regeln unserer Bezugsgruppe, der Gesellschaft und unserer Kultur. Jede Subgruppe innerhalb einer größeren Kultur hat zum Beispiel ihre eigenen Traditionen beim Erwerb und der Zubereitung von Nahrung, und darüber wann, wo und wie diese Nahrung aufgenommen wird. Für die meisten Leute ist Essen nicht nur ein Nahrungsmittel. Aufgrund kultureller Lernerfahrungen befriedigt es eine Vielzahl von emotionalen und sozialen Bedürfnissen. Freundschaft und Essen gehen Hand in Hand; fast alle sozialen Begegnungen werden rund ums Essen und Trinken arrangiert. Essen wird als Gabe ausgetauscht zum Zeichen der Zuneigung oder der Dankbarkeit, „Liebe geht durch den Magen," oder „Wenn du deine Mutter wirklich liebst, ißt du deinen Teller leer". Zusammenkünfte an Feiertagen, die mit Essen in Verbindung stehen, haben eine Bedeutung, die weit über die der Ernährung, die zum Überleben dient, hinausgeht. Ernährungstabus erhalten eine große soziale Bedeutung, wenn zwei Gruppen, deren Regeln miteinander im Konflikt stehen, aufeinandertreffen. Für die Hindus in Indien ist es tabuisiert, Rindfleisch zu essen und das Essen von

Schweinfleisch ist tabuisiert für die Moslems. Diese Unterschiede in den Nahrungspräferenzen zwischen Hindus und Moslems führten im ungeteilten Indien zu Auseinandersetzungen und gelegentlich zu Gewaltausschreitungen.

Woher beziehen wir unsere Einstellung zum Essen?

Die Gefühle, Einstellungen und Rituale, die Menschen im Bezug auf Essen haben, werden in der Säuglings-, und Kleinkindzeit gelernt, dann also, wenn die Kinder von anderen abhängig sind, wenn sie essen wollen. Bei Babies hat Essen und Gefüttertwerden die Bedeutung von Trost, Liebe und Zuneigung. Bei jedem Neugeborenen werden Emotionen mit dem Gefüttertwerden verbunden, die in seinem späteren Leben sein Eßverhalten beeinflussen. Jeder von uns hat bestimmte Erinnerungen an Essen, einige erfreuliche und einige weniger erfreuliche. Während dieser Zeit lernen die meisten von uns Essenstabus, die wir auch unter den günstigsten Bedingungen nicht mehr überwinden können. In unserer Kultur zum Beispiel betrachten wenige Menschen Hunde oder Pferde als eßbar. In frühen Entwicklungsphasen kann essen zum Ersatz für Fürsorge, Liebe oder Frustrationslinderung werden. Abhängig davon, wie die betreuende Person reagiert, kann Essen als Bestrafung zurückgehalten oder als Belohnung gegeben werden. Wenn das Kind gelernt hat, Essen zu wünschen, zu verlangen und zu seiner Zufriedenheit zu erhalten, hat es gelernt, sich selbst zu kontrollieren und andere zu manipulieren.

Befriedigen unterschiedliche Nahrungsmittel unsere emotionalen Bedürfnisse?

Essen kann zur „Brücke über stürmisches Gewässer" für Erwachsene werden, wenn es als Blitzableiter oder Krücke im Umgang mit Frustration, Angst, Mutlosigkeit, Langeweile, Enttäuschung und Einsamkeit benutzt wird. Emotionaler Streß kann die Art und Weise, wie wir essen, verändern; zum Beispiel stellen wir dann fest, daß wir mehr Nahrungsmittel mit hohem Brennwert essen und zwischen den Mahlzeiten essen. Essen kann auch ein sensorischer Genuß sein. Wenn man ißt, können alle Sinne beteiligt werden: Der Geruch und der Geschmack des

Essens kann lang vergessene Erinnerungen wachrufen, die Farbe und die Beschaffenheit kann ein genau so angenehmes Gefühl hervorrufen wie das Betrachten eines großen Kunstwerks, sogar das Geräusch, das Essen beim Kochen macht, kann in uns Emotionen wecken.

Bei uns im Westen ist es gewöhnlich so, daß drei Mahlzeiten am Tag eingenommen werden, aber sogar etwas, das man so häufig tut, wird selten zur reinen Gewohnheit. Wir entscheiden, was wir essen, je nach unserem emotionalen Wohlbefinden sowie nach unseren physischen Bedürfnissen. Hinter unserer Entscheidung, was und wann wir essen, können starke Emotionen stehen. Essen, das in einer Situation verzehrt wurde, in der man die emotionale Unterstützung ganz tief empfunden hat, z. B. Erntedankfest-Essen bei den Großeltern und anderen Verwandten, kann eine Vielzahl positiver Bedeutungen für die Person erlangen; hingegen, wenn eine bestimmte Mahlzeit wiederholt gegessen wird, weil die Familie arm ist, kann sie eine negative Konnotation erhalten.

Die Veränderung der Eßmuster

Welche motivationalen Veränderungen beeinflussen die Eßmuster?

Wenn wir heranwachsen, verändert sich unsere Motivation zu essen. Vielleicht sind wir motiviert, Teil einer sozialen Gruppe zu werden, die einen bestimmten Geschmack hat, zum Beispiel Hummer, Austern und Tintenfische. Oder wir schließen uns einer Gruppe an, die eine noch restriktivere Diät praktiziert, als wir es tun, wie zum Beispiel die Vegetarier. Die Motivation, das Eßverhalten zu verändern, ist häufig mit dem Wunsch verbunden, ein neues Körperimage zu bekommen. Es gibt eine Vielzahl von ungewöhnlichen Diäten, die größere Veränderungen in den Ernährungsgewohnheiten verlangen, und diese Art und Weise zu essen stimmt mit den Erfordernissen überein, die zu einem schlankeren Körper führen.

Werden Eßgewohnheiten zu einem zwanghaften Thema?

Wenn die Veränderung der Eßgewohnheiten zum Thema wird, können emotionale Überreaktionen auftreten. Es kann Streß entstehen, wenn wir gezwungen sind, unsere Gefühle anzugehen, die wir gegenüber dem Essen haben. Es können Schuldgefühle auftreten, wenn man eine Nahrung zu sich nimmt, die mit den Werten des Essers im Konflikt steht. Juden, Moslems, „Seventh Day Adventists" und andere verbieten das Essen von Schweinefleisch. Wenn eine Person, die einer dieser Gruppen angehört, an einem Picknick teilnimmt, bei dem gegrillte Schweinerippchen Tradition sind, können innere Konflikte auftreten. Eine dicke Person, die übermäßig viele Süßigkeiten ißt, kann sich im Konflikt befinden, weil sie weiß, daß dies „Junkfood" ist. Dieses Junkfood kann aber auch ein Trost sein, weil es als Ersatz für fehlende Zuneigung oder Aufmerksamkeit in ihrem Leben dient. Essen kann als temporäres Antidepressivum eingesetzt werden, kann aber auch zur Mutlosigkeit führen, weil man keine Kontrolle über sich hat.

Kann das Fehlschlagen einer Diät der Beginn der Bulimie sein?

Ob eine Person eine Diät nun aus gesundheitlichen oder kosmetischen Gründen beginnt, sie geht die Diät immer mit hohen Erwartungen hinsichtlich ihres Ergebnisses an. Wenn die Person Erfolg hat, wird sie ein Gefühl der Euphorie erleben. Wenn die Diät fehlschlägt, kann sich die Person depressiv fühlen. Diäten beinhalten oft größere Veränderungen des Eßverhaltens, die Verwendung ungewöhnlicher Nahrungsmittel und chronische Hungergefühle. Weil die meisten Diäten zu Unbehagen aufgrund von Deprivation führen, kann der Diäthaltende sich selbst den Schwur leisten, daß er die Torturen des Abnehmens nicht mehr auf sich nimmt. Die Bulimie kann als Alternative dienen, um dieses Unbehagen, das durch Deprivation herbeigeführt wurde, zu vermeiden.

Die Eßmuster von Jugendlichen

Wenn man den Lebensstil und das Eßverhalten von Jugendlichen versteht, hilft uns dies besser einzuschätzen, warum Eßstörungen zum Lebensstil einiger junger Frauen gehören. Story (1984) sagte: „Biologische, psychosoziale, kognitive, soziale und Entwicklungsveränderungen haben einen dynamischen Einfluß auf das Eßverhalten von Jugendlichen. Daß die Jugendlichen nach Unabhängigkeit und einer Identität, nach einem aktivem Lebensstil suchen und daß sie sich mit ihrem Äußeren beschäftigen, kann dazu führen, daß Mahlzeiten ausgelassen werden, daß sie außer Haus essen, zunehmend naschen und daß sie schrullige Diäten und neumodische Eßmuster annehmen." (p. 77)

Welche Familienmerkmale beeinflussen das Eßmuster von Jugendlichen?

Bis zu einem gewissen Alter hat die Familie den größten Einfluß auf die Eßgewohnheiten und die Werte und Einstellungen gegenüber dem Essen. An einem gewissen Punkt werden auch Werte außerhalb der Familie angenommen. Wenn die Struktur der Familie ungewöhnlich oder extrem ist, zum Beispiel übermäßig rigide oder nachlässig, werden die Jugendlichen wahscheinlich Nahrung und ihr Eßverhalten dazu benutzen, um Zorn und Rebellion zu demonstrieren. Sie können dies tun, indem sie bizarre Freßanfälle haben, sich weigern bestimmte Dinge zu essen, die in der Familie traditionell gegessen wurden, durch Fasten, oder einfach dadurch, daß sie die geplanten gemeinsamen Mahlzeiten mit der Familie auslassen. Love und Johnson (1985) listen als Merkmale einer Familie, in der ein Mitglied eine Bulimie hat, folgende auf: „Die Familien sind gespalten, chaotisch, konfliktreich, haben einen Mangel an Problemlösefähigkeiten, und während sie einen hohen Wert auf Leistungen legen, bieten sie wenig Unterstützung bei intellektuellen Errungenschaften." (p. 5)

Heute arbeiten in vielen Familien beide Elternteile. In Familien von Alleinerziehenden muß das Elternteil mit dem Sorgerecht oft außerhalb arbeiten. Wenn berufstätige Eltern nicht die Zeit haben, regelmäßig Mahlzeiten zuzubereiten, kann dies negative Auswirkungen auf die Eßgewohnheiten der Familienmitglieder haben. Teenager, von denen erwartet wird, daß sie sich selbst um ihr Essen kümmern, können infolge dieser Freiheiten seltsame Eßgewohnheiten annehmen. Genauso wie ihre Kleidung, Sprache und ihr Verhalten, wenn sie mit ihrem Partner ausgehen, von ihrer Bezugsgruppe beeinflußt werden, kann sich auch ihr Eßverhalten nach den Eß- und Trinkpräferenzen der Bezugsgruppe richten. Übergewichtige Jugendliche, die sich von einer

Bezugsgruppe ausgeschlossen fühlen, können bizarre Gewichts-reduktionsmethoden ausprobieren, um deren Akzeptanz zu gewinnen.

Haben die Medien die Eß- und Trinkmuster beeinflußt?

Die Massenmedien üben einen zusätzlichen Einfluß auf die Eß- und Trinkgewohnheiten der Jugendlichen aus. Story (1984) wies darauf hin, daß es das Ziel der Werbung ist, zu überzeugen, zu beeindrucken, und Aufmerksamkeit zu erregen, um den Konsumenten zum Kaufen zu überreden. Um dies zu gewähr-leisten, werden die Ängste der Jugendlichen darüber, nicht attraktiv und beliebt bei anderen zu sein, von den Inserenten geschürt. Sie bieten ihr Produkt als den Weg zur sozialen Akzeptanz an. In diesen Anzeigen sind Bilder von dünnen Frauen und athletischen Männern verbreitet; diese Anzeigen unterstützen ein ideales Körperimage, das oft unrealistisch und unerreichbar für die Teenager ist, aber dennoch sehr von ihnen angestrebt wird.

Story (1984) beleuchtete das Problem sehr gut: „Ein Lebens-stil, der schlechtes Eßverhalten fördert, wird wiederholt im Fernsehen portraitiert. Leute in erfolgreichen Berufen essen im Vorübergehen oder haben zu viel zu tun, um sich ausgewogen zu ernähren. Die Werbung ermutigt zum Naschen zwischen den Mahlzeiten, meist mit sehr kalorienreichen, wenig nahrhaften Snacks. Diese Werbespots sind voll von attraktiven, gesund aussehenden, schlanken Leuten, die ein energiegeladenes Leben führen. Diese Art der Werbung stellt eine dichotome Situation her, in der Personen in der Lage sind, dünn und tatkräftig zu bleiben und trotzdem Eßgewohnheiten zu haben, die dem entgegenwirken." (p. 82)

Alternative Lebensweisen und schrullige Diäten sind be-sonders bei Teenagern populär, die in Familien leben, in denen unter den einzelnen Mitglieder viele Konflikte bestehen. Diese Jugendlichen sind auf der Suche nach ihrer Identität und Unabhängigkeit. Auf dieser Suche wird ihr physisches Erschei-nungsbild, besonders ihr Gewicht, zur treibenden Kraft in ihrem Leben. Die Werbemacher setzen aufgrund dieser Erkenntnis auf die Hoffnung der Teenager, daß auch sie dieses ideale Dünnsein erreichen können, wenn sie diese Gewichtsreduktionsmethode einsetzen, diesen Diätersatz oder jene Diätpille verwenden. Diese

„Anpreisungen" sind meist zu ausgeklügelt für den Teenager, der oft nicht zwischen Realität und Fiktion unterscheiden kann. Auch ein kluger Jugendlicher kann dabei in Schwierigkeiten geraten, denn es ist eine Sache, die Gegensätze zu kennen, zwischen dem, was gesund ist und dem, was gut aussieht, und eine andere, sich danach zu richten. Diese kurzzeitige aber sofortige Steigerung der Attraktivität wiegt die Langzeiteffekte auf die Gesundheit auf.

Man muß jedoch bedenken, daß eine Diät nicht allgemein als „normal" angesehen werden muß, um eine adäquate Ernährung zu sein.

Atypische Eßmuster können eine solide Basis haben. Eine vegetarische Diät oder eine Diät, die nur auf Schnellimbissen beruht, kann für eine gesunde Ernährung völlig ausreichen. Ein Eßmuster muß sorgfältig ausgewertet werden, um zu sehen, ob es wirklich ein Gesundheitsrisiko darstellt.

Beeinflussen die Eßgewohnheiten der Jugendlichen ihre Ernährung?

Jugendliche, junge Selbständige und Berufstätige nehmen die meisten Mahlzeiten und Imbisse außerhalb ihrer Wohnung ein. Schnellimbisse sind bei Jugendlichen als Treffpunkt sehr populär; dort werden Teenager angestellt, um Essen zu servieren, das einen bestimmten Anreiz hat. Während Schnellimbisse ein Teil einer nahrhaften Diät sein können, führt es zu verschiedenen Ernährungsproblemen, wenn man sich nur darauf beschränkt. Um die Diät richtig auszuwerten, muß man darauf achten, wie oft Snacks gegessen werden, welchen Ernährungswert andere Lebensmittel haben, die zusätzlich gegessen werden, und welche diätetischen Bedürfnisse die betroffene Person hat. Verbreitet sind Mangelerscheinungen an Eisen, Kalzium, Vitamin C, Folsäure, und Ballaststoffen. Häufig führt dies zu übermäßig hohem Salz- und Fettgehalt. Wenn Jugendliche an außerschulischen Aktivitäten teilnehmen oder sich zusätzlich Geld verdienen, kann dies zu impulsivem oder unregelmäßigem Eßverhalten führen. Mädchen im Teenalter, die das Frühstück und das Mittagessen auslassen, um „Kalorien zu sparen", kompensieren dies durch das einmalige Konsumieren von großen Nahrungsmengen. Diese Form der Nahrungsaufnahme könnte dem Beginn eines erlernten Eßmusters vorangehen, das zu einer Bulimie führt.

Die Rolle des Diätassistenten in der Teambehandlung

Wer ist Mitglied des Behandlungsteams?

Die Behandlung variiert von Person zu Person, bei Frauen mit einer Bulimie sollte jedoch ein Team die Behandlung übernehmen. Die Mitglieder des Teams decken wahrscheinlich alle Aspekte der Betreuung von Patientinnen mit einer Bulimie ab, wenn sich das Team folgendermaßen zusammensetzt: ein Psychologe, ein Arzt, ein klinischer Diätassistent und die Patientin. Jedes der professionellen Mitglieder sollte sich der Fähigkeiten der anderen Teammitglieder bewußt sein und den Beitrag des anderen zum Wohl der Patientin respektieren. Es kann sein, daß die Patientin ihre besonderen Bedürfnisse von einem der drei Teammitglieder am ehesten befriedigt sieht und sich entschließt, mit dieser Person enger zusammenzuarbeiten, oder sie stellt fest, daß alle drei bedeutend zu ihrem Fortschritt beitragen.

Warum soll ein klinischer Diätassistent dem Team angehören?

Die Diätberatung sollte von einem klinischen Diätassistenten vorgenommen werden, der eine anerkannte Diätschulung absolviert hat und als klinischer Diätassistent eingetragen ist. Zur Vorbereitung auf den Umgang mit diesen Problemen sollte der Diätassistent Kurse besucht haben, in denen die physiologischen, psychologischen und diätetischen Faktoren miteinander in Beziehung gesetzt wurden.

Wird das Behandlungsprogramm auf die individuelle Situation zugeschnitten?

Eine der Herausforderungen beim Erstellen eines Behandlungsprogrammes für eine Person mit einer Bulimie ist die Individualisierung des Behandlungsplans. Ein Programm, das die Persönlichkeit der Patientin und ihre Geschichte berücksichtigt, wird eher zu einem allmählichen Abnehmen der Freßanfälle führen. Diese Abnahme der Freßanfälle sollte von einer Abnahme der gedanklichen Beschäftigung mit Nahrungsmitteln und Essen begleitet sein. Ein Bestandteil des Behandlungsprogrammes ist es, die Patientin in das Behandlungsteam zu integrieren. Als Mitglied des Behandlungsteams hilft sie dabei, Ziele zu setzen und man erwartet von ihr, daß sie Informationen, Rat und Unterstützung von den drei anderen Teammitgliedern sucht.

Welche Langzeitziele hat die Behandlung?

Ein Langzeitziel der Behandlung ist es, der Patientin zu helfen, die Kontrolle ihres Eßverhaltens wiederzuerlangen und angemessene und gesunde Eßmuster zu entwickeln. Es werden offene und aufrichtige Diskussionen darüber geführt, daß das bulimische Verhalten nicht plötzlich aufhören wird und daß Rückfälle auftreten können. Es ist ein langsamer Fortschritt zu erwarten. Man muß der Patientin auch helfen, zu erkennen, daß viele zwanghafte Einstellungen zu Lebensmitteln, Essen, dem Körpergewicht und der Figur erhalten bleiben werden, daß diese dann aber in einem geringeren Ausmaß vorhanden sind.

Welche sind die ersten Behandlungsmaßnahmen des Diätassistenten?

Die ersten Behandlungsschritte konzentrieren sich auf den Versuch, die Eßgewohnheit zu verändern, indem der Patientin bewußter gemacht wird, wie, wieviel, wo und wann sie ißt. Die Patientin wird gebeten, Aufzeichnungen über ihr Eßverhalten und ihre Reaktionen auf ihren „Kontrollverlust" zu machen. Ein Teil dieser Aufzeichnungen soll sein, was sie sich nach dem Freßanfall sagt, welches Geschmackes und welcher Gerüche sie sich bewußt war, und welche Bedürfnisse oder welche Motivation das Fortbestehen der Freßanfälle herbeizuführen scheint. Sie liefert eine Beschreibung des Rituals, wo, wann und wie sie die Freßanfälle ausführt und wie sie sie beendet. Diese Aufzeichnungen werden dem Diätassistenten zweimal in der Woche gezeigt, wobei der Psychologe eventuell an diesem Treffen teilnehmen kann. Um besser zu verstehen, was mit der Patientin geschicht, versuchen die Patientin und der Diätassistent Antworten zu folgenden Fragen zu finden: Welche Nahrungsmittel werden häufig gegessen? Welche Faktoren beeinflussen den Zeitpunkt der Freßanfälle? Was geht jedem Anfall voran?

Welche Ernährungsplanung wird mit dieser Patientin vorgenommen?

Alle Speisepläne basieren auf den empfohlenen Diätrationen, wie sie vom Food and Nutrition Board, National Academy of Sciences- National Research Council zusammengestellt wurden. Die Patientin wird mit einer adäquaten Nahrungszufuhr für ihr Alter und ihr Geschlecht versorgt, wobei der Diätassistent zusätzliche oder spezifische Ernährungsbedürfnisse aufgrund von Aktivitäten und/oder aus medizinischen Gründen berechnen muß. Die Individualisierung von Eßmustern beinhaltet auch, daß Nahrungsmittel, die Freßanfällen vorausgehen, limitiert werden, daß Essensrituale und Ängste angegangen werden und daß Richtlinien für die Planung und Zubereitung von Mahlzeiten gegeben werden. Der Diätassistent sollte sich darauf konzentrieren, der Patientin zu helfen, sich mit gesunden Nahrungsmitteln zu versorgen. Er sollte ihr nicht erlauben, ihre zwanghaften Vorstellungen über ihre Figur ihre Nahrungszufuhr bestimmen zu lassen.

Welche Behandlungsphase folgt dann?

Nach der Aufnahme dieser Fakten und der Reaktionen der Patientin, beginnt die zweite Phase, in der die Patientin langsam beginnt, die Zeiten, die Menge und die Art des Essens zu kontrollieren. Ob sie sich hungrig fühlt oder nicht, sie muß drei- oder viermal am Tag essen. Die Nahrungsauswahl ist nicht eingeschränkt, sie darf aber nicht zu anderen Zeitpunkten essen. Auch wenn sie einen Freßanfall hatte, muß sie bei der nächsten vorgeschriebenen Mahlzeit ein kleines Mahl zu sich nehmen. Oft neigt die Patientin dazu, sich zu „bestrafen", wenn sie die Vorschriften gebrochen hat, indem sie die Eßgewohnheiten nach einem Freßanfall noch gewissenhafter kontrolliert. Sie schwört sich vielleicht einen ganzen Tag nichts mehr zu essen, was zu extremem Hunger führt, der oft den nächsten Freßanfall auslöst. Dies macht die Ermutigung, bei der nächsten Mahlzeit zu essen, „ob man hungrig ist oder nicht", erforderlich.

Viele Frauen mit einer Bulimie tendieren dazu, die Mehrzahl der Tages-Kalorien für den Abend aufzusparen, um zu vermeiden, daß sie sie während des Tages auf einmal konsumieren oder daß sie hungrig ins Bett gehen müssen. Der Diätassistent wird zu vermeiden helfen, daß die Kalorien aufgespart werden, weil dies durchweg bedeutet, daß die Person die meiste Zeit des Tages hungrig verbringt, ein Zustand der unkontrolliertes Essen fördert.

Weigern sich bulimische Frauen, neue Eßmuster anzunehmen?

Die Patientin kann sich dagegen wehren, den Vorschlägen zu folgen und mehrere Mahlzeiten am Tag zu essen, weil sie sich davor fürchtet, dick zu werden. Der Diätassistent muß ihr versichern, daß es nicht das Ziel ist, das Gewicht der Frau zu erhöhen. Die Frauen, von denen die Rede ist, haben Normalgewicht oder etwas mehr. Es ist eine kluge Entscheidung, darüber zu diskutieren, innerhalb welcher Spanne ein akzeptables Gewicht liegt, wenn die Person mit neuen Eßgewohnheiten experimentiert.

Es kann anfänglich erforderlich sein, vier, fünf oder sogar sechs kleine Mahlzeiten zu empfehlen. Frauen, die regelmäßig erbrechen, fühlen sich sehr schnell voll oder satt, auch wenn sie nur eine kleine Nahrungsmenge zu sich genommen haben. Ihr Magen entleert sich auch nicht in der normalen Geschwindigkeit, so daß die Nahrung möglicherweise eine lange Zeit im Magen bleibt. Eine normale Mahlzeit auf einmal zu konsumieren ist für eine bulimische Frau schwierig. Das Problem der verzögerten gastrischen Entleerung und die medikamentöse Behandlung zur Linderung dieser Beschwerden wird im Kapitel über die medizinischen Aspekte der Bulimie abgehandelt.

Wieviele Kalorien werden üblicherweise empfohlen?

Die Anzahl der Kalorien, die am Tag konsumiert werden, sollte ausreichend sein, um das Körpergewicht der Frau aufrechtzuerhalten. Eine Spannbreite zwischen 1800 und 2400 Kalorien am Tag ist wahrscheinlich angemessen, um dieses Ziel zu errreichen. Unter keinen Umständen ist in dieser Zeit eine Gewichtsreduktionsdiät angemessen. Auch wenn die Frau leichtes Übergewicht hat oder sogar adipös ist, ist dies nicht die Zeit, in der man eine Gewichtsreduktion in Betracht ziehen sollte.

Erst wenn die Kontrolle über das Freß- und Abführverhalten über eine längere Zeit aufrecht erhalten wurde, sollte man die Gewichtsreduktion in Betracht ziehen.

Sind Rückfälle verbreitet?

Der Patientin muß versichert werden, daß Rückfälle verbreitet sind, wenn man sich um die Kontrolle des Eßverhaltens bemüht. In dieser Zeit kann sie zusätzliche Unterstützung von den anderen Teammitgliedern brauchen. Es ist wichtig, sie zu ermutigen, das Bedürfnis zu essen durch andere Aktivitäten zu ersetzen, und daß sie sich nicht als Versager betrachten soll, wenn ein Rückfall auftritt.

„Gutes" Essen, „schlechtes" Essen

Bezeichnen bulmische Frauen ihr Essen als gut oder schlecht?

Bulimische Frauen haben häufig ziemlich rigide Einstellungen gegenüber dem Essen. Eventuell haben sie ihr Essen in „gutes" und „schlechtes" Essen kategorisiert. Gutes Essen ist im allgemeinen Essen mit wenig Kalorien, das sie kontrolliert essen. Schlechtes Essen, ist Essen, das sie bei einem Freßanfall essen. Es besteht meist aus sehr kalorienreichem, süßem oder stärkehaltigem Essen, das die Frau als verboten ansieht. Manchmal gehört auch Fleisch zum verbotenen Essen, weil es relativ viele Kalorien hat. Die Frau ist oft skeptisch, wenn der Diätassistent ihr erklärt, daß ihr Körper nicht zwischen dem Zucker in einer Orange und dem Zucker in Gebäck unterscheidet, oder zwischen dem Fett in der Milch und dem Fett in einem Schokoladenriegel. Gutes und schlechtes Essen gibt es nicht. Man kann eher unterscheiden, was zu viel oder zu wenig Essen ist. Man kann zu viel von einer bestimmten Nahrung essen, und zu wenig von einer anderen, so daß die Balance nicht hergestellt wird, aber es gibt kein schlechtes Essen.

Ist abwechslungsreiches Essen empfehlenswert?

Die Patientin sollte ermutigt werden, eine immer größere Vielzahl von Nahrungsmitteln in ihren Speiseplan einzubeziehen, auch die Nahrung, die sie früher als „schlecht" bezeichnet hat. Der Diätassistent wird vorschlagen, ein wenig von ihrem Lieblingsessen während eines Freßanfalls als „Medikation" einzusetzen, um präventiv gegen das Bedürfnis zu essen anzugehen.

Die Schulung der Patientin ist ein Hauptfaktor bei der Genesung von der Bulimie. Jeder befolgt einen Vorschlag eher, wenn er einen Grund oder eine Antwort kennt. Was nützt mir dies? Wie wird mein Körper auf X reagieren? Die Fehlernährung wird die Patientin persönlich interessieren, wenn sie ihr eigenes Verhalten und ihre Ernährungsdefizite erkennt. Was geschieht, wenn ich esse? Was wird geschehen, wenn ich nicht esse? Erklärungen über den normalen Stoffwechsels, die Verdauung und die Absorption und im Gegensatz dazu, der veränderten Funktion aufgrund einer unangemessenen Nahrungsaufnahme, ermöglichen der Patientin zu reagieren, indem sie selbst kluge Entscheidungen trifft.

Die Patientin, die Fortschritte bei der Überwindung der Bulimie macht, wird allmählich die Physiologie des Essens von der Psychologie des Auswählens unterscheiden lernen und wird begreifen, daß ihre Gesundheit vom Vorhandensein bestimmter Nährstoffe in funktionierenden Körperzellen abhängt. Es wird betont, wie wichtig es ist, bestimmte Nahrungskategorien auszuwählen, um die erforderlichen Nährstoffe zu erhalten. Nahrungsgruppen wie Milch, Fleisch, Obst, Gemüse und Brot sind Grundnahrungsmittel, die die Patientin mit anderen, selbst ausgewählten Nahrungsmitteln ergänzen kann, um sich gesund zu ernähren. Die Patientin wird darüber informiert, daß das Abwenden der Kalorienaufnahme durch Erbrechen und Abführen auch diese notwendigen Nährstoffe abführt.

Wie ändert sich der Kernpunkt der Therapie in der dritten Behandlungsphase?

Der Kernpunkt der Sitzungen liegt nun beim Erreichen eines „gesunden Körpers" und nicht beim Erreichen einer guten Figur. Der Diätassistent erklärt periodisch die Gefahren von Abführmitteln, Diuretika und Erbrechen, und macht die Patientin darauf aufmerksam, welche Risiken sie mit diesem Verhalten auf sich nimmt.

Die Nachsorge muß mindestens drei Monate lang weitergeführt werden, im ersten Monat einmal in der Woche, danach zweimal im Monat. Die individuellen Bedürfnisse und Fortschritte der Patientin können eine Änderung des Behandlungsplans notwendig machen. Rückschläge oder anhaltendes bulimisches Verhalten können eine längere Nachsorge erforderlich machen.

Die Behandlung von Personen mit einer Bulimie ist eine herausfordernde und auch lehrreiche Erfahrung. Einem Menschen mit schlechten Eßgewohnheiten zu helfen, emotional von der richtigen Ernährung zu profitieren, verschafft dem Diätassistenten eine persönliche Verstärkung. Bei der Schulung der Patientinnen ist es das Ziel, sie zu gesunden Personen zu machen, die mehr im Einklang mit ihrer geistigen und körperlichen Kapazität leben.

Zusammenfassung

Die Patientin, die sich dazu entschließt, ihr Eßverhalten durch psychologische Einwirkungen zu verändern, kann dabei eine schwere Zeit erleben. Die Veränderungen müssen allmählich mit der Unterstützung eines Diätassistenten angegangen werden, der auf all die „gesunden" Nahrungsmittel, die sich die Patientin in der Vergangenheit ausgesucht hat und die keine Veränderung erforderlich machen, hinweist. In der partnerschaftlichen Beziehung zwischen Patientin und Diätassistent wird entschieden, welche kleinen und allmählichen Zusätze oder Abzüge zum Speiseplan gemacht werden, und welche Veränderungen der Nahrungsauswahl, der Essenszeiten, der Orte, wo sie ißt und wieviele Veränderungen vorgenommen werden. Peripher zu der Entscheidung, etwas zu verändern, wird immer die Angst vor dem Dickwerden lauern, besonders dann, wenn die Person einmal übergewichtig war. Der Diätassistent kann die Patientin über kalorienarme Nahrung beraten, die die notwendigen Nährstoffe enthält. Die Versuch-und-Irrtums-Phase der Veränderung macht die Zustimmung und die Unterstützung des Diätassistenten und des Psychologen erforderlich.

Durch den Einfluß des Psychologen, des Diätassistenten und des Arztes beginnt die Patientin, das Konzept des gesunden Körpers und des gesunden Geistes in ihr eigenes Denken zu integrieren. Ihre vorrangige Beschäftigung mit Essen und der Figur machen den Konzepten von gesundem „Essen" und dem gesundem „Körper" Platz.

Illustratives Fallbeispiel

Die Fallgeschichte von Clair, die nun folgt, illustriert viele Punkte, die wir in diesem Kapitel angesprochen haben.

Der Fall Clair

Clair, eine 23 Jahre alte College-Studentin, litt seit vier Jahren an einer Bulimie, als sie psychologische Beratung suchte. Nachdem ihr Selbstvertrauen erheblich gestärkt worden war, Beziehungsprobleme und negative Gefühle gegenüber ihrem Körper, die aus einer Vergewaltigung im Alter von 20 Jahren resultierten, aufgearbeitet waren, entschied Clair, daß sie bereit sei, ihre Eßgewohnheiten anzugehen. Clair wurde zur Ernährungsberatung an einen Diätassistenten überwiesen und beschrieb ihre typische tägliche Ernährung, „Ich esse jeden Morgen das gleiche Frühstück — Pfannkuchen ohne Sirup oder Butter. Zu Mittag esse ich immer Kopfsalat mit geriebenem Käse ohne Salatsoße. Zum Abendessen nehme ich gewöhnlich eine gebackene Kartoffel und Käse mit Gemüse oder Salat. Ich habe gewöhnlich einmal am Tag einen Freßanfall, am späten Nachmittag, wenn ich von der Schule komme. Ich stopfe mich mit Junkfood voll: Kekse, Eiscreme, Kartoffelchips und so weiter. Ich bin gewöhnlich müde und in einer schlechten Stimmung, wenn ich einen Freßanfall habe. Manchmal ist mir nur langweilig und das Essen vertreibt mir die Zeit. Ich fühlte mich immer sehr schuldig nach dem Fressen, aber das beginnt sich zu verändern. Ich fühle mich nicht mehr so schuldig, aber ich möchte diese Angewohnheit immer noch loswerden".

Clair gibt ihre Größe als 1,60 und ihr Gewicht als 47 Kilo an. Trotz der Tatsache, daß sie in der Vergangenheit nie übergewichtig war und sich sogar darüber beschwerte, daß sie Schwierigkeiten habe, ihr Gewicht über 90 Pfund zu halten, verlieh Clair ihrer Angst Ausdruck, daß sie fett werden würde, wenn sie jemals aufhören würde, Freßanfälle zu haben und abzuführen. Sie war zierlich und erklärte, „Ich habe den Körperbau meiner Mutter. Sie ist etwas kleiner als ich und auch winzig und schlank." Clair klagte über häufige Müdigkeit und über Schwierigkeiten, morgens aufzustehen, auch nachdem sie mehr als acht Stunden geschlafen hatte. Clairs starke Einschränkung ihrer Essensauswahl ist typisch für Frauen, die ihre Freßanfälle kontrollieren wollen. Es tritt ein Gefühl der Sicherheit ein, wenn man dieselben Mahlzeiten jeden Tag wiederholt. Clair wurde bewußt, daß sie ihr „gutes" Essen auf sehr wenige Nahrungsmittel eingeengt hatte und alle anderen als „schlecht" betrachtete. Sie kannte den Kaloriengehalt vieler Nahrungsmittel, hatte aber wenig Kenntnisse darüber, wieviele Kalorien sie zu sich nehmen könnte, um ihr Gewicht zu halten. Wie viele bulimische Frauen, unterschätzte sie die Nahrungsmenge, die sie essen durfte, und trotzdem ihr Gewicht halten konnte, stark. Glücklicherweise konnte sich Clair noch an normales Eßverhalten aus ihrem Teenalter erinnern. Sie konnte sich daran erinnern, daß Essen etwas war, an das sie dachte, wenn sie hungrig war, daß sie aber zu anderen Zeitpunkten wenig Zeit damit zubrachte, daran zu denken. Es gab kein „gutes" oder „schlechtes" Essen. Sie machte es sich zum Ziel, die Einstellungen gegenüber dem Essen zurückzugewinnen, die sie vor ihrer Bulimie hatte.

In der Diätberatung wurde ihr geraten, ihre Nahrungsauswahl zu erweitern. Sie wurde darüber informiert, daß ihre Diät einen Proteinmangel aufwies. Sie nahm einen Vitaminersatz mit Eisen zu sich und wurde ermutigt, dies weiterhin zu tun. Clair betrachtete sich nicht als Vegetarierin, obwohl ihre Diät selten Fleisch enthielt. Sie willigte in das Experiment ein, zu ihren Mahlzeiten Fisch und Huhn hinzuzufügen. Obwohl sie oft Käse aß, trank sie wenig Milch. Sie entschloß sich, zu einigen Mahlzeiten Milch statt Tee zu trinken.

Als Clair begann, mehr Protein zu konsumieren, fiel ihr auf, daß sie mehr Energie hatte und ihre Müdigkeit weniger bemerkte. Sie wurde ermutigt, mehr zu Mittag zu essen, damit sie nicht mehr so hungrig nach Hause kam. Dies half ihr am späten Nachmittag, den Drang, zu essen zu unterdrücken. Gleichzeitig arbeitete sie mit ihrem Psychologen daran, andere Methoden, um mit Streß und Langeweile umzugehen, zu entwickeln.

Clair kam mehrmals zu ihrem Diätassistenten, um ihre Fortschritte bei der Erweiterung ihrer Speisenauswahl zu besprechen und um weitere Fragen zu stellen. Clair wurde ermutigt, ein gemäßigtes Trainingsprogramm zu beginnen, um ihren Muskeltonus zu stärken. Sie fand, daß sie genug Energie dazu hatte und war über die Resultate erfreut.

Kapitel 14

Die technischen Aspekte der Bulimie

In diesem Kapitel erörtern wir die Themen, die an anderer Stelle in diesem Buch schon kurz dargestellt wurden, detaillierter. Das Kapitel richtet sich an die Leser, die über die Mechanismen, die mit dem Set-point zusammenhängen nähere Einzelheiten erfahren wollen, einige Faktoren, die den Grundumsatz beeinflussen und die Auswirkungen des Alterns auf das Gewicht.

Die Set-point-Theorie der Gewichtskontrolle

Neuere Ergebnisse weisen darauf hin, daß die Anzahl der Fettdepots im Körper festgelegt ist und daß dieses Niveau an Körperfett vom zentralen Nervensystem verteidigt wird. Das Nahrungszentrum, das im Hypothalamus innerhalb des Gehirns lokalisiert ist, paßt die Nahrungsmenge dem Fettspiegel des Körpers an einer Baseline an, die für die Person biologisch determiniert ist. Dieser Fixpunkt variiert von Person zu Person beträchtlich. Infolgedessen bestehen zwischen verschiedenen Personen große Unterschiede in der abgelagerten Fettmasse, die jeweils angemessen ist. Die Baseline einer Person, die als gesundes Gewicht angesehen werden kann, kann sich sehr vom gesunden Gewicht einer anderen Person unterscheiden. Neuere Informationen über die Beziehung zwischen Gewicht und Gesundheit belegen die Annahme, daß wir von den üblichen Gewichtstabellen zu einem falschen, eingeschränkten Bild einer Normalverteilung des Gewichts geführt wurden (z. B. Bennett & Gurin, 1982).

Keesey (1980) sagte, daß, obwohl zwischen Personen eine große Variabilität bezüglich des Gewichts besteht, eine bemerkenswerte Konsistenz innerhalb einer Person über die Zeit existiert. Brownell (1982) merkte an, daß der Körper viele seiner

Funktionen wie die Körpertemperatur mit großer Präzision reguliert. Wenn eine Durchschnittsperson eine Handvoll Erdnüsse mehr essen würde, als der Körper täglich an Nahrung braucht, würde sie im Jahr zehn Pfund zunehmen. Bei der Konsistenz, mit der der Körper normalerweise ein festes Gewicht hält, könnte man schließen, daß jede Person ein ideales biologisches Gewicht hat, das von ihrem Set-point kontrolliert wird und daß für viele Personen dieses natürliche biologische Gewicht weit über den kulturellen Normen liegt. In unserer Kultur, in der das Dünnsein besondere Wichtigkeit hat, liegt der Set-point der meisten Leute oder das Gewicht, das sie bequem halten können, weit über dem, was ihnen die Kultur als akzeptabel vorgibt.

Wir müssen bei der Set-point-Theorie im Zusammenhang mit der Bulimie besonders berücksichtigen, daß das System einer Person ein bestimmtes Körpergewicht verteidigt. Das Gewicht kann höher sein, als die Person es wünscht, trotz aller Versuche der Person, dies zu ändern. Die potentiell bulimische Person kann die Größe ihrer Fettzellen durch Diäten vermutlich ändern, aber sie wird nicht in der Lage sein, die Anzahl der Fettzellen in signifikantem Ausmaß zu senken. Das bedeutet, daß nach einer Phase der Gewichtsabnahme, die Person immer noch die gleiche Anzahl von Fettzellen haben wird, die darauf warten, gefüllt zu werden, sobald sie die diätetischen Einschränkungen nicht mehr aufrecht erhalten kann.

Die Anzahl der Fettzellen, die eine Person besitzt, wird sowohl durch Vererbung als auch durch die frühe Ernährung der Person bestimmt (Nisbett, 1972). Diese beiden Variablen beeinflussen das Niveau, auf dem der Set-point arbeitet, und sind nicht leicht zu manipulieren. Dies bedeutet, daß bulimische und adipöse Frauen, die Diät halten, einen Krieg mit ihrem eigenen biologischen System führen, den sie nie gewinnen können. Bennett und Gurin (1982) erörterten die Versuche von adipösen Personen, ihren Set-point zu überwinden: „Es ist kein fairer Wettbewerb. Der Set-point ist ein unermüdlicher Gegner. Die einzigen Verbündeten des Diäthaltenden sind seine Willensstärke und welcher Anreiz auch immer, der es wert ist, dieses chronische, physische Unwohlsein zu ertragen." Ein Problem in der Beratung bei Eßstörungen ist die Schwierigkeit, die Erwartung der Patienten hinsichtlich ihres Gewichts mit den Anforderungen des Set-points in Übereinstimmung zu bringen. Wir müssen den Leuten helfen, realistisch zu sein, inwieweit sie ihren Körper so umformen können, daß er ihren eigenen oder den Ansprüchen der Gesellschaft im Hinblick auf ein bestimmtes Aussehen genügt.

Brownell (1982) sagte, „Wenn die Genesung von Adipositas als Reduktion auf das Idealgewicht und das Aufrechterhalten dieses Gewichts über fünf Jahre definiert wird, so erholt sich eine Person eher von den meisten Krebsarten als von Adipositas." Andere Autoren sind gleichermaßen pessimistisch, wenn es um das Abnehmen und Halten von Gewicht, ohne daß sich die Person einer Unmenge an unnötigem Streß aussetzt, geht. Wenn eine potentiell übergewichtige Person die kulturellen Normen und verschiedene Formen sozialen Drucks ignoriert, verhält sich diese Person wie jemand, der normalgewichtig ist, was sein Eßmuster und seine emotionalen Reaktionen gegenüber Essen anbetrifft (Nisbett, 1972).

Die Set-point-Theorie behauptet, daß die hypothalamischen Zentren des Gehirns von Person zu Person verschiedene Gewichts-Baselines verteidigen. Die Theorie läßt vermuten, daß einige sehr übergewichtige Personen tatsächlich unter dem Gewicht, das von ihrem Set-point verlangt wird, funktionsfähig sind und daß dies auch für einige normalgewichtige Personen gilt. Diese „normalgewichtigen" Personen sind eigentlich untergewichtig und zeigen Symptome eines Energiedefizits. Von vielen dieser Personen kann man sagen, daß sie sich im Zustand der Unterernährung befinden, mit all den Implikationen, die dieser Zustand im Hinblick auf emotionale Probleme und ungewöhnliche Reaktionen auf Nahrung mit sich bringt.

Woods, Decke und Vasselli (1974) geben den Diäthaltenden mit ihrer Vermutung, daß der Set-point etwas flexibel ist und daß eine relativ weite Spannbreite des Gewichts für jeden Set-point möglich ist, ein wenig Hoffnung. Faktoren, die den Set-point beeinflussen können, sind der Geschmack und die Ausgewogenheit von Nahrungsmitteln, die relative Menge verschiedener Geschlechtshormone und so weiter. Wie werden später besprechen, inwiefern körperliche Betätigung ein wichtiger Faktor bei der Umstellung dieses biologischen Thermostats, das das Gewicht kontrolliert, sein kann.

Wir werden die Bulimie nun im Kontext mit den vorangehenden Darstellungen betrachten, um zu überprüfen, welche Hinweise auf das Existieren eines Set-points man im Verhalten von Frauen finden kann. Russell (1979) untersuchte die Gewichtskurve seiner Patientinnen und stellte fest, daß sie fast alle darum kämpften, ein Gewicht zu halten, das weit unter dem

Gewicht lag, das sie vor ihrer Diät hatten. Das vorherige Niveau war offensichtlich ein gesundes Gewicht für sie gewesen, auch wenn dies in einigen Fällen bedeutete, daß sie leicht übergewichtig oder sogar adipös waren. Er folgerte daraus, „ Es ist ganz klar die Weigerung der Patientin, ihr konstitutionelles Gewicht zu akzeptieren, die zu einer Bekämpfung der Freßorgien mit Erbrechen oder Abführen oder beidem führt." Pyle, Mitchell und Eckert (1981) untersuchten die Gewichtsveränderungen, die bei Frauen nach dem Beginn der Bulimie stattfanden. Gewichtsverluste und -zunahmen bis zu 30 Pfund konnten entwicklungsmäßig nicht erklärt werden. Eine Vielzahl dieser Patientinnen schien zwischen dramatischen Gewichtsab- und zunahmen hin und her zu pendeln. Dies läßt vermuten, daß zwischen dem Set-point des Körpers und dem kognitiven Kontrollsystem der Frau ein Kampf um die Führung entfacht ist.

Der Hypothalamus

Tief im Gehirn gibt es eine kleine Region, die Hypothalamus genannt wird. Dies ist ein wichtiges Kontrollzentrum vieler komplexerer Funktionen des zentralen Nervensystems, besonders der Funktionen, die mit dem Ausdrücken von Emotionen in Beziehung stehen. Die wichtigste Funktion, im Hinblick auf dieses Buch, ist seine Funktion als Kontrollzentrum des Appetits. Ein Teil des Hypothalamus, der ventromediale Nukleus, unterdrückt die Nahrungsaufnahme, und ein anderer, der laterale Nukleus, regt sie an. Anders gesehen, der ventromediale Nukleus ist das Abnehmzentrum und der laterale Nukleus das Gewichtszunahmezentrum. Die Reaktion des Hypothalamus auf suboptimales Gewicht, das heißt, Gewicht unterhalb des Set-points einer Person, spielt wahrscheinlich eine wichtige Rolle in den Einstellungen der Patientin zum Essen und hat einen Einfluß auf das Auftreten der Freßanfälle.

Nisbett (1972) sagte, daß der Hypothalamus dem Ernährungszustand einer Person angepaßt ist und daß die Botschaften, die mit dem Blut zum Hypothalamus gesendet werden, die Hungerreaktion beeinflussen. „Es ist möglich, noch weiter zu gehen und anzunehmen, daß freie Fettsäuren eine integrale Rolle im ponderostatischen Mechanismus spielen" (Nisbett, 1972, p. 466). Er postulierte, daß der Hypothalamus die Menge an freien Fettsäuren im Blut überwacht und mit einer partiellen Stillegung reagiert, wenn zu viele freie Fettsäuren oder ein Metabolit, der an ihrer Produktion beteiligt ist, vorhanden sind.

Sein Hauptbeweis dafür ist, daß übergewichtige Personen, die sich verhalten, als ob sie hungrig wären, sogar nach einer vollständigen Mahlzeit ein hohes und unveränderliches Niveau an freien Fettsäuren haben. Er hatte die Hypothese, daß der ständige Hunger verschwinden würde, und diese Leute wie normalgewichtige Personen essen könnten, wenn es ihnen möglich wäre, ihren Set-point wieder zu erreichen und wenn die freien Fettsäuren wieder normalisiert werden könnten.

Das Insulin-Wachstumshormon-Verhältnis

Die Aussagen über den Hypothalamus weisen auf die Tatsache hin, daß viele Dinge, die regelmäßig in unserem Körper vor sich gehen, sich weitestgehend unserem Einfluß entziehen und einen gewaltigen Einfluß auf unser Verhalten haben. Wenn wir minimale Kontrolle über diese Prozesse haben wollen, müssen wir verstehen, wie sie arbeiten und wie sie mit anderen Aktivitäten unseres Körpers in Beziehung stehen. Das Verhältnis zwischen Insulin und Wachstumshormonen ist ein anderer Faktor, der zur Komplexität des Zusammenhangs zwischen der Gewichtskontrolle und dem Set-point beiträgt. Insulin ist ein Proteinhormon, das durch die Betazellen der Langerhansschen Inseln in der Pankreas, ein Organ, das hinter dem unteren Bereich des Magens lokalisiert ist, ausgeschüttet wird. Nahrung wird durch das Aktivieren von Insulin verdaut, das es ermöglicht, daß die Nahrung vom Blut zu den entsprechenden Zellen des Körpers gelangt. Die ausgeschüttete Insulinmenge im Blut erhöht sich nach dem Essen und es dauert einige Stunden, bis sie wieder auf das Basalniveau zurückkehrt.

Es besteht eine Beziehung zwischen dem Insulin-Wachstumshormon-Verhältnis und dem Körpergewicht. Eine Veränderung der Insulinmenge im Blut führt zu einer entsprechenden Veränderung in der Menge des Wachstumshormons. Das Wachstumshormon ist ein Proteinhormon, das von der vorderen Hirnanhangdrüse, einer kleinen Drüse im hinteren Teil des Gehirns, ausgeschüttet wird. Das Wachstumshormon wird konstant in einer Grundmenge ausgeschüttet, wie auch das Insulin. Die ausgeschüttete Menge kovariiert mit den Mahlzeiten, das heißt, nach dem Essen sinkt die Menge dieses Hormons. Adipöse

Personen haben eine geringere Menge dieses Hormons im Blut. Unsere Aussagen über das Verhältnis zwischen Insulin und Wachstumshormon basieren auf der Arbeit von Woods, Decke und Vasselli (1974).

Übergewichtige Personen haben gewöhnlich einen erhöhten basalen Insulinspiegel. Zusätzlich zeigen sie eine vermehrte Insulinausschüttung, wenn Glukose zugeführt wird; das heißt, sie schütten mehr Insulin aus als normalgewichtige Personen. Adipöse Kinder haben auch einen erhöhten basalen Insulinspiegel. Insulin hat die interessante Eigenschaft, daß es in Abwesenheit von Nahrung durch eine konditionierte Reaktion produziert werden kann.

Woods et al. zitieren Untersuchungen, bei denen Ratten, die nur einmal am Tag zwei Stunden lang essen, zu der Tageszeit, die mit dem Füttern assoziiert wird, übermäßig viel Insulin ausgeschüttet haben. Die Zeit, nicht das Essen, wird zum Hinweisreiz, der die Produktion von Insulin verursacht.

Durch Forschungsstudien wurde eine Korrespondenz zwischen dem Verhältnis von Insulin zum Wachstumshormon und dem Körpergewicht hergestellt. Wenn ein Hormon zunimmt, erfährt das andere eine kompensatorische Abnahme. Wenn die Insulinmenge zunimmt, nimmt die Menge des Wachstumshormons ab und die Person nimmt an Gewicht zu. Wenn das Wachstumshormon zunimmt und Insulin abnimmt, verliert die Person Gewicht. Diese Hormone zeigen ihre Wirkung durch ihren Einfluß auf die Bildung und den Abbau von eingelagertem Fett.

Woods et al. nehmen an, daß ein bestimmtes Verhältnis, das zwischen Insulin und Wachstumshormon besteht, genetisch determiniert ist und der Person hilft, ihr „Idealgewicht" zu finden. Bedenken Sie, daß dieses Idealgewicht für bestimmte Personen recht hoch sein kann.

Diese Erklärung zur Gewichtszunahme ist nicht inkonsistent mit der Erklärung über den Hypothalamus, die wir vorher dargestellt haben, aber sie gibt uns ein neues Verständnis darüber, wie der Set-point aktiviert wird. Crisp (1981–1982) erklärt das ständige Essen von adipösen Personen auch mit dem Vorhandensein einer erhöhten Insulinmenge. „Mittlerweile fördert jede Vermeidung der Aufnahme von diätetischen Kohlehydraten Veränderungen des Kohlehydrat-Metabolismus. Es ist zum Beispiel eine charakteristische Reaktion auf ein Zurückhalten von Insulin, daß eine erneute Zufuhr von Kohlehydraten an sich schon eine weitere Zufuhr fördert und die Grundlage für ein Verlangen nach Kohlehydraten sein kann, die durch die Abstinenz herbeigeführt wurde. Die Person ißt nun die ganze Packung Schokolade, nachdem sie zuerst nur ein Stück gegessen hat" (Crisp, p. 206).

Die genetische Grundlage für Übergewicht

Wenn wir von einer Person sagen, daß sie übergewichtig ist, basiert unser Urteil auf einem kulturellen Standard und ist nicht biologisch abgeleitet. Bei jeder Größe gibt es eine weite Spanne für ein gesundes und für die jeweilige Person normales Gewicht. Das heißt, daß eine Person, deren Gewicht am oberen Ende der normalen Spannbreite liegt, vielleicht bei einem Gewicht funktionsfähig ist, das mit ihrer normalen Veranlagung übereinstimmt. Trotz des Risikos redundant zu sein, möchten wir nochmals wiederholen, daß man erwarten muß, daß Personen hinsichtlich des Gewichts um einen Mittelwert variieren, genau wie einige Leute groß und andere klein sind, sind einige schwer und andere leicht. Es bestehen viele Unterschiede zwischen Personen, die wir als Kultur nicht in vorgeschriebene Normen einzupassen versuchen. Das Gewicht scheint jedoch ein menschliches Merkmal zu sein, bei dem einige Subgruppen darauf bestehen, einer künstlichen Norm zu gehorchen, wie wir bei der Darstellung des Medienmodells beschrieben haben.

Im Abschnitt über den Set-point haben wir beschrieben, daß jeder ein Normalgewicht hat, das durch eine Kombination von genetischen und ernährungsspezifischen Faktoren determiniert ist. Dieses Gewicht wird durch die Interaktion einer Vielzahl biologischer Faktoren aufrechterhalten, die es der Person nur innerhalb einer begrenzten Gewichtsspanne ermöglichen, sich wohlzufühlen und funktionsfähig zu sein. Den größten Einfluß auf die Anzahl der Fettzellen, mit denen jemand geboren wird, üben vermutlich Erbfaktoren aus.

Das Eßverhalten der Mutter während der Schwangerschaft und die frühkindliche Ernährungsweise können die Anzahl der Fettzellen auch steigern. Einige Autoren versichern, daß die Überfütterung der Babies sowohl die Anzahl als auch die Größe der Fettdepots dauerhaft verändert. Andere vermuten, daß übermäßiges Essen von Kleinkindern auf genetische Disposition zurückzuführen ist.

Thompson, Jarvie, Lahey und Cureton (1982) weisen darauf hin, daß die Kinder übergewichtiger Eltern im Ruhezustand weniger Energie verbrauchen; d. h. ihr Grundumsatz ist niedriger und vermutlich effizienter. Diese Kinder nehmen am Tag auch weniger Kalorien zu sich als die Kinder nicht-adipöser Eltern. Trotz der Tatsache, daß sie weniger essen, wiegen sie mehr, was uns mit einer Aussage konfrontiert, die der verbreiteten Auffassung, daß Leute fett sind, weil sie zu viel essen, widerspricht. Wir haben das Gefühl, daß dies unsere Behauptung unterstützt, daß es für einige Babies normal ist, dick zu sein.

In der Literatur gibt es viele Daten, die unsere Ansicht, daß Dicksein nicht das Resultat mangelnder Willenskraft ist, sondern für manche genetisch prädisponiert ist, unterstützen (z. B. Woods, Decke & Vasselli, 1974). Das heißt, daß übergewichtige Menschen mit einer Anzahl an Fettzellen geboren werden, die das übliche Ausmaß übersteigt. In einer Stichprobe wurde festgestellt, daß die übergewichtigen Versuchspersonen dreimal soviele Fettzellen hatten wie die normalgewichtigen Personen (Knittle & Hirsch, 1968). Nisbett (1962) wies darauf hin, daß Unternährung und Diäten bei Erwachsenen die Größe, aber nicht die Anzahl der Fettzellen in nennenswerten Umfang reduzieren. Nach dem Gewichtsverlust hat der Diäthaltende noch die gleiche Anzahl an Fettzellen, die darauf warten, gefüllt zu werden.

Crisp (1981–1982) glaubte, daß dieser Zustand der Unterernährung sich auch auf Personen auswirkt, die normalgewichtig oder sogar untergewichtig sind, jedoch versuchen, ihr Körpergewicht unter dem Normalgewicht für Erwachsene zu halten. Das heißt, daß eine Person, deren Normalgewicht vielleicht 56 Kilo ist, die ihr Gewicht jedoch auf 50 Kilo hält, die gleichen Probleme hat wie eine Person, deren Normalgewicht 110 Kilo ist, die ihr Gewicht aber auf 95 Kilo hält.

Brownell (1982) sagte, daß ungefähr 25% der Kinder nach der kulturellen Norm (Gewichtstabellen der Versicherungsgesellschaften und nicht die neuen Normen, die wir bereits beschrieben haben) übergewichtig sind. Nach unserer bereits besprochenen Theorie wäre es also vergeblich zu hoffen, daß aus diesen Kindern schlanke Erwachsene werden. Wie wir schon angemerkt haben, scheint es vielen Menschen möglich zu sein, Gewicht zu verlieren, die meisten, die abgenommen haben, sind aber nicht in der Lage, dieses reduzierte Gewicht über eine längere Zeitspanne zu halten.

Garfinkel et al. (1980) bemerkte, daß viele Mütter von bulimischen Patientinnen übergewichtig waren (48%). Die Autoren glauben, daß diese Statistik noch beeindruckender ausfällt, wenn man berücksichtigt, daß die meisten Patientinnen mit einer Bulimie aus der sozialen Oberschicht stammen, wo die Häufigkeit von Adipositas geringer ist. Bruch (1973) nennt diese Patientinnen aufgrund ihrer adipösen Vergangenheit dünne fette Leute. Die Daten zeigen, daß viele Frauen mit einer Bulimie im Kindesalter Probleme mit der Gewichtskontrolle hatten (z. B. Beumont, George & Smart, 1976; Russell, 1979; Mitchell & Eckert, 1981). Weil sie gemessen an den kulturellen Standards leicht übergewichtig sind, scheint es zunächst vernünftig, daß sie versuchen, abzunehmen. Ihr vorheriges Gewicht war für sie wahrscheinlich gesund, auch wenn es für sie bedeutete, daß sie adipös waren. Viele Patientinnen in der Studie von Pyle zeigten beträchtliche Gewichtsschwankungen, nachdem das bulimische Verhalten begonnen hatte. Dies läßt vermuten, daß sie große Schwierigkeiten hatten, ihr Gewicht unter dem natürlichen Niveau zu halten.

Die natürliche Anstrengung des Körpers, wieder zuzunehmen, bringt diese Frauen dazu, mehr als die Durchschnittsfrau zu essen, weil sie sich im Zustand der Unterernährung befinden. Weil sie unterhalb ihres natürlichen Körpergewichts liegen, und weil der Körper den Stoffwechsel heruntergeschraubt hat, so daß Nahrung effizienter verarbeitet wird, nehmen sie schneller zu als eine Person, die die gleiche Menge essen würde, vorher aber nicht adipös war. Nachdem die Frau wieder begonnen hat, normal zu essen, und so viel Gewicht zugenommen hat, wie es ihren eigenen normalen Grenzen entspricht, geht ihr Stoffwechsel wieder auf das Niveau zurück, auf dem er vorher war. Sie wird dann in der Lage sein, mehr zu essen und nicht mehr zuzunehmen. Aus diesen Daten schließen wir, daß die Weigerung der Patientin, ihr konstitutionelles Gewicht zu akzeptieren, zu dem Beginn eines Eßmuster führt, bei dem Freßorgien leicht ausgelöst werden können und von Erbrechen und/oder Abführen gefolgt werden.

Übermäßiges Essen

In unserer Diskussion wurden bislang zwei Hauptfaktoren betont, die das natürliche Gewicht einer Person determinieren:

Vererbung und die frühen Ernährungserfahrungen. In Nisbetts (1972) Übersichtsarbeit, die ihn zu seinen Schlußfolgerungen führte, daß der Set-point ein Faktor in der Gewichtskontrolle ist, berichtete er, daß es Daten gibt, die die Annahme stützen, daß die Anzahl der Fettzellen bei einem Erwachsenen relativ unveränderlich sind. In einer umfassenden Übersicht kamen Katch und McArdle (1977) zu der Schlußfolgerung, daß vielleicht drei und nicht zwei kritische Phasen auftreten, in denen die Anzahl der Fettzellen signifikant zunimmt: im letzten Drittel der Schwangerschaft, im ersten Lebensjahr des Babys und in der Wachstumsphase des Jugendalters. Sjostrom (1980) geht noch einen Schritt weiter und zitiert Hinweise darauf, daß Zellmanipulationen auch im Erwachsenenalter auftreten können. Die Anzahl der Zellen kann infolge übermäßigen Essens zunehmen. Wie bei den Zellen, die sich in den anderen drei Phasen entwickeln, kann die Zunahme der Anzahl der Fettzellen nicht durch Diäthalten rückgängig gemacht werden. Nach diesen Untersuchungen ist die Zunahme der Fettzellen dauerhaft. Woods, Decke und Vasselli (1974) machen eine ähnliche Aussage, schlagen aber eine andere Erklärung vor. Sie nehmen an, daß übermäßiges Essen eine Veränderung im Verhältnis zwischen Insulin und dem Wachstumshormon herbeiführt, das heißt, es wird mehr Insulin und weniger Wachstumshormon produziert, und dieses überschüssige Insulin im Blut führt zu vermehrter Fetteinlagerung und verursacht so Adipositas.

All dies unterstützt die Aussage, die bereits gemacht wurde, daß, wenn eine Person in einer kritischen Phase der Entwicklung einmal zugenommen hat, die Mechanismen innerhalb der Person dieses Gewicht beizubehalten versuchen. Die Ergebnisse von Sjostrom (1980) sind, obwohl sie interessant sind, nicht erforderlich, um diese Behauptung aufzustellen. Ob eine Person als Erwachsener zusätzliche Fettzellen erwerben kann oder nicht, muß nicht weiter untersucht werden. Offensichtlich steigern einige Leute, die übermäßig essen, wenn sie älter werden, nur die Größe und nicht die Anzahl der Fettzellen. Diese Leute können vermutlich abnehmen und das Gewicht halten, wenn sie das richtige Handlungsprogramm befolgen. Andere Leute vergrößern, aus welchem Grund auch immer, die Anzahl der Fettzellen. Diese Gruppe wird Schwierigkeiten haben, das Gewicht zu halten, wenn sie einmal abgenommen haben.

Eine Vielzahl anderer Faktoren, die auch mit der Nahrungsmenge in Beziehung stehen, muß noch untersucht werden.

Thompson, Jarvie, Lahey und Cureton (1982) vergleichen in ihrer Übersicht über verschiedene Untersuchungen die Nahrungsmenge einer Gruppe von Übergewichtigen mit einer parallelisierten Gruppe von Normalgewichtigen. Sie stellten fest, daß die Übergewichtigen in der Regel nicht mehr als die schlankeren Versuchspersonen aßen. Die weitverbreitete Annahme, daß Übergewichtige zu viel essen, wurde nicht generell bestätigt. Es scheint wahrscheinlicher, daß ihr Stoffwechsel sehr effektiv in der Nahrungsverarbeitung ist.

Brownell (1982) andererseits sagt, daß adipöse Personen verflucht sind von einer Biologie, die dickmachende Nahrung vorzieht und vom Leben in einer Kultur, die unbegrenzten Zugang zu diesen Nahrungsmitteln ermöglicht. Um dies zu bestätigen, zitiert er die Untersuchung von Sclafani und Springer (1976), bei der die Supermarkt-Diät, eine Auswahl reichhaltiger Nahrungsmittel, eingesetzt wurde, was wir bereits in Kapitel 5 erwähnten. Sie werden sich wahrscheinlich erinnern, daß Tiere, die normalerweise schlank geblieben wären, angesichts dem Überangebot an Nahrung zunahmen, als sie einer süßen, fetten, reichhaltigen Diät ausgesetzt wurden. Dies wirft uns wieder auf ein soziales Dilemma zurück; wir versorgen Leute mit reichhaltigen Diäten und machen es ihnen so leicht wie möglich, sie zu essen, belegen aber die Konsequenzen mit negativen Bewertungen und schätzen die Leute gering, die der Attraktivität unserer Angebote anheim fallen und zunehmen.

Wir können derzeit einige Dinge über übermäßiges Essen sagen:
1. nicht alle adipösen Leute essen übermäßig viel;
2. einige Leute können neue Fettzellen produzieren, wenn sie älter werden;
3. die meisten Leute bekommen die zusätzlichen Fettzellen, wenn sie jung sind;
4. die Verfügbarkeit einer reichhaltigen Diät ist vermutlich der Grund für die Gewichtszunahme vieler Personen; und
5. wenn sie einmal zugenommen haben, wird es für manche Leute unmöglich sein, dauerhaft abzunehmen.

Altern und Gewichtszunahme

Daß viele Leute zunehmen, wenn sie älter werden, ist eine verbreitete Beobachtung. Die Frage ist „Wird dies durch einen natürlichen und biologisch bedingten Prozeß verursacht, oder ist es die Folge einer längeren Zeit übermäßigen Essens?" In Forschungsstudien wird von drei Faktoren berichtet, die bei älteren Menschen zu einer Gewichtszunahme führen. Der Leser sei darauf hingewiesen, daß diese Faktoren vermutlich mit individuellen Differenzen biologischer und sozialer Art interagieren; deshalb kann nicht erwartet werden, daß diese Faktoren bei allen Leuten zu den gleichen Resultaten führen.

Der Hauptfaktor, der die Gewichtszunahme mit zunehmendem Alter bedingt, scheint eine Verringerung des Grundumsatzes zu sein. Thompson et al. (1982) zitieren Querschnittstudien, die zeigen, daß in jedem Lebensjahrzehnt ab dem Alter von 3 Jahren bis zum Alter von 80 Jahren eine Reduktion des Grundumsatzes um 3% stattfindet. In Längsschnittstudien wird eine konservativere Schätzung der Reduktion um 1 bis 2% vorgenommen, es besteht aber Übereinstimmung mit dem allgemeinen Prinzip, daß der Grundumsatz mit dem Alter abnimmt. Diese Reduktion des Grundumsatzes wird begleitet von einer Zunahme an Fett und einer Abnahme an magerer Körpermasse (lean body mass — LBM). Einige Forscher vermuten, daß die Abnahme magerer Zellmasse die direkte Ursache für die Senkung der Grundumsatzes ist, weil magere Zellmasse dreimal so viel Energie verbrennt wie Fettzellen. In der Gewichtstabelle der Metropolitan Life Insurance Company, die für das Alter zwischen 25 und 59 Jahren das wünschenswerte Gewicht angibt, wird dieser ständigen und normal erscheinenden Gewichtszunahme mit dem Alter nicht Rechnung getragen. Das Gerontology Research Center of the National Institute of Aging hat die Daten der Versicherungsgesellschaften reanalysiert, um zu sehen, welche Beziehung zwischen Gewicht und Mortalität besteht. Ihre Schlußfolgerungen unterscheiden sich in zweifacher Hinsicht von denen der Metropolitan Gesellschaft. Sie fanden erstens keinen Unterschied im Idealgewicht zwischen Männern und Frauen. Sie stellten zweitens einen Anstieg des Gewichts mit zunehmendem Alter fest und hatten das Gefühl, daß eine neue Tabelle erstellt werden müsse, die dieser Tatsache Rechnung trägt. Zum Beispiel, eine Person, ob männlich oder weiblich, hat im Alter zwischen 20 und 29 Jahren bei einer Größe von 1,60 m ein Normalgewicht zwischen 45 und 60 Kilo. Im Alter zwischen 50 und 59 Jahren läge das Normalgewicht dieser Person zwischen 57 und 72 Kilo.

Eine Person, die 1,80 m groß ist, wiegt im Alter zwischen 20 und 29 Jahren erwartungsgemäß zwischen 57 und 76 Kilo und

im Alter zwischen 60 und 69 Jahren zwischen 78 und 96 Kilo.
Dies bedeutet, daß viele Menschen mit zunehmendem Alter
natürlicherweise einen höheren Set-point bekommen, was zu
größeren Schwierigkeiten beim Abnehmen führt.
Daß die meisten Menschen mit zunehmendem Alter körperlich
weniger aktiv sind, hilft zu erklären, warum eine Gewichtszunahme eintritt, wenn Menschen älter werden. Wenn die körperliche Aktivität reduziert wird, tendiert man zur Gewichtszunahme. Eine dritte Möglichkeit, die jedoch noch nicht ganz
bestätigt ist, ist Sjostroms (1980) Hinweis darauf, daß die
Fettzellen im Erwachsenenalter zunehmen können und daß diese
Zunahme nicht rückgängig zu machen ist. Das heißt, die Anzahl
der Fettzellen nimmt zu, wird aber nicht wieder abnehmen. Wenn
eine Person über eine ausreichend lange Zeit zu viel gegessen
hat, und ihre momentan bestehenden Fettzellen gefüllt hat,
entstehen neue Fettzellen. Dies stimmt zumindest oberflächlich
gesehen nicht mit Sims Ergebnis überein, daß die meisten Leute
nicht mehr Fettzellen bekommen und wieder zu ihrem normalen
Gewichts-Set-point zurückkehren, auch wenn sie zugenommen
haben. Wenn wir Sjostroms Annahme teilen, daß zumindest
einige Leute neue Fettzellen bilden, wenn sie eine Zeitlang zu
viel gegessen haben, würde dies für diese Leute einen irreversiblen
Zustand schaffen, bei dem sie nicht mehr in der Lage wären,
sich der überflüssigen Fettzellen zu entledigen. Die Versuche
dies zu tun würden bei diesen Leuten zu chronischem Hunger
führen.

Unterernährung − Verhungern

Wir haben vorher die emotionalen Reaktionen wie Depression
und Irritierbarkeit bei Personen, die auf eine Unterernährungs-
diät gesetzt wurden (Keys, Brozek, Henschel, Mickelson &
Taylor, 1950), besprochen. Im gleichen Experiment konnten die
Versuchspersonen nach der Phase der Unterernährung so viel
essen, wie sie wollten. Es trat nicht selten auf, daß diese
Männer so viel aßen, bis sich ihr Magen so erweiterte, daß es
für sie unmöglich war, weiter zu essen. Diese Männer berichteten, daß sie, auch wenn sie das Gefühl hatten, einen vollen
Magen zu haben, immer noch hungrig waren und noch mehr
essen wollten.

Die Reaktionen von Keys Versuchspersonen sind denen der bulimischen Frauen in der Studie von Pyle, Mitchell und Eckert (1981) ähnlich. Diese Frauen berichteten, daß sie bei normalen Mahlzeiten Schwierigkeiten hatten zu erkennen, wann sich ein Völlegefühl einstellte. Dieses Problem wurde auch von Patientinnen erlebt, bei denen Fastenperioden mit Freßanfällen abwechselten. Sie fasteten typischerweise fast 24 Stunden lang nach einem Freßanfall und waren dann so hungrig, daß ein neuer Freßanfall folgte.

Crisp (1981–1982) kommentierte die Effekte von Insulin, die im vorherigen Abschnitt erörtert wurden, und beleuchtete die Freßanfälle, die aus einer Unterernährungsdiät resultierten. In seiner Arbeit nimmt er an, daß eine Reihe von Schritten in diesem Prozeß ablaufen:

1. das Vermeiden von Kohlehydraten verändert die Verbrennung von Kohlehydraten,
2. das Vermeiden von Kohlehydraten trägt zur Erzeugung eines Verlangens nach Kohlehydraten bei,
3. das Essen von Kohlehydraten erzeugt eine anhaltende Insulinreaktion und
4. diese anhaltende Insulinreaktion treibt die Person dazu, mehr zu essen.

Dies führt uns zu der Schlußfolgerung von Crisp, daß die Person, wenn sie ein Stück Schokolade gegessen hat, das Gefühl bekommt, die ganze Packung essen zu müssen.

Als wir den Set-point beschrieben haben, sagten wir, daß die Intensität des Hungers einer bestimmten Person mit der Art ihrer Fettzellen zusammenhängt. Eine neuere Reklame im Fernsehen zeigt eine Frau, die aus dem Bett gehoben, mit hoher Geschwindigkeit durch die Luft zum Kühlschrank getragen wird, an dem die Tür aufgeht und ihr Gesicht in einer reichhaltigen Torte landet. In dieser Reklame wird für eine Diätpille geworben, die helfen soll, schwache Momente zu überstehen, die in der Nacht auftreten könnten. Die Botschaft in dieser Werbung ist, daß man ohne ihre Hilfe Mächten zum Opfer fällt, die vollkommen außer der Kontrolle der Person sind. Hunger wird als Monster gesehen, das magische Kräfte hat, die einem die Kontrolle entziehen können.

Keys et al. stellten fest, daß Personen, die auf eine Unterernährungsdiät gesetzt waren, sich ständig in Gedanken mit Essen beschäftigten und daß sie großes Interesse an Rezeptbüchern und Bildern von Essen hatten. Eine ständige Beschäftigung mit Essen scheint es auch bei Patientinnen mit einer Bulimie zu geben. Pyle et al. (1981) berichteten, daß 23 ihrer 34 Patientinnen sagten, daß sie gerne für andere kochen und daß sie eine positive Einstellung zum Essen haben. Diese Patientinnen nahmen oft Vollzeit- oder Teilzeit-Jobs als Kellnerin oder Lebensmittelhändlerinnen an. Einige der Patientinnen von Russell (1979) gaben zu, daß sie fast ständig an Essen dachten und das so oft, daß ihre Konzentrationsfähigkeit beinträchtigt war. Übermäßiges Essen stand bei diesen Patientinnen oft in Verbindung mit der ständigen Beschäftigung mit Essen. Russell glaubte, daß die schnellen und grotesken Freßorgien mit der Unfähigkeit, auf normale Weise satt zu werden, in Verbindung stehen. Dieses Verhalten ähnelt dem der Versuchspersonen, die sich von der Unterernährungsstudie erholten.

Literatur

Alhibi, R., & McCallum, R. W. (1983). Metoclopramide: Pharmacology and clinical application. *Annals of Internal Medicine, 98*, 86–95.

American Psychiatric Association. (1980). *Diagnostic and statistical manual of mental disorders, 3rd ed. (DSM-III)*. Washington, DC: American Psychiatric Assn.

Anderson, W. P., & Bauer, B. (1985). Clients with MMPI high D-Pd: Therapy implications. *Journal of Clinical Psychology, 41*, 181–188.

Bennett, W., & Gurin, J. (1982). *The dieter's dilemma*. New York: Basic Books.

Benson, H., wirh Klipper, M. Z. (1976). *The Relaxation Response*. New York: Avon.

Beumont, P. J. V., George, G. C. W., & Smart, D. E. (1976). „Dieters" and „Vomiters and purgers" in anorexia nervosa. *Psychological Medicine, 6*, 617–622.

Bo-Lynn, G., Santa-Ana, C. A., Morawski, S. G., & Fordtran, J. S. (1983). Purging and calorie absorption in bulimic patients and normal women. *Annals of Internal Medicine, 99*, 14–17.

Boskind-Lodahl, M. (1976). Cinderella's step-sisters: A fiminist perspective on anorexia nervosa and bulimia. *Signs: Journal of Women in Culture and Society, 2*, 342–356.

Brotman, A. W., Herzog, D. B., & Woods, S. W. (1984). Antidepressant treatment of bulimia: The relationship between bingeing and depressive symtomatology. *Journal of Clinical Psychiatry, 45*, 7–9.

Brownell, K. D. (1982). Obesity: Understanding and treating a serious, prevalent, and refractory disorder. *Journal of Consulting and Clinical Psychology, 50*, 820–840.

Brownmiller, S. (1985). *Femininity*. New York: Fawcett Columbine.

Brozek, J., & Erickson, N. K. (1948). Item analysis of the psychoneurotic scales on the Minesota Multiphasic Personality Inventory in experimental semistarvation. *Journal of Consulting Psychology, 12*, 403–411.

Bruch, H. (1973). *Eating disorders*. New York: Basic Books.

Bruch, H. (1976). *The golden cage*. Cambridge, MA: Harvard University Press.

Bullen, B. A., Skrinar, G. S., Beitins, I. Z., von Mering, G., Turnbull, B. A., & McArthur, J. W. (1985). Induction of menstrual disorders by strenuous exercise in untrained women. *The New England Journal of Medicine, 312*, 1349–1353.

Cohen, S. E., Woods, W. A., & Wyner, J. (1984). Antiemetic efficacy of droperidol and metoclopramide. *Anesthesiology, 60,* 67–69.

Crisp, A. H. (1981–1982). Anorexia nervosa at normal body weight! – The abnormal normal weight control syndrome. *International Journal of Psychiatry in Medicine, 11,* 203–233.

Dally, P., & Gomez, J. (1979). *Anorexia nervosa.* London: Heinemann Medical.

Fairburn, C. G., & Cooper, P. J. (1984). The clinical features of bulimia nervosa. *British Journal of Psychiatry, 144,* 238–246.

Fairburn, C. G. (1985). Cognitive-behavioral treatment for Bulimia. In D. M. Garner and P. E. Garfinkel (Eds.). *Anorexia Nervosa & Bulimia,* New York: Guilford Press.

Garfinkel, P., & Garner, D. (1982). *Anorexia nervosa: A multidimensional perspective.* New York: Brunner/Mazel.

Garfinkel, P. E., Moldofsky, H., & GArner, D. M. (1980). The heterogeneity of anorexia nervosa: Bulimia as distinct subgroup. *Archives of General Psychiaty, 37,* 1036–1040.

Garner, D. M., Garfinkel, P. E., Schwartz, D., & Thompson, M. (1980). Cultural expectations of thinness in women. *Psychological Reports, 47,* 483–491.

Garrow, J. S. (1978). *Energy balance and obesity in man* (2nd ed.). Amsterdam: Elsevier.

Gordon, T., & McKay, G. (1970). *Parent effectiveness training: The tested new way to raise a responsible child.* New York: Wyden Books.

Green, R. S., & Rau, J. H. (1974). Treatment of compulsive eating disturbance with anticonvulant medication. *American Journal of Psychiatry, 131,* 428–432.

Green, R. S., & Rau, J. H. (1977). The use of diphenylhydantoin in compulsive eating disorders: Further Studies. In R. A. Vigersky (Ed.), *Anorexia nervosa.* New York: Raven Press.

Halmi, K. A., Falk, J. R., & Schwartz, E. (1981). Binge-eating and vomitting: A survey of a college population. *Psychological Medicine, 11,* 697–706.

Hamburger, W. W. (1951). Emotional aspects of obesity. *Medical clinics of North America, 35,* 483–499.

Harris, R. T. (1983). Bulimarexia and related serious eating disorders with medical complications. *Annals of Internal Medicine, 99,* 800–807.

Hatsukami, D., Owen, P., Pyle, R., & Mitchell, J. (1982). Similarities and differences on the MMPI between women with bulimia and women with alcohol or drugs abuse problems. *Addictive Behaviors, 7,* 435–439.

Herman, C. P., & Mack, D. (1975). Restrained and unrestrained eating. *Journal of Personality, 42,* 647–660.

Herman, C. P., & Polivy, J. (1975). Anxiety, restraint, and eating behavior. *Journal of Abnormal Psychology, 84,* 666–672.

Hillard, J. R., & Hillard, P. J. A. (1984). Anorexia nervosa, and diabetes – deadly combinations. *Psychiatria Clinica, 7,* 367–379.

Hsu, L. K. G. (1984). Treatment of bulimia with Lithium. *American Journal of Psychiatry, 141,* 1260–1262.

Hudson, J. I., Pope, H. G., Jonas, J. M., & Yurgelun-Todd, D. (1983). Family history study of anorexia nervosa and bulimia. *British Journal of Psychiatry, 142,* 133–138.

Huenemann, R. L., Shapiro, L. R., Hampton, M. C., & Mitchell, B. W. (1966). A longitudinal study of gross body composition and body conformation and their association with food and activity in a teenage population. *American Journal of Clinical Nutrition, 18,* 325–328.

Katch, F. I., & McArdle, W. D. (1977), *Nutrition, weight control, and exercise.* Boston: Houghton Mifflin.

Keesey, R. E. (1980). A set-point analysis of the regulation of body weight. In A. J. Stunkard (Ed.), *Obesity.* Philadelphia, PA: Saunders.

Keys, A., Brozek, J., Henschel, A., Mickelson, D., & Taylor, H. (1950). *The biology of human starvation.* Minneapolis: University of Minnesota Press.

Knittle, J. L., & Hirsch, J. (1968). Effect of early nutrition on the development of rat epididymal fat pads: Cellularity and metabolism. *Journal of Clinical Investigation, 47,* 2091.

Landorf, J. (1982). *Irregular People.* Eaco, TX: Word Books.

Love, S., & Johnson, C. (1985). Etiological factors in the development of bulimia. *Nutrition News, 48,* 5.

Mayer, J., Roy, P., & Mitra, K. P. (1956). Relation between caloric intake, body weight, and physical work. *American Journal of Clinical nutrition, 4,* 169–175.

Miller, P. M., & Sims, K. L. (1981). Evaluation and component analysis of a comprehensive weight control program. *International Journal of Obesity, 5,* 57–66.

Mitchell, J. E., & Groat, R. (1984). A placebo-controlled, double-blind trial of Amitriptylene in bulimia. *Journal of Clinical Psychopharmacology, 4,* 186–193.

Mitchell, J. E., HAtsukami, D., Goff, G., Pyle, R. L., Eckert, E. D., & DAvis, L. E. (1985). Intensive outpatient group treatment for bulimia. in D. M. Garner and P. E. Garfinkel (Eds.), *Anorexia nervosa & Bulimia.* New York: Guilford Press.

Mitchell, J. E., Pyle, R. L., & Eckert, E. D. (1981). Frequency and duration of binge-eating episodes in patients with bulimia. *American Journal of Psychiatry, 138,* 487–488.

Nisbett, R. E. (1972). Hunger, obesity, and the ventromedial hypothalamus. *Psychological Review, 79,* 433–453.

Nogami, Y., & Yabana, F. (1977). On Kibarashi-gui (Binge eating). Folia Psychiatrica et Neurologica. *Japonica, 31,* 159–166.

Polivy, J., & Herman, C. P. (1976). Clinical depression and weight change: A complex relation. *Journal of Abnormal Psychology, 85,* 338–340.

Polivy, J., & Herman, C. P. (1985). Dieting and Bingeing: A causal analysis. *American Psychologist, 40,* 193–201.

Pope, H. G., Hudson, J. T., Jonas, J. M., 6 Yurgelun-Todd, D. (1983). Bulimia treated with Imipramine: A placebo-controlled, double blind study. *American Journal of Psychiatry, 140,* 554–558.

Pope, H. G., & Hudson, J. I. (1984). *New hope for binge eaters.* New York: Harper & Row.

Pyle, R. L., Mitchell, J. E., & Eckert, E. D. (1981). Bulimia: A report of 34 cases. *Journal of Clinical Psychiatry, 42* (2), 60–65.

Rigotti, N. A., Nussbaum, S. R., Herzog, D. B., & Neer, R. M. (1984). Osteoporosis in women with anorexia nervosa. *New England Journal of Medicine, 311,* 1601–1606.

Russell, G. F. M. (1979). Bulimia nervosa: An ominous variant of anorexia nervosa. *Psychological Medicine*, *9*, 429–448.

Saleh, J. W., & Lebwohl, P. (1980). Metoclopramide-induced gastric emptying in patients with anorexia nervosa. *American Journal of Gastroenterology*, *74*, 127–132.

Schachter, S. (1971). Some extraordinary facts about obese humans and rats. *American Psychologist*, *26*, 129–144.

Sclafani, A., & Springer, D. (1976). Dietary obesity in adult rats. *Physiology and Behavior*, *17*, 461–471.

Sharkey, B. J. (1975). *Physiological Fitness and Weight Control*. Missoula, MT: Mountain Press.

Sims, E. A. H. (1979). Definitions, criteria, and prevalence of obesity. In G. A. Bray (Ed.), *Obesity in America*. Washington, DC: U.S. Government Printing Office, pp. 20–36. (Dhew Publication No. NIH 79-559).

Sjostrom, L. (1980). Fat cells and body weight. In A. J. Stunkard (Ed.), *Obesity*. Philadelphia, PA: Saunders.

Stewart, J. W., Walsh, T., Wright, L., Roose, S. P., 6 Glassman, A. H. (1984). An open trial of MAO inhibitors in bulimia. *Journal of Clinical Psychiatry*, *45*, 217–219.

Story, M. (1984). Adolescent life-style and eating behavior. In K. Mahan & J. M. Rees, *Nutrition in adolescence*. Times Mirror/Mosby.

Strober, M., Salkin, B., Burroughs, J., & Morrell, W. (1982). Validity of the bulimia-restricter distinction in anorexia nervosa. *Journal of Nervous and Mental Disease*, *170*, 345–351.

Thompson, J. K., Jarvie, G. J., Lahey, B. B., & Cureton, K. J. (1982). Exercise and obesity: Etiology, physiology, and intervention. *Psychological Bulletin*, *91*, 55–79.

Walsh, T., Stewart, J. W., Wright, L., Harrison, W., Roose, S. P., & Glassman, A. H. (1982). *American Journal of Psychiatry*, *139*, 1629–1630.

Wardle, J. (1980). Dietary restraint and binge eating. *Behavioral Analysis and Modification*, *4*, 201–209.

Wardle, J., & Beinart, H. (1981). Binge eating: A theoretical review. *British Journal of Clinical Psychology*, *20*, 97–109.

Wermuth, B. M., Davis, K. L., Hollister, L., & Stunkard, A. J. (1977). Phenytoin treatment of the binge-eating syndrome. *American Journal of Psychiatry*, *134*, 1249–1253.

Williamson, D. A., Kelley, M. L., Davis, C. H., Ruggiero, L., & Blouin, D. C. (1985). Psychopathology of eating disorders: A controlled comparison of bulimic, obese, and normal subjects. *Journal of Consulting and Clinical Psychology*, *53*, 161–166.

Wolcott, R. B., Yager, J., & Gordon, G. (1984). Dental sequelae to the binge-purge syndrome (Bulimia): Report of cases. *Journal of the American Dental Association*. *109*, 723–725.

Woods, S. C., Decke, E., & Vasselli, J. R. (1974). Metabolic hormones and regulation of body weight. *psychological Review*, *81*, 26–43.

Wooley, O. W., & Dyrenforth, S. R. (1979). Theoretical, practical, and social issues in behavioral treatments of obesity. *Journal of Applied Behavior Analysis*, *12*, 3–26.

Ess-Störungen überwinden

Monika Gerlinghoff
Herbert Backmund
Essen will gelernt sein
Ess-Störungen erkennen
und behandeln

Essen kann jeder, oder? Nein, meinen die Autoren aus dem weltweit anerkannten »Therapie-Centrum für Ess-Störungen« (TCE) in München, Essen will gelernt sein, denn: Die Grenzen zwischen anscheinend normalem Essverhalten und ernsthaften Ess-Störungen wie Magersucht und Bulimie sind fließend. Aus jahrelanger Erfahrung in der Behandlung von essgestörten Patienten und aus der Sicht von Betroffenen werden Möglichkeiten aufgezeigt und Anleitungen gegeben, wie das eigene Essverhalten analysiert und Störungen überwunden werden können.

Monika Gerlinghoff / Herbert Backmund
Essen will gelernt sein
Ess-Störungen erkennen und behandeln
Beltz Taschenbuch 810, 207 Seiten
ISBN 3 407 22810 4

BELTZ Taschenbuch